Ökologie – Diskussion in Lateinamerika

Sozialwissenschaftliche Beiträge

Fernando Henrique Cardoso, Luis Vitale,

Hilda Herzer, Jaime Sujoy, Nora Prudkin,

Luis Helguera, Nicolo Gligo,

Maria del Rosario Casco, Alexander Luzardo,

Hector Martinez, Anibal Patiño, Rubén Gassoli

Herausgegeben von
Achim Schrader und Heinz Schlüter

anuario 2 Münsteraner Schriften zur Lateinamerika – Forschung

Anuario
Münsteraner Beiträge zur Lateinamerikaforschung
Eine Veröffentlichung der Forschungsgruppe Lateinamerika
der Universität Münster
Herausgegeben von Achim Schrader

Herausgeberbeirat:
Dr. Johannes Augel/Bielefeld, Prof. Dr. Horst Bahro/Köln, Prof. Dr. Jürgen Bünstorf/Münster, Prof. Dr. Rainer Frey/Münster, Prof. Dr. Dieter Götze/Regensburg, Prof. Dr. Dr. Rainer Lehmann/Hamburg, Prof. Dr. Volker Lühr/Berlin, Prof. Dr. Manfred Mols/Mainz, Prof. Dr. Hanns-Albert Steger/Erlangen-Nürnberg, Prof. Dr. Peter Waldmann/Augsburg

ISSN 0172 - 8269

ökologie-Diskussion in Lateinamerika: Sozialwissenschaftliche Beiträge / Fernando Henrique Cardoso, Luis Vitale, Hilda Herzer, Jaime Sujoy, Nora Prudkin, Luis Helguera, Nicolo Gligo, Maria del Rosario Casco, Alexander Luzardo, Héctor Martínez, Anibal Patiño, Rubén Gazzoli / Achim Schrader und Heinz Schlüter (Hrsg.)- Münster: Anuario, 1986
    (Anuario - Münsteraner Beiträge zur Lateinamerika-Forschung; Bd. 2)
    ISBN 3-924004-22-6

Inhalt:

ACHIM SCHRADER und HEINZ SCHLÜTER	Einführung Seite 3 - 20
LUIS VITALE	Naturwissenschaft und Umwelt Seite 21 - 42
HILDA HERZER/ JAIME SUJOY/ NORA PRUDKIN/ LUIS HELGUERA	Die Beziehung zwischen dem Menschen und den natürlichen Ressourcen - Einige theoretische Betrachtungen zur Umwelt in Lateinamerika Seite 43 - 72
NICOLO GLIGO	Die Umweltdimension in der landwirtschaftlichen Entwicklung Seite 73 - 113
AMERICA INDIGENA (Editorial)	Die Situation der campesinos und die ökologische Diskussion Seite 115 - 124
MARIA DEL ROSARIO CASCO	Landwirtschaft und Umweltschäden in México Seite 125 - 144
ALEXANDER LUZARDO	Ökozid und Ethnozid in Amazonien Seite 145 - 155
HECTOR MARTINEZ	Die Plünderung und Zerstörung der Ökosysteme der Peruanischen Selva Seite 156 - 193
ANIBAL PATIÑO	Umweltbelastungen: Untersuchung eines Falles in Kolumbien Seite 195 - 213
RUBEN GAZZOLI	Die Umweltprobleme in Lateinamerika - Eine Annäherung Seite 215 - 254
FERNANDO H. CARDOSO	Entwicklung und Umwelt: Der Fall Brasilien Seite 255 - 299

2

EINFÜHRUNG

In diesem Band, der aus Anlaß der wissenschaftlichen Tagungen der ADLAF in diesem Jahr erscheint, sind Arbeiten lateinamerikanischer Autoren zusammengestellt worden, die nach unserer Ansicht einen guten Einblick in den Beginn der ökologischen Debatte in Lateinamerika verschaffen können. Die Autoren gehen von unterschiedlichen theoretisch-politischen Standpunkten aus und betrachten daher das Thema "Ökologie und Umwelt" aus der Perspektive ihrer Erfahrungen, Bedürfnisse und Forderungen. Daß der einzelne bei einer so umfassenden Problemstellung immer nur einen oder mehrere Ausschnitte in den Blick bekommen und behandeln kann, ist - insbesondere zu Beginn einer wissenschaftlichen Beschäftigung mit einem "neuen" Thema - offensichtlich.
Der Bogen der ausgewählten und hier vorgestellten Arbeiten spannt sich daher auch
- von Versuchen, die Umweltproblematik in einem größeren, ja möglichst umfassenden "natürlichen" und gesellschaftlichen Zusammenhang einzuordnen,
- über Versuche, zu einer Klärung der zwar allgemein, schlagwortartig benutzten, aber keineswegs eindeutig definierten Begriffe beizutragen,
- über Arbeiten, die die Beziehungen zwischen Entwicklungsstil und ökologischen Fragestellungen zu problematisieren suchen,
- bis hin zu Untersuchungen, die in einem ersten Zugriff versuchen, anhand regional eingegrenzter oder gar lokaler Bereiche, die dort vom Menschen - bewußt oder unbewußt und ohne Absicht - ein- und durchgeführten Veränderungen der Umwelt mit ihren weitreichenden und oft in der Gegenwart nicht abzusehenden Konsequenzen nicht nur für die "Natur im engeren Sinne", sondern auch für den Menschen und die sozialen Gruppen, in denen er lebt, aufzuweisen.

Der in Venezuela im Exil lebende chilenische von Marx beeinflußte Wirtschafts- und Sozialhistoriker Luis Vitale greift in seinem Essay "Wissenschaft und Umwelt" die Beziehung zwischen dem Menschen, den von ihm entwickelten Wissenschaften, deren Anwendung in der ökonomischen Praxis und die daraus resultierenden Konsequenzen für Ökologie und Umwelt auf.
Vitale fordert eine transdisziplinäre Wissenschaft von der Umwelt ("Ciencia del Ambiente"), die einen über eine interdisziplinäre Zusammenarbeit hinausgehenden globalen Zugriff auf alle Wissenschaften und auf die Realität, zu deren Erkenntnis sie beitragen sollen, ermöglicht. Ein solcher totaler Ansatz kann nach Überzeugung dieses Autors nur gelingen, wenn man auf Marx zurückgeht und dann von dort aus voranschreitet. Vitale wendet sich mit Vehemenz gegen die marxistischen Lehrbuchschreiber eines 'dialektischen Materialismus', der nicht die Einheit und das Aufeinanderangewiesensein von Natur und Mensch betont, sondern der vielmehr einen künstlichen Gegensatz konstruiert und die Natur als etwas hinstellt, das dem Menschen feindlich ist und deshalb von ihm unterworfen und beherrscht werden muß. Der Autor stellt gegen diesen dialektischen Materialismus der Marx-Epigonen den 'historischen Materialismus' - so wie er ihn versteht, wobei die Geschichte für ihn nicht mit dem Erreichen der - zukünftigen - kommunistischen Gesellschaft beginnt, sondern vor der bisherigen Geschichte der Klassenkämpfe, ja weit vor der Urgesellschaft mit dem Entstehen der Materie dieser Erde und der allmählichen Evolution von Pflanzen-, Tier- und Menschen-"Welt" anfängt.
Diese einheitliche und umfassende Sicht von Natur- und Menschheitsgeschichte - eine wahre Kosmovision - verlangt im lateinamerikanischen Kontext - wenn auch nicht nur dort - eine neue Periodisierung, zu der Vitale erste Anstöße geben will.

Den Rahmen einer Umwelt-Theorie in und für Lateinamerika
auf dem Hintergrund der natürlichen Ressourcen versuchen
Hilda Herzer, Jaime Sujoy, Nora Prudkin und Luis Helguera
in ihrem Beitrag "Die Beziehung zwischen dem Menschen und
den natürlichen Ressourcen - Einige theoretische Überlegungen zur Umwelt in Lateinamerika" zu definieren.
Die Autoren haben erkannt, daß in den Diskussionen auf unterschiedlicher nationaler und internationaler Ebene zwar
die gleichen Begriffe verwendet, aber durchaus nicht immer
mit dem gleichen Inhalt gefüllt werden.
Der Ausgangspunkt ist ein - nicht in Einzelheiten ausge-
arbeiteter - dependenz-theoretischer Ansatz, wie er in
der Denk-Schule, die diese Autoren absolviert haben, die
Grundlage gewesen sein dürfte. Bei der Erörterung des allgemeinen Kontextes der Umwelt-Problematik werden folglich
Begriffe wie Peripherie, Zentral-Länder etc. als gegeben
und allgemein akzeptiert vorausgesetzt. Aber auch für den
Leser, der nicht ohne Vorbehalte bereit ist, die depen-
dencia-Theorie in einer ihrer Spielarten oder - wie hier -
in einer abstrahierenden Konzentration als einzig gang-
baren Weg zur Darstellung und Interpretation der vielfältigen Abhängigkeiten Lateinamerikas hinzunehmen, wird dieser Aufsatz doch insofern eine wesentliche Hilfe sein können, als die Autoren die zentralen Kategorien von Ökologie und Umwelt diskutieren und auf diese Weise zur dringend gebotenen definitorischen Klärung und auf breiter
Basis konsensfähigen Begrifflichkeit zu gelangen suchen.
Die Grundlage für die anzustellenden Überlegungen bilden
für die Verfasser dieses Aufsatzes die 'natürlichen Ressourcen', ihre rationale Nutzung oder sinnlose Ausbeutung
und Vergeudung, ihre Erneuerungsfähigkeit bzw. endgültige Zerstörung durch den Menschen, der auf die Ressourcen
und seine Umwelt, deren wichtiger Bestandteil sie sind,
für sein Über- und Weiterleben - auch in zukünftigen Generationen - dringend angewiesen ist.

Die 'natürlichen Ressourcen' stehen daher auch im Mittelpunkt von Arbeiten, die sich mit ihrer Nutzung für Ackerbau und Viehzucht, Forstwirtschaft, Fischerei, Jagd, Tierfang etc. beschäftigen. Angesichts der steigenden Bevölkerungszahlen in Lateinamerika - Stichwort: 'demographische Explosion' - scheint eine Expansion der Landwirtschaft durch Rodung von Wäldern, Erschließung bisher brachliegender Ländereien und intensive Nutzung der schon kultivierten Böden, die eine Steigerung der Ernteergebnisse und eine erhöhte Vieherzeugung erhoffen lassen, der einzige Ausweg, um der schon jetzt lebenden und in Zukunft zu erwartenden Bevölkerung Lateinamerikas eine hinreichende Nahrungsgrundlage zu sichern und - wenn eben möglich - über das Existenzminimum und die Armutsgrenze hinaus das Erreichen einer an westeuropäisch-nordamerikanischen Mustern orientierten 'Lebensqualität'.

Bei diesem Abenteuer der Erkundung neuer Grenzen und Eroberung neuer Räume wurden lange Zeit die internationalen Verflechtungen wie die Nachfrage nach bestimmten landwirtschaftlichen Erzeugnissen (z.B. Kaffee, Kakao, Baumwolle, Zucker, Bananen, Kautschuk, Fleisch und Leder etc.) auf dem Weltmarkt nicht gesehen oder jedenfalls nicht hinreichend berücksichtigt. Daß bei dieser Art von 'Goldrausch' - Export von Rohstoffen und landwirtschaftlichen Erzeugnissen und Import von Manufaktur- bzw. Industrieprodukten - die erst mittel- oder langfristig eintretenden ökologischen Konsequenzen solchen menschlichen Tuns nicht in den Blick gerieten, kann eigentlich nicht verwundern.

Da somit lange Zeit ein Theoriedefizit hinsichtlich der Verknüpfungen von Ökonomie und Ökologie, ihrer gegenseitigen Bedingtheiten und Abhängigkeiten vorhanden war, ist es nur verständlich, daß Nicolo Gligo - mit freundlicher Unterstützung durch Osvaldo Sunkel, wie er anmerkt - in seiner Arbeit "Die Umwelt-Dimension in der landwirtschaft-

lichen Entwicklung in Lateinamerika" auf einem theoretischen Hintergrund untersucht, wobei er seine Darstellung allerdings beispielhaft unter Benutzung von 'grauer Literatur' illustriert, zu der er als 'CEPAL-Funktionär' leichten Zugang hatte. (CEPAL: Comisión Económica para América Latina, die UNO-Wirtschaftskommission für Lateinamerika)
Nach der Auffassung dieses Wissenschaftlers wird die Landwirtschaft in Lateinamerika von dem Muster der globalen Entwicklung bedingt, und sie übt ihrerseits Einfluß auf die Entwicklungsstile aus. Diese Wechselwirkung hat auch das Verhältnis der Landwirtschaft zur 'Umwelt' nicht unberührt gelassen, sondern durch eine exzessive Bodennutzung zu massiven Umweltveränderungen, ja -schädigungen, insbesondere zur Vernichtung von Ressourcen durch Waldrodung und andere Erschließungsmaßnahmen geführt.
Nach der Darstellung des allgemeinen Rahmens untersucht der Autor die Umweltsituation auf dem Land und ihre Wandlungen, und zwar insbesondere den Ausbau der Infrastrukturen, die Nachfrage nach landwirtschaftlichen Erzeugnissen und deren Preise, den Einfluß des Kreditwesens, die Vermarktung der Produkte, die Eigentums- und Besitzverhältnisse am Boden, die Adaption und Verbreitung landwirtschaftlicher Technologien.
Gligo stellt dann die Frage nach den ökologischen Kosten, die eine Beibehaltung des bisherigen Entwicklungsstils der Landwirtschaft implizieren würde. Er gelangt zu der Schlußfolgerung, daß eine Alternative gefunden werden muß, die es erlauben wird, eine Expansion der Land- und Viehwirtschaft mit möglichst geringen Belastungen für die Umwelt zu verbinden.
Im Anschluß an die 'Bestandsaufnahme' stellt der Autor einige 'Fragen' zur zukünftigen Entwicklung und zum Verhältnis von Landwirtschaft und Umwelt. Nach seiner Ansicht sind zur Zeit die Umweltauswirkungen des Vorrückens der landwirtschaftlichen Grenze und der Entwicklung des Energieverbrauchs kaum mit hinreichender Sicherheit zu prog-

nostizieren. Der Verfasser weist in einigen Anmerkungen
noch über sein Thema hinaus, indem er feststellt, daß nicht
nur durch die Nutzung von Böden zu landwirtschaftlichen
Zwecken Umweltprobleme hervorgerufen werden, sondern daß
auch durch Urbanisierung und Industrialisierung gravierende Umwelteingriffe erfolgen, die sich belastend, ja
schädigend auf Landwirtschaft und Umwelt auswirken.
Es soll daran erinnert werden, daß Gligos Aufsatz nicht
nur die ganz persönliche Ansicht seines Autors widerspiegelt, sondern darüber hinaus ein wichtiges Beispiel für
die von der CEPAL verfolgte Entwicklungsstrategie für Lateinamerika ist, die nicht nur das Denken und Handeln in
dieser UNO-Organisation bestimmt, sondern auch auf andere
internationale Institutionen, auf nationale Regierungen,
private Hilfsorganisationen, Hochschulen etc. einen nicht
als gering zu bewertenden Einfluß ausübt. Eine möglichst
umfassende und präzise Kenntnis dieser sozio-ökonomischen
'Ideologie' ist für eine erfolgreiche Entwicklungszusam-
menarbeit in der bilateralen Praxis und in der wissenschaftlichen Diskussion lateinamerikanischer Fragestellungen
unerläßlich.

Das Editorial von América Indígena hat einen Essay unter dem Titel "Die Situation der campesinos und die ökologische Debatte" einem Themenband vorangestellt, der sich
mit dem aktuellen Stand der anthropologischen Diskussion
in den Ländern Lateinamerikas befaßt.
Der Ansatz der Verfasser ist - aus ihrer anthropologischen
Perspektive nur zu verständlich - der auf die Natur als
seine 'Umwelt' einwirkende und sie dadurch verändernde
Mensch, und zwar derjenige, der im primären Sektor der
Wirtschaft in Lateinamerika tätig ist: der campesino.
Seine unterschiedlichen Funktionen bei der Erschließung
neuer und der Nutzung schon 'eroberter' Gebiete, die je
nach Ideologie und Zeitpunkt positive oder negative Bewertung seiner Aktivitäten, seine oft marionettenhafte

Abhängigkeit von natürlichen Mächten und wirtschaftlich
Mächtigen - dies sind Themen, die der Essay aufwirft und
zu deren Nach- und Überdenken er anregen will.

Geographisch nicht auf die 'Region Lateinamerika' global
und den campesino 'an sich', sondern konkret auf einen
begrenzten und überschaubaren Raum in Mexiko und die dort
in ejido-Gemeinschaften lebende Bevölkerung bezieht sich
die Arbeit von María del Rosario Casco "Landwirtschaft
und Umweltschäden in Mexiko".

Die Autorin, eine 'gelernte' Wirtschaftswissenschaftlerin,
die im Centro Nacional de Investigaciones Agrarias de
México arbeitet, schildert einen Fall von 'Grüner Revolution'; dieser Typ von 'Landreform' wird trotz überraschender Anfangserfolge - wenn nicht planend und handelnd gegengesteuert wird - mittel- und langfristig eine
Schädigung, ja Zerstörung ursprünglicher, in sich funktionsfähiger und funktionierender Ökosysteme hervorrufen
und das diesem 'Revolutionierungsprozeß unterworfene Land
in wüstenähnliche Gebiete verwandeln.

Die Expansion des Kapitalismus, das Vordringen der Agro-
Industrien, die Rodung der vorhandenen Vegetation, die
Einführung einer Monokultur, eine auf kurze Fristen beschränkte Saat- und Erntezeit, die Auswirkungen von Sonnenhitze und Regenfällen, Erosion und Versalzung der Böden, der Einsatz von moderner Technologie, Kunstdünger
und Pestiziden, die Vernichtung der ursprünglichen Flora
und Fauna - dies sind Schritte, die nicht unbedingt nacheinander in der hier aufgeführten Reihenfolge gegangen
werden müssen; sie können auch parallel 'in breiter Front'
oder mit anderer Chronologie 'ablaufen'; sie führen jedoch wohl unweigerlich zu Ergebnissen, bei denen gefragt
werden muß, ob der ökonomische Nutzen für den Menschen
die ökologischen - aber auch sozialen - Kosten zu kompensieren überhaupt in der Lage sein kann.

Die Autorin beschränkt sich aber nicht nur auf einen Be-

richt; sie weist in ihren 'Empfehlungen' auch gangbare
Wege zur Lösung der aufgetretenen Umwelt- und landwirtschaftlichen Probleme auf.

Die 'Großregion' in Lateinamerika, in der die Eingriffe
in die Umwelt durch den Menschen und als deren Konsequenzen auch die ökologischen Auswirkungen am bedeutsamsten -
und das nicht nur für Lateinamerika, sondern für die ganze
Welt (man denke z.B. an das Klima) - sein werden, ist der
'Raum Amazonien', an dem viele südamerikanische Staaten
einen - unterschiedlich großen - Anteil haben.

Eine erste Annäherung an die Problematik des Amazonas-
Beckens sollen die Auszüge aus dem Aufsatz "Ökozid und
Ethnozid in Amazonien"von Alexander Luzardo, einem Soziologen von der Universidad Central de Venezuela, vermit-
teln.
Der Autor macht deutlich, daß die oft tödlichen Eingriffe
von außen kurzfristigen ökonomischen Interessen folgen
und sich zerstörerisch nicht nur auf die Natur-Welt auswirken, sondern auch auf die in diesem Umfeld - noch -
lebenden indios, deren traditioneller Lebensraum vernichtet wird, indem ihr in Harmonie mit der Natur stehendes
Wirtschaftssystem - eine auf jahrhundertealter Erfahrung
und Weisheit beruhende Wanderlandwirtschaft, Jagd und
Fischerei, eine Wirtschaftsweise, die den Ressourcen nach
ihrer Nutzung hinreichend Zeit läßt, damit sie sich regenerieren können - durch räumliche Eingrenzungen unmöglich
gemacht wird.
Über diese eher mittelbaren Vernichtungen menschlichen
Lebens hinaus findet in diesem geographischen Großbereich
ein direkter Verdrängungs- und physischer Vernichtungs-
prozeß statt, um für ein 'Volk ohne Raum' von weißen Siedlern Platz zu schaffen, wobei die Kolonisten nicht in Einklang mit der sie umgebenden Natur leben können und wollen, sondern sie als zu bekämpfende und zu unterwerfende
Feindin betrachten.

Amazonien ist nicht Brasilien. Daher soll hier ein Randgebiet dieses Großraums hervorgehoben werden; auf diese Weise soll gleichzeitig eine weitverbreitete Fehlvorstellung korrigiert werden: Auch Perú's selva (Urwald) bildet einen Teil Amazoniens und stellt seit dem letzten Jahrhundert und heute in immer stärkerem Maße eine 'Attraktion' für Menschen dar, die aus überbevölkerten Gebieten des Hochlandes der Anden (sierra und altiplano) emigrieren und sich hier eine neue Existenz aufzubauen suchen. Die selva zieht aber auch Abenteurer und viele andere Elemente an, die von der Hoffnung geleitet werden, hier zu schnellem Reichtum zu gelangen. Daher betitelt Héctor Martínez, ein Anthropologe von der San Marcos Universität in Lima, seine Arbeit zu Recht "Plünderung und Zerstörung der Ökosysteme der selva".

Er schildert - wenn auch nur skizzenhaft - die verschiedenen Perioden der wirtschaftlichen Durchdringung und Nutzung der selva und die unterschiedlichen ökonomischen Zwecke, die bei dieser oft irrationalen Ausbeutung der - nur scheinbar unerschöpflichen - Reichtümer verfolgt wurden. Er spannt den Bogen von der Kautschukgewinnung bis hin zur land- und forstwirtschaftlichen Nutzung (Akkerbau, Viehzucht, Holzexport), zu Jagd, Fischerei und Tierfang. Soweit eine statistische Erfassung - angesichts der langen und seitens des peruanischen Staates und seiner Verwaltung nicht wirksam zu kontrollierenden 'grünen Grenze' und der fast ungestörten Transportmöglichkeiten über das Flüsse-System des Amazonas-Beckens nach Osten zum Atlantik (und nicht nach Westen über die Cordilleren zum Pazifik) - überhaupt möglich ist, hat Martínez diese Daten in seinen Aufsatz aufgenommen. Die Dunkelziffer dürfte jedoch bei diesen Statistiken - wie der Autor betont - sehr hoch sein, da allein schon die geographische Situation dieses Teils des peruanischen Staatsgebiets und die Expansion der selva den Schmuggel und andere illegale Aktivitäten erleichtern.

Als Schutzmaßnahmen zur Erhaltung der Ökologie des peruanischen Amazoniens verweist der Autor auf die - sicherlich noch unzureichende - Umweltgesetzgebung des peruanischen Staates und auf das sich allmählich auch in diesem Land entwickelnde und verbreitende Umweltbewußtsein seiner Bürger, die in der Schaffung von Nationalparks, Schutzgebieten etc. ihren konkreten Ausdruck finden.

Den 'Fall' der Zerstörung einer geradezu idyllischen Landschaft mit einem Vulkan, mit Flüssen, Wasserfällen und einer üppigen Vegetation, die die Gegend für den Tourismus attraktiv machen, schildert Aníbal Patino's "Umweltbelastungen - Ein Fall aus Kolumbien".
In diesem Bericht, der schon aus den Jahren 73/74 stammt und der damit der älteste der in diesen Band aufgenommenen Beiträge ist, schildert der Autor mit persönlichem Engagement und ohne großen theoretischen Bezugsrahmen, wie er angeregt und gefordert durch die Erfahrungen einer Studienreise - in kollegialer Zusammenarbeit mit Wissenschaftlern verschiedener kolumbianischer Universitäten die Auswirkungen der sich steigernden und ohne jegliche Rücksicht auf die Umweltbelastungen vorgehende Schwefelerzeugung auf eine in einem 'Reservat' lebende indio-Gemeinschaft untersuchte, die lange Zeit nicht nur sich selbst mit Nahrungsmitteln versorgen konnte, sondern auch noch für die nahe gelegenen Märkte produzierte.
Die Belastung und Vergiftung der Böden, des Wassers und der Luft durch Säuren und Schwefel führte zu einer erheblichen Reduzierung der landwirtschaftlichen Erträge, zu einer kulturellen Identitätskrise der indios und hatte schließlich auch durch die über das Fluß-System geleiteten Abfallstoffe, die sich im Wasser auflösten, Auswirkungen auf entferntere Regionen, deren Trinkwasserversorgung gefährdet wurde, bzw. unter Aufwendung erheblicher finanzieller Mittel auf andere Versorgungsquellen umgestellt werden mußte.

Nach einer Beschreibung von Vergangenheit und Gegenwart
dieses Gebietes und einer Wiedergabe der wichtigsten Ergebnisse der chemischen Analysen von Boden-, Wasser- und
Abfallproben zeigt Patino konkrete Möglichkeiten für den
Gesetzgeber und die Verwaltung auf, wie der eigentlich
für die industrielle und landwirtschaftliche Entwicklung
Kolumbiens benötigte Schwefel ökonomisch in Übereinstimmung mit ökologischen Erfordernissen genutzt werden kann
und soll, um auch den von der Förderung und Verarbeitung
des Schwefels direkt betroffenen indios Vorteile zu bringen.

Ein weiteres frühes Beispiel für ein erwachendes und sich
entwickelndes ökologisches Bewußtsein in Lateinamerika
stellt der Aufsatz "Die Umweltprobleme in Lateinamerika -
Eine Annäherung" von <u>Rubén Gazzoli</u> dar.
Während Patino seine Fall-Studie auf einen eng begrenzten
Bezirk in Kolumbien bezieht und die Veränderungen von Natur und Mensch in einem Mikrokosmos untersucht, die ein
rascher Industrialisierungsprozeß hervorruft, ist Gazzolis
Blickwinkel umfassender, obgleich auch er einen Schwer-
punkt setzt: die Umweltauswirkungen des Urbanisierungspro-
zesses im allgemeinen und der Metropolenbildung insbesondere. Im 'Zentrum' seines Berichts stehen die sich im Umfeld von Rio und Sao Paulo ausbreitende Megalopolis, die
bolivianische Hautstadt La Paz und das von seinen Dimensionen her gesehen eher kleinstädtische argentinische
Resistencia.
Für Gazzoli ist 'Natur' nicht so sehr eine bestimmte Spe-
zies der Flora und/oder Fauna, deren Überleben es zu sichern gilt, oder eine - mehr oder weniger zahlreiche -
ethnische Gruppe oder gar der Mensch als Individuum in
seiner Umwelt, sondern die Menschen in der massenhaften
Zusammenballung der großen Städte und - in geringerem
Maße - ihre Einbindung in den Arbeits- und Produktionsprozeß.
'Umwelt' (medio ambiente) ist für den Autor nicht etwas,

das in seinem heutigen Bestand unverändert erhalten bleiben muß, sondern ein 'Medium', das der Mensch adäquat nutzen und gestalten soll, um die Lebensbedingungen der verschiedenen sozialen Schichten insgesamt und des Einzelnen, der in ihnen lebt, zu verbessern.
Das Land - der Boden - ist daher zunächst und in erster Linie die materielle Grundlage, auf der der Mensch seine Behausung errichtet (und nicht so sehr die 'Basis' einer 'natürlichen Vegetation' oder eine landwirtschaftlich, zur Erzeugung von Nahrungsmitteln genutzte Fläche).
Der Autor fordert daher auch nicht eine quantitativ und qualitativ angemessene Versorgung aller Bevölkerungsschichten der lateinamerikanischen Gesellschaften mit Lebensmitteln (und erst recht nicht mit Elektrizität, Heizung, Bildungsangeboten - für weite marginale Bevölkerungsschichten lateinamerikanischer Großstädte 'utopische' Vorstellungen), sondern nur etwas mehr und etwas besseren Wohnraum, eine umfassendere (Trink-) Wasserversorgung, eine Abwasser- und Abfallbeseitigung, die nicht die Flüsse und Seen in große Kloaken verwandelt und biologisch tötet, sondern den hygienischen Mindestanforderungen entspricht.
Die Grundforderung richtet sich also auf das Ziel den 'circulus vitiosus' des Wasser-Abwasser-Kreislaufs zu durchbrechen (Entnahme schon verschmutzten Wassers aus Flüssen und Seen, dessen Nutzung als Trinkwasser oder als Brauchwasser in Haushalten und Industrien, die sich hieraus ergebende Umwandlung in 'aguas servidas' und die Wiedereinleitung dieses jetzt in weit höherem Grade als zuvor belasteten Wassers in das Flußsystem, bevor es einige Kilometer weiter erneut entnommen und genutzt wird).
Da das Wasser für Menschen, Pflanzen und Tiere lebensnotwendig ist, muß ein Weg zu einem ökologischen Wasser-recycling gefunden werden.
Die Erhaltung einer heute existierenden Flora oder Fauna oder indio-Gruppe mag zwar - in Amazonien und anderswo - aus Gründen des Naturschutzes und der Humanität wünschens-

und erstrebenswert sein - auch wenn nicht wenige hier im
Namen von 'Entwicklung und Fortschritt' 'Opfer zu bringen'
bereit sind. Es ist jedoch kein 'ökologischer Luxus', für
Millionen von Menschen die unbedingten Voraussetzungen
menschlicher Existenz - Wohnung und Wasser (ohne Gefährdung der Gesundheit zu schaffen) - zu schaffen und den
Menschen diese, an den Vorstellungen der Ersten und Zweiten Welt gemessen, äußerst bescheidene 'Lebensqualität'
zu garantieren.

Gazzoli verkennt nicht, daß selbst zur Erreichung dieser
bescheidenen Ziele erhebliche Investitionen im Infrastrukturbereich erforderlich wären - Investitionen, die angesichts der vom Autor betonten ökonomischen Unfähigkeit
der Staaten Lateinamerikas nur schwerlich von diesen vorgenommen werden könnten. Anderseits aber muß hervorgehoben werden, daß durch den Auf- und Ausbau - insbesondere
der städtischen - Infrastruktur in dem aufgezeigten Rahmen
Arbeitsplätze geschaffen und dadurch die großen Probleme
der Nicht- bzw. Unterbeschäftigung wenn nicht gelöst, so
doch gemildert werden könnten. Außerdem würden solche
primitiven Umwelttechnologien - wenn schon nicht kurz-, so
doch langfristig - zur Verbesserung der ökologischen Bedingungen nicht nur in den städtischen Zentren, sondern
auch im Umland beitragen können.

Als 'Schlußstein' dieser Umwelt-Anthologie erschien es
uns sinnvoll, das größte Land Lateinamerikas, Brasilien,
mit seinem Kaleidoskop von Entwicklungs- und Umweltproblemen in einer Arbeit 'aus einem Guß' vorzustellen. Ein
solcher umfassender Zugriff auf die Thematik gelingt wohl
am ehesten dem erfahrenen Fernando H. Cardoso in "Entwicklung und Umwelt - Der Fall Brasilien",
An der konkreten Situation Brasiliens zeigt der Autor die
allgemeine Beziehung zwischen 'Entwicklung und Umwelt'
auf, wobei er den brasilianischen Entwicklungsstil als
'dependinte associado' charakterisiert. Ihn interessie-

ren die Folgen dieses Entwicklungsstils, die insbesondere in drei Problemfeldern auffällig sind: in der Energiefrage, der räumlichen Verteilung der Bevölkerung und die Verstädterungsprozesse und schließlich die Integration des Amazonas-Beckens.
Im Energiebereich geht es dem Autor wesentlich um die Möglichkeiten und Chancen einer Ersetzung des Erdöls durch andere, alternative Energiequellen. In diesem Zusammenhang ist die Erörterung der Fragen, wer Energie verbraucht und zu welchem Zweck Energie verbraucht wird, von besonderem Gewicht.
Durch den Urbanisierungsprozeß, der in Brasilien zu einem Bruch zwischen Land und Stadt geführt hat, sind Städte entstanden, die nicht in der Lage sind, ihren Bewohnern ein wahrhaft modernes urbanes Umfeld zu bieten.
Was die Integration Amazoniens betrifft, so vertritt Cardoso die Auffassung, daß sie in enger Verbindung zum herrschenden Entwicklungsstil und dessen negativen Auswirkungen gesehen werden muß. Andererseits könnte aber gerade die Verfügbarkeit der ungeheuer großen erneuerungsfähigen Ressourcen Amazoniens Grundlage für eine Entwicklungsstrategie sein, die nicht zu einer Zerstörung, sondern zu einer Integration führt. Notwendig aber wäre hier eine grundlegende Veränderung des Entwicklungsstils.

Aus dieser 'Präsentation' der für diesen Band ausgewählten Texte dürfte deutlich geworden sein, welcher enge Zusammenhang für fast alle Autoren zwischen Kapitalismus-Kritik und dependenztheoretischen Ansätzen einerseits und den ökologischen Problemen Lateinamerikas andererseits besteht. Ob eine sozialwissenschaftliche Darstellung und Aufarbeitung der Umweltprobleme ohne eine solche politisch-ideologische, undogmatische 'Links'-Orientierung zu Beginn der ökologischen Debatte in Lateinamerika überhaupt möglich gewesen wäre oder ob die Sozialwissenschaften diese 'Richtung' nicht vielmehr als 'Basis' benötigten, um

überhaupt einen 'Startplatz' zu haben und eine 'Verortung' zu finden, um nicht im 'luftleeren Raum zu schweben, muß angenommen werden, weil jede intellektuell-wissenschaftliche Erkenntnis - auch wenn sie sich im weiteren Verlauf der historischen Entwicklung - als noch so umwälzend und 'revolutionär' herausstellt, zunächst ein geistig-materielles Umfeld braucht, das sie nährt.
Es bleibt abzuwarten, ob es gelingen wird, eine - von Vitale geforderte - 'transdisziplinäre' ciencia del ambiente (Wissenschaft von der Umwelt) zu formulieren - vielleicht auch auf einer anderen Grundlage als dem von vielen der hier vorgestellten Autoren - explizit oder implizit - in 'Regreß' genommenen Karl Marx. Vielleicht gelingt es den Staaten Lateinamerikas, einen 'dritten Weg' - zwischen 'imperialistischem Kapitalismus' und 'real existierendem Sozialismus', an diesen und ihren Entwicklungsmodellen und -strategien vorbei - zu einer humanen und entwickelten Gesellschaft zu suchen, zu finden und dann auch mit Mut und Zuversicht zu gehen - zu einer zukünftigen Gesellschaft, in der nicht nur die Solidarität der Menschen untereinander, sondern auch mit der Natur das Ziel im Sinne einer 'konkreten Utopie' ist.
So muß nicht nur in den 'entwickelten Zentral-Ländern' es vordringliches Ziel jeder Politik sein, ökonnomie und Ökologie und Arbeit und Umwelt nicht länger als Gegensatzpaare zu begreifen, die einanmder unversöhnlich und unvermittelt gegenüberstehen, sondern sie 'kompatibel' zu machen. Denn eine wirtschaftliche Entwicklung, die die sozialen und ökologischen Kosten außer Betracht läßt, würde zum Selbstzweck werden und nicht mehr dem Menschen als Einzelnem und der menschlichen Gemeinschaft als Ganzem dienen, sondern die 'Soziologie' beherrschen.
Die Lösung kann nur eine politische sein. Umweltpolitik, Arbeitsmarkt- , Wirtschafts- und Sozialpolitik müssen als Einheit gesehen werden. Der Prozeß der Zerstörung des Menschen und seiner Umwelt ist nicht zwanghaft; er verläuft

auch nicht unabänderlich nach natürlichen oder gesellschaftlichen Gesetzmäßigkeiten, denen Mensch und Natur als Objekte eines 'höheren Willens und Handelns' blindlings unterworfen sind. Dieser Prozeß mag zwar insofern irreversibel sein, als er nicht mehr in ein 'verlorenes Paradies' zurückführt. Sein Verlauf kann aber abgebremst und aufgehalten werden; Richtung und Ziel dieses Prozesses können durch den seiner Möglichkeiten und Grenzen bewußten Menschen neu definiert werden. Es ist - nicht nur in Lateinamerika - höchste Zeit; aber es ist noch nicht zu spät. Einsichtsfähigkeit und Problembewußtsein müssen zum Handeln führen. Gesetzgeber und Planer und eine effektive öffentliche Verwaltung sind im Interesse des Gemeinwohls gefordert.

Münster, im März 1986

Achim Schrader   Heinz Schlüter

Vorbemerkung zu den Übersetzungen:

Bei den im vorliegenden Band zusammengestellten Arbeiten handelt es sich um Texte lateinamerikanischer Autoren mit sozialwissenschaftlicher Ausbildung und Orientierung - wenn auch in einem die engen Grenzen eines akademischen Fachs sprengenden Sinne. Die Autoren waren bei der Behandlung der Umweltthematik - wegen ihres 'interdisziplinären' Ansatzes und Anspruchs - gezwungen, den Rahmen ihrer 'geisteswissenschaftlichen Fächer' (Soziologie, Wirtschaft, Politik, Geschichte, Ethnologie, Anthropologie, Philosophie) zu verlassen, auf die Grundlagenforschung der 'Naturwissenschaften' zurückzugreifen und diese in ihre Berichte und Analysen zu integrieren, ohne die Einzelergebnisse möglicherweise bis in alle Einzelheiten nachvollziehen zu können. Diese Übertragungsprobleme potenzierten sich bei der 'Eindeutschung', da ich Fachübersetzer für sozialwissenschaftliche Texte bin. Für die Übersetzung ergab sich daraus die Notwendigkeit, 'nahe am Text' zu bleiben und dort, wo die zu Rate gezogenen Lexika und auch andere Recherchen keine eindeutige Klärung bringen konnten, dem Leser den spanischen (und/oder lateinischen) Fachbegriff und einen Übersetzungsvorschlag nebeneinander anzubieten.
Die Zahlen und Berechnungen wurden - auch in den Fällen, in denen ich Zweifel an der Richtigkeit hatte - aus den Originaltexten übernommen.
Ich hoffe, durch diese Vorgehensweisen die Texte so aufbereitet zu haben, daß sie sowohl für den Leser, der die Umweltfragen aus einer eher sozialwissenschaftlichen Perspektive betrachtet und von dort eine Lösung erwartet, als auch für denjenigen, der primär Spezialist für die naturwissenschaftlichen Aspekte der Ökologie ist und der sich mit den Konsequenzen seiner Forschungsergebnisse im ökonomischen, sozialen und politischen Raum beschäftigen will, von Interesse und Nutzen sein werden.

Herausgeber und Übersetzer hoffen, daß durch diesen Band insgesamt die Diskussion über 'Umwelt und Ökologie' in den Ländern der Dritten Welt - exemplarisch am 'Fall Lateinamerika' dargestellt - im deutschsprachigen Raum angeregt und gefördert wird.

Heinz Schlüter

Ganz herzlich möchten wir Frau Irmgard Ströcker danken, die bei der Fertigstellung dieses Bandes wiederum intensiv mitgearbeitet hat. Insbesondere sind hier das kritische Korrigieren der Texte und die Suche nach adäquaten Übersetzungsbegriffen hervorzuheben. Dies hat uns die Arbeit sehr erleichtert.

Achim Schrader   Heinz Schlüter

Luis Vitale:

Naturwissenschaft und Umwelt

In: Nueva Sociedad.
San José. (1980) 51 : 59 - 68.

NATURWISSENSCHAFT UND UMWELT

Vorbemerkung

Die vorliegende Arbeit, die während der Jahre 1978 und 1979 im CENAMB (Centro de Estudios Integrales del Ambiente de la Universidad Central de Venezuela) (Zentrum für Integrale Umweltstudien der Zentral-Universiät von Venezuela) durchgeführt wurde, hofft ein Beitrag zu den Debatten des 'Seminars über Industrie, Ressourcen und Umwelt in Lateinamerika' zu sein. Auf den ersten Blick könnte es scheinen, daß diese Arbeit sich außerhalb des Themenkatalogs befindet. Nach unserem Verständnis jedoch kann man - oder besser gesagt: dürfte man - keine Untersuchung ohne eine Theorie durchführen, die alle die Phasen des Prozesses, den man untersucht, umfaßt. Dies führt uns zum Problem des aktuellen Standes der (Natur-) Wissenschaft und von dort aus dazu, über die Notwendigkeit einer Umwelt-Wissenschaft (Ciencia del Ambiente) nachzudenken.

Die Forschungen, die zum Thema 'Industrie, Ressourcen und Umwelt' durchgeführt werden, können nicht die Problematik der Notwendigkeit einer Theorie umgehen, um das Studium der Umwelt anzugehen. Eine Nichtbearbeitung dieser Fragestellung wird zu einer Vertiefung der gegenwärtigen Krise führen, die die Sozialwissenschaften durchmachen.

Schließlich schlagen wir - gestützt auf eine Geschichtskonzeption, die die unauflösliche Beziehung zwischen der Geschichte der Natur und der Geschichte des Menschen herstellt - eine neue Periodisierung für den historischen Prozeß der Umwelt in Lateinamerika vor: von den vorkolumbianischen Gesellschaften bis zu den Schädigungen der lateinamerikanischen Ökosysteme und der gegenwärtigen Umweltkrise - eine Problematik, die zu den Themen, die im Seminar analysiert werden, in Beziehung steht.

EINIGE KRITISCHE ANMERKUNGEN ZUR ZEITGENÖSSISCHEN NATUR-
WISSENSCHAFT

Es gibt keine Naturwissenschaft, die es erlauben würde,
einen globalen Zugriff auf die Umwelt als Totalität durchzuführen, in der das Träge und das Biotische aufeinander
einwirken, sich gegenseitig beeinflussen und wechselseitig
bedingen, indem sie dynamische und sich verändernde Ökosysteme bilden.
Die traditionelle Ökologie, die als Hilfswissenschaft der
Naturwissenschaften gegen Ende des 19. Jahrhunderts entstanden ist, hat ihre Beschränkungen trotz der Anstrengungen der 'integralistischen Ökologen' nicht überwinden
können.
Die sogenannten exakten Wissenschaften - sowohl die Natur-
wie die Sozialwissenschaften - haben bedeutende Fortschritte erzielt. Aber ihre sehr spezialisierten Analysen haben
die Tendenz zur Parzellierung der Realität verstärkt. Der
Prozeß zur Auffächerung in überspezialisierte Wissenschaften ist relativ neu. Um präziser zu sein: er datiert vom
Ende des vergangenen Jahrhunderts. Die Griechen hatten
eine globale Konzeption für das Studium der Realität. Die
Vorsokratiker - wie Anaximander und Anaxagoras - erklärten die Realität mittels der Energiequellen wie Sonnen-
licht, Wasser und die anderen Elemente der Natur.
Plato, Aristoteles und - später - Galeno betrachteten das
Universum als einen Organismus, d.h. als ein harmonisches
System, das zugleich nach Gesetzen und Zielen reguliert
wurde. Sie faßten sich selbst als einen organischen Teil
des Universums, als eine Art Zelle des Universums-Organis-
mus auf". [1]
Trotz der religiösen Gegenströmung und des mittelalterli-
chen Obskurantismus, die die wissenschaftliche Analyse der
Welt zu verhindern suchten, standen im Hochmittelalter
Forscher von Format eines Roger Bacon auf. Die italienische
Renaissance behandelte den Menschen integraler und mit ei-

nem umfassenderen Ansatz, als dies jemals zuvor in der Geschichte der Menschheit geschehen war. Wir beziehen uns auf Leonardo da Vinci: Künstler, Mathematiker, Naturwissenschaftler, Handwerker, Erfinder, Forscher, Zeichner, Maler, Bildhauer - und viele weitere Aktivitäten, die der Ausdruck eines Genies waren, das immer die Totalität der Welt seiner Epoche zu erfassen suchte.
Noch im 17. Jahrhundert versuchten die Wissenschaftler, das Feld der bekannten Wissenschaften umfassend anzugehen. Newton war Mathematiker, Astronom, Optiker, "Mechaniker" und Chemiker - wie viele andere (Natur-) Wissenschaftler seiner Epoche. "Als Folge dieser Universalität - sagt John Bernal - konnten die Wissenschaftler oder "virtuosi" des 17. Jahrhunderts ein einheitlicheres Bild des Bereichs der Wissenschaften geben als dies in späteren Epochen möglich sein würde." [2]
Worauf war das Entstehen so vieler spezieller und spezialisierter Wissenschaften zurückzuführen? Die Erklärung muß man in der sozialen Formation im Europa des 18. Jahrhunderts suchen. Das kapitalistische System, das wissenschaftliche Entdeckungen benötigte, um einen raschen Start durchführen zu können, stimulierte die Aufspaltung in wissenschaftliche Spezialfächer und -zweige wie die Chemie für die Textilindustrie, die Physik, die Mechanik und Ingenieurwissenschaft für den Prozeß der Industrialisierung, der seit der Ersten Industriellen Revolution beschleunigt wurde. Die angewandte Wissenschaft ist schon viele Jahrhunderte alt; aber erst im 19. Jahrhundert erreichte sie mit der Erfindung des Telefons, der Elektrizität, der Eisenbahn und des Dampfschiffs einen beträchtlichen Aufschwung.
Seit dem Augenblick, in dem die Wissenschaft begann, der wichtigste Motor für die technischen Fortschritte und das industrielle Wachstum zu sein, wurde sie in so viele Spezialwissenschaften zerstückelt, wie der Produktionsprozeß erforderte. Dies ist die Epoche, in der die Naturwissen-

schaft institutionalisiert wurde, durch weitgeöffnete Tore in die Universität einzieht und akademischen Rang unter dem Postulat einer "reinen Wissenschaft" erlangt. In der Mitte des 19. Jahrhunderts begann der Universitäts-Professor, "sich in den charakteristischen Typ des Wissenschaftlers zu verwandeln...Die Wissenschaft verwandelte nicht so sehr die Universität wie jene sie selbst verwandelten. Der Wissenschaftler war weniger ein bilderstürmender Visionär als ein weiser Übermittler einer großen Tradition...Die akademische Wissenschaft der Epoche hing letztlich von ihren Erfolgen in der Industrie ab." [3)]
Diese Abhängigkeit der Wissenschaftler von der Industrie hat sich in diesem Jahrhundert verstärkt. Der Staat und die großen Unternehmen des internationalen Monopolkapitals finanzieren die wichtigsten Forschungen, deren Ziele nicht eigentlich akademisch sind. Zusammenfassend läßt sich sagen: Während die industrielle Gesellschaft "sich immer mehr entwickelt" - unter einer angeblichen und ideologisierten Idee des Fortschritts -, tragen immer mehr wissenschaftliche Spezialfächer zur Parzellierung der Erkenntnis der Realität bei.
Die einseitige Entwicklung der Wissenschaften in abgegrenzten Bereichen hat die Formulierung eines theoretischen Denkens behindert. Angesichts des Fortschritts des Empirismus und des neopositivistischen Pragmatismus ist eine Theorie für die Orientierung auf dem Gebiet der wissenschaftlichen Forschung immer notwendiger. Nur die Erarbeitung einer globalen Theorie kann die empirische Methode in eine Krise versetzen und die Entwicklung der Wissenschaft zu einem umfassenden Ansatz hin erlauben.
Notwendig ist eine Wissenschaft, die in der Lage ist, die Umwelt als eine Totalität zu analysieren, die dynamisch ist und sich in einem permanenten Wandlungsprozeß befindet. Wie Morin sagt, ist es das Ziel, eine Wissenschaft der Relationen, der Interaktionen, der Interferenzen zwischen heterogenen Systemen zu schaffen, eine Wissenschaft

jenseits der isolierten Disziplinen, eine wahrhaft transdisziplinäre Wissenschaft". 4)
Nach Kosik "gründet sich die Möglichkeit, eine einheitliche Wissenschaft und ein einheitliches Konzept von dieser Wissenschaft zu schaffen, auf die Entdeckung der profunden Einheit der objektiven Realität...Der Mensch existiert in der Totalität der Welt, aber zu dieser Totalität gehört ebenso der Mensch mit seiner Fähigkeit, geistig diese Totalität der Welt zu reproduzieren....Die Versuche, eine neue, einheitliche Wissenschaft zu schaffen, haben ihren Ursprung in dem Nachweis, daß die Realität selbst in ihrer Struktur dialektisch ist". 5)
Nach unserem Verständnis kann das einheitliche und globale Verhalten der objektiven Realität nur mit einer umfassenden Methodologie und einer umfassenden Theorie untersucht werden, die nicht das Ergebnis der Summe der Entdeckungen aller Spezialwissenschaften ist. Eine interdisziplinäre Arbeitsweise garantiert hinsichtlich der Umweltproblematik nicht diesen umfassenden Ansatz, weil jede Spezialwissenschaft nur eine partielle Analyse beiträgt, indem sie einseitig die Komponenten aufsplittert, aus denen sich das Ganze zusammensetzt. Die transdisziplinäre Aktivität kann - ohne daß sie die perfekte Lösung ist, da sie die beruflichen Deformationen der Spezialisten mit sich schleppt - in einer ersten Phase dazu beitragen, die Grundlagen der Umweltwissenschaft zu bilden.
Im CENAMB zieht man es vor, "von einer Umweltwissenschaft und nicht von Ökologie zu sprechen, um diese Wissenschaft von den biologistischen Vorstellungen zu unterscheiden, die die Ökologie der letzten hundert Jahre charakterisiert haben und die noch heute vorgeben, das Umweltproblem auf einem begrenzten konzeptuellen Feld umschreiben zu können... Drei wichtige Charakteristika weist man der Umweltwissenschaft zu, die ihr eigene Felder und Ziele innerhalb der gegenwärtigen Wissenschaft geben; diese Charakteristika sind: der globale oder umfassende Charakter, ihre 'Inte-

gralität' und ihre energetische Grundlage.
Sie gründet ihren integralen Ansatz auf die Existenz einer
Welt, deren Bestandteile miteinander verknüpft sind. Im
Unterschied zu anderen Wissenschaften, die einen konzeptuellen Integralismus in ihren theoretischen Aspekten
lauthals verkünden und die in der Praxis alles zerstückeln
und ihre Inhalte immer mehr trennen, um diese in ihrer
Essenz tiefer und in ihren Ursprüngen weniger allgemein
zu machen, integriert die 'Wissenschaft von der Umwelt'
die Erkenntnisse und versucht, die Erscheinungen in ihrer
ganzen Intensität und Größe zu fassen. Der globale und
umfassende Charakter der Umweltwissenschaft wird in der
Tatsache offensichtlich, daß sie eine Erscheinung nicht
isoliert von ihrem Kontext untersuchen kann. Ihr Untersuchungsziel sind die Beziehungen, die zwischen den Elementen oder Variablen hergestellt werden und nicht diese
selbst. Vielleicht ist der wichtigste Beitrag, den die
Gruppe des 'Centro de Estudios Integrales del Ambiente'
der Universidad Central de Venezuela für die theoretische
Entwicklung der Umweltwissenschaft geleistet hat, der
einer neuen Konzeption hinsichtlich der Energie gewesen.
Die Gruppe konzipiert den energetischen Charakter der Umweltwissenschaft in Begriffen von Energie, Materie und
Information; sie konzipiert sie als Stadien des universellen Energieflusses. Sie ist der Ansicht, daß für den Menschen des 20. Jahrhunderts die Energie die wissenschaftliche Erklärung ist, die es ihm erlaubt, die Dynamik des
Lebens, die Formen, die es hervorbringt und den Kontakt
zwischen den Lebewesen, die den Prozeß der Regeneration
und der Rekonstruktion der konkreten Welt sichern, zu begreifen". [6]
Wird diese neue Wissenschaft eine 'Wissenschaft der Wissenschaften' sein? Die Diskussion dieser Problematik ist der
Schlüssel, um die Grenzen der neuen Wissenschaft abzustecken. Das größte Risiko bei dem Entwurf einer 'Wissenschaft der Wissenschaften' besteht darin, der Versuchung

zu erliegen, eine neue Philosophie, eine Variante der Kosmologie oder eine "Weltanschauung" teleologischer Art auszuarbeiten.
Gegenstand der neuen Wissenschaft würde nicht die Zusammenfassung der Fortschritte aller Spezialwissenschaften, sondern die Reorganisierung des gegenwärtigen Kenntnisstandes und die Nutzung der wissenschaftlichen Fortschritte sein, um mit einem globalen Ansatz den Umweltprozeß zu analysieren. Die Theoretiker der Umweltwissenschaft werden einerseits neue Erkenntnisse produzieren und gleichzeitig werden sie den Spezialisten der verschiedenen wissenschaftlichen Disziplinen bestimmte wissenschaftliche Forschungen vorschlagen, die sie leiten und vorantreiben. Diese Untersuchungen werden zu einem globalen Blick auf die Realität beitragen. [7]
Die neue Wissenschaft wird den Menschen als Teil der Umwelt analysieren, da er von dieser nicht zu trennen ist. Keine der heutigen Wissenschaften - einschließlich der Sozialwissenschaften - hat verstehen können, daß der Mensch sich innerhalb der Umwelt befindet und daß seine Entwicklung von der Natur bedingt wird. Während der Mensch sich von Tag zu Tag mehr für unabhängig und autonom hält, um so mehr verstärken sich seine Bindungen an die Natur, die ihn von dieser abhängig machen. Die ökologische Krise der zeitgenössischen Gesellschaft - mit ihren Folgeerscheinungen an unzureichender Energieversorgung, Vergiftung und nuklearer Strahlung - ist ein eindeutiger Beweis für diese Behauptung.

VERKNÜPFUNGEN ZWISCHEN NATUR UND GLOBALGESELLSCHAFT

Es ist ein äußerst schwerer konzeptioneller Irrtum, eine Trennung zwischen dem Menschen einerseits und der Umwelt andererseits vorzunehmen, so als ob beide voneinander losgelöst wären. Es ist erforderlich, die dualistische Konzeption Mensch - Natur zu überwinden. Die menschliche Ge-

samtgesellschaft muß als Teil der Umwelt, zu der sie gehört, analysiert werden, indem man begreift, daß ihre Entwicklung durch die Natur bedingt ist. Der Mensch verändert teilweise die Natur.
Mc Hale vertritt die Ansicht, daß in der gegenwärtigen Epoche "die Aktivitäten des Menschen die Zusammensetzung der Atmosphäre geändert haben und weiterhin verändern. Diese Veränderungen erstrecken sich auch auf Bäche, Flüsse, Seen und Ozeane - und zwar bis zu einem Grad, daß der Mensch auch sie verändert hat. Diese Veränderungen umgreifen die gesamten Beziehungen von Wasser, Land und Luft in einem solchen Maße, daß sie schon große Gebiete der Erdoberfläche verändert haben, indem Wälder entfernt wurden, die Oberflächenvegetation durch landwirtschaftlichen Anbau verändert, Flüsse umgeleitet und gestaut wurden, Metalle und Mineralien umverteilt wurden etc. Und so sind die komplexen Beziehungen der Tiere zu ihrer Umwelt geändert worden und auch die größeren Zyklen von Verdampfung und Niederschlägen. [8]
Im weiteren Verlauf weist derselbe Autor darauf hin, daß "wir nicht nur die Umwelt durch das Handeln der Menschen, wie es in der Naturwissenschaft und in der Technologie manifest wird, mittels physischer Umwandlungen des Landes für Wirtschaftszwecke verändern, sondern daß alle sozialen Institutionen ihren Teil daran haben, bei der Festlegung der Richtung, des Ziels und Zwecks, die solche Umwelttransaktionen leiten". [9]
Die Beziehung Mensch - Natur ist mit einem dichotomen Ansatz unter der Annahme eines strukturellen Dualismus analysiert worden, so als ob der Mensch sich außerhalb der Umwelt befinden würde.
Rapaport stellt fest: "Die Umwelt ist nicht etwas, das 'von außen' auf den Menschen einwirkt; vielmehr bilden Umwelt und Mensch ein komplexes System, das sich gegenseitig beeinflußt, indem es die Wahrnehmung jener Umwelt durch den Menschen mit sich bringt. In wachsendem Maße wird man

sich darüber klar, daß die Beziehung des Menschen zu seiner physischen Umgebung komplex, facettenreich und vielschichtig ist und daß der Verbund von Variablen oder isolierten Anregungen mit spezifischen Antworten schwerlich zu einem Ergebnis führt... Die Folge hiervon ist, daß wir die Beziehung Mensch - Umwelt nicht als eine bloße Antwort auf Anreize betrachten können, da der Mensch fortfährt, der Umwelt symbolische Bedeutung beizumessen... Die Relation zwischen Anreiz und Antwort wird durch die organisierte Repräsentation der Umwelt vermittelt und zwar durch Symbole und Schemata".[10)]
Von den Umweltfaktoren ist der sogenannte sozio-kulturelle Faktor von der traditionellen Ökologie am wenigsten untersucht worden. Die Mehrheit der Ökologen hat die Analyse der gesamten menschlichen Gesellschaft beiseite geschoben, so als ob diese nicht einen Teil der Öko-Systeme bilden würde. Die wenigen Ökologen, die dem sozio-kulturellen Faktor Aufmerksamkeit geschenkt haben, haben dies in abstrakter und von der Zeit losgelöster Weise getan, obwohl dieser Faktor in historisch konkreten Gesellschaften untersucht werden muß, weil die unterschiedlichen sozialen Formationen ein unterschiedliches Verhalten in bezug auf die Natur bestimmt haben. Die Rolle der Wirtschaft, der sozialen Klassen, des Staates, der Kultur und der Ideologie ist nicht die gleiche in der gemeinschaftlichen, asiatischen, Sklavenhalter- und feudalen Produktionsweise wie in der kapitalistischen Produktionsweise. Die Wirtschaftspolitik des zeitgenössischen Staates hat eine besondere Ideologie hinsichtlich des Energieverbrauchs gefördert und vorangetrieben. Das Studium der unterschiedlichen Gesellschaftstypen wird uns Informationen über die Nutzung der Energie, der Technologie, des Kalorienverbrauchs und des Verbrauchs fossiler Brennstoffe, der Nutzung menschlicher Energie in der Ausbeutung der Arbeit und des Energieverbrauchs der unterschiedlichen Transportsysteme und über die Angriffe auf die Umwelt zur Verfü-

gung stellen, wie sie unter anderem in der allmählichen Schädigung der Wälder, Flüsse und Meere ihren Ausdruck finden.

GESCHICHTE DER NATUR UND GESCHICHTE DES MENSCHEN

Die neuere Wissenschaft von der Umwelt befindet sich vor einer anderen Herausforderung: eine neue Vision der Geschichte zu entwerfen, in der die unlösbare Verbindung enthüllt wird, die zwischen der sogenannten Geschichte der Natur und der Geschichte der Menschheit besteht. Dieser Ansatz wird sowohl die biologistische Konzeption, wie auch die anthropozentrische in die Krise geraten lassen.
Die Geschichtswissenschaft hat bis heute nur die Entwicklung des Menschen durch diese obsolete Klassifizierung untersucht, die die Geschichte seit der Erfindung der Schrift aufspaltet.
Unser Ziel ist es, das Konzept von Geschichte in der Perspektive einer Dialektik der Prozesse, in denen das menschliche und die natürlichen Phänomene aufeinander einwirken, neu zu entwerfen.
Es ist ein Irrtum, die Geschichte in eine Geschichte der Menschen und eine der Natur aufzuspalten.
Denn tatsächlich gibt es nur eine einzige Geschichte - ohne Unterbrechung, seit dem Beginn der Erde bis in die Gegenwart.
Eine neue Konzeption der Geschichte wird herausarbeiten, daß die Geschichte der Menschheit nur ein verschwindend kleiner Teil der Geschichte der Erde ist. Wir bemühen uns darum, eine neue Periodisierung der Geschichte zu formulieren, die die wichtigsten Phasen des Umweltprozesses berücksichtigt.
Die zeitliche Dimension erlaubt es der neuen Wissenschaft von der Umwelt, das Studium der Ökosysteme mittels des Evolutionsprozesses zu bereichern. Ebenfalls ist der Zeitbegriff von Bedeutung, um die biogeochemischen Zyklen,

die Zeit der Anpassung einer Art und den Lebenszyklus festzulegen.
Sowohl die traditionelle Ökologie wie die "neue Ökologie" haben kaum die historische Variable bei der Untersuchung der Ökosysteme benutzt. Unser 'Zentrum für integrale Umweltstudien' ist der Ansicht, daß die Zeitvariable für die Untersuchung der Umwelt von Bedeutung ist. Verbunden mit der Raumvariable gibt sie der Erforschung der Ökosysteme, der Analyse ihrer Widersprüche und komplementären Bestandteile, den ungleichen, heterogenen und zugleich kombinierten Verhalten der miteinander verbundenen und aufeinander einwirkenden Faktoren eine neue Dimension, indem sie Daten vom ganzen Prozeß zur Verfügung stellt, der von dem Energiestrom (flujo energético) vorangetrieben wird.
Die soziale Variable - die nicht nur für die Menschen gilt, sondern auch bei den Tieren vorhanden ist, wenn sie fressen, miteinander in Beziehung treten und ihre Spiele gemeinsam durchführen - spielt auch eine bedeutende Rolle bei der Analyse der Umwelt.
Einer der relevantesten Aspekte ist die Abhängigkeit des Menschen, besonders in bezug auf seine wirtschaftliche Aktivität von den sogenannten 'natürlichen Ressourcen'. Nach unserem Verständnis hängt die Wirtschaft von der Nutzung der Böden, dem Klima, den Seen, den verschiedenen Typen von Flora und Fauna ab.

DAS KONZEPT DER NATUR BEI MARX

Die Erhellung dieser Problematik führt uns zur Neubelebung der Debatte über den Naturbegriff bei Marx und den Ideologen des Neopositivismus. Für die Epigonen von Marx bedingt der ökonomische Faktor alles und stellt den Schlüssel für die Interpretation der politischen, sozialen und sogar kulturellen Phänomene dar. Diese mechanistische Auffassung wurde schon von Engels in seinem Brief an Bloch und Starkenburg im Jahre 1890 zurückgewiesen.

Im letzten, unvollendeten Teil von 'Das Kapital' analysierte Marx die Beziehung von Arbeit und Geld zu den natürlichen Quellen und - unter diesen - zum Boden (Landwirtschaft, Bergbau etc.). Mehr noch: Als Marx von Produktivkräften spricht, bezieht er sich an erster Stelle auf die Natur und dann auf die Technik und die Arbeitsordnung. Daher schätzen wir, daß Mao tse Tung sich irrt, wenn er die Ansicht vertritt, daß "die Widersprüche zwischen der Gesellschaft und der Natur sich durch die Methode der Entwicklung der Produktivkräfte lösen".[11]
Henri Lefêbvre betont das Marxsche Konzept, daß die Natur die Quelle des Gebrauchswerts ist. "Die Natur ist zunächst die Grundlage des Handelns, das Umfeld, aus dem das menschliche Sein mit allen seinen biologischen, ethnischen etc. Besonderheiten hervorgeht, die in Beziehung zum Klima, Territorium oder zur Geschichte stehen - zur Geschichte als Instanz, die zwischen Menschheit und Natur vermittelt." [12]
Die selbsternannten Marxisten haben es nicht erreicht - oder haben dies nicht gewollt -, das Konzept der Natur bei Marx zu begreifen. Ihre Handbücher des "dialektischen Materialismus" scheinen mehr die Kodifizierung einer neuen Bibel - einer anderen Couleur - zu sein als die Exegese des Denkens des Mannes, dessen treue Schüler sie zu sein vorgeben. Marx und Engels gelangten zu einer globalen Konzeption nicht nur der sozialen Formation, sondern auch der Totalität Natur - menschliche Gesellschaft.
In "Die Deutsche Ideologie" bekräftigte Marx:
"Wir kennen nur eine einzige Wissenschaft, die Wissenschaft der Geschichte. Die Geschichte kann nur von zwei Aspekten aus betrachtet werden, indem man sie in die Geschichte der Natur und die Geschichte der Menschheit einteilt. Jedoch darf man diese beiden Aspekte nicht aufteilen: solange Menschen existieren, bedingen sich die Geschichte der Natur und die Geschichte der Menschen gegenseitig...Da fast jede Ideologie sich entweder auf eine auf den Rücken gedrehte Version dieser Geschichte oder auf eine totale Ab-

straktion von ihr reduziert. Die Ideologie selbst ist bloß einer der Aspekte dieser Geschichte... Meine Beziehung zu meiner Umwelt ist mein Bewußtsein." [13]
In "Die ökonomischen und philosophischen Manuskripte" sagte Marx, daß "das menschliche Wesen der Natur nur für den sozialen Menschen existiert... Die Gesellschaft ist daher die vollständige Wesenseinheit mit der Natur, die wahrhafte Auferstehung, der realisierte Naturalismus des Menschen und der realisierte Humanismus der Natur."
Friedrich Engels bestätigte wenig später, daß "der Mensch selbst ein Produkt der Natur ist, das sich zusammen mit seiner Umgebung entwickelt hat". [14]
Marx war in seinem Naturkonzept und in seiner Kritik an Hegel von Feuerbach beeinflußt. Für Hegel war die Natur eine Ableitung aus der Idee. Gestützt auf Feuerbach vertrat Marx die Priorität der Natur; aber in keiner Weise analysiert er diese Realität, die den Menschen umgibt, als einen unmittelbaren 'Objektivismus'.
Marx lehnt sich an den naturalistischen Monismus von Feuerbach nur insoweit an, als auch für ihn Subjekt und Objekt Natur sind. Zur gleichen Zeit überwindet er den abstrakten ontologischen Charakter dieses Monismus, indem er die Natur und jegliches Bewußtsein von ihr mit dem Lebensprozeß der Gesellschaft in Verbindung setzt... Er ist hinreichend undogmatisch und weit, um zu vermeiden, daß die Natur als metaphysische Einheit geheiligt oder als ein letztes ontologisches Prinzip konsolidiert wird." [15]
Die Mehrheit der sogenannten ortodoxen Marxisten begreift auch weiterhin die Umweltfrage nicht, da sie die Existenz der ökologischen Basis als bedingenden Faktor für die Wirtschaft und - allgemein - für die menschliche Gesamtgesellschaft nicht kennt.
Die Handbücher des dialektischen "orthodoxen" Materialismus bestehen auf der Trennung zwischen Mensch und Natur; sie präsentieren den Menschen als ein Produkt der Evolution und als passiven Spiegel des Naturprozesses.

Im Vorwort zu dem schon zitierten Buch von Alfred Schmidt weist Lucio Coletti darauf hin, daß "mit Stalin und - ganz allgemein - mit dem Stalinismus der Aberglaube von der unveränderbaren Objektivität der historischen Gesetze entstand, die unabhängig vom Willen der Menschen wirken und sich in nichts von den Gesetzen der Natur unterscheiden." 16)
G.L. Klein zeigt in seinem Buch "Spinoza in Sovjet Philosophy", das im Jahre 1952 in London herausgegeben wurde, wie das Konzept Spinozas über die Substanz den Begriff der Materie in der sowjetischen Philosophie beeinflußt hat.
Dieses Kriterium gründet sich auf einige Ideen, die von Engels in "Dialektik der Natur" dargelegt wurden als Bestätigung - nach unserer Ansicht mechanistisch - dafür, daß die Gesetze des Denkens "aus dem Schoß der Natur hervorgehen und ihre Wesenszüge widerspiegeln" 17) - eine These, die später die Grundlage für die diskussionswürdige "Widerspiegelungstheorie" wurde, die von Lenin in seinem Buch "Materialismus und Empirokritizismus" formuliert wurde. Nach unserem Verständnis ist der Naturbegriff nicht nur von den Epigonen des Marxismus fehlinterpretiert worden, sondern auch - und dies besonders - von den Parteigängern des philosophischen Idealismus, die die Idee vor die Natur stellen, so als ob diese nicht schon vor dem Menschen bestanden hätte.
Der Positivismus seinerseits - und seine aktuelle neopositivistische Version - hat - gegründet auf das Fortschrittsdenken des 19. Jahrhunderts - die Natur als etwas angesehen, das durch den Menschen beherrscht werden muß. Seine anthropozentrische Konzeption geht auf Descartes zurück, der schon in "Discours sur la méthode" behauptete: "Wir können die Elemente der Natur benutzen und uns so in Herren und Besitzer der Natur verwandeln." Dieser Drang, die Natur zu beherrschen, wurde in der industriellen Gesellschaft noch verstärkt, indem er sich in Ideologie verwandelte. Der Fortschrittsbegriff war eng mit die-

ser zwanghaften Tendenz zur Herrschaft über die Natur durch den "König der Schöpfung" verknüpft. Die hartnäckige Ausplünderung der Natur hat in der zweiten Hälfte dieses Jahrhunderts aufgrund der wachsenden Umweltschäden und der Erschöpfung der sogenannten natürlichen Ressourcen alarmierende Auswirkungen hervorzurufen begonnen. Nun sagt Saint Marc: "Die Frage ist, das Reich der Natur zu beherrschen." [18]
Das Naturkonzept und die unauflösliche Beziehung zwischen Natur und menschlicher Gesellschaft - untrennbare Bestandteile dieser Totalität, die die Umwelt darstellt - bildet einen der wesentlichen theoretischen Aspekte, der von der neuen Umweltwissenschaft aufzuhellen ist. Die Klärung dieses theoretischen Problems - und insbesondere eine neue Konzeption der Geschichte, in der sich die Geschichte des Menschen mit der Geschichte der Natur verbindet - wird es erlauben, eine neue Periodisierung des historischen Prozesses vorzunehmen.

ÜBER PERIODISIERUNG

Ein Versuch zur Periodisierung ist von Saint Marc formuliert worden, welcher drei große Etappen unterscheidet: Eine, die von der landwirtschaftlichen Revolution bis zum Entstehen der Manufaktur reicht und die nach diesem Autor durch die Unterwerfung der Ökonomie unter den Rhythmus der Naturgesetze charakterisiert ist; eine zweite, die mit der Industriellen Revolution beginnt und in der die wirtschaftliche Aktivität sich den Naturgesetzen entzieht; und schließlich die Phase der Natur - dies würde die Etappe sein, in der wir leben und in der die Knappheit und Zerbrechlichkeit des natürlichen Raums zum dramatischsten der Probleme für das Überleben der Menschen geworden ist.
Wir sind der Ansicht, daß diese - wie auch andere - Periodisierungen unzulänglich sind, weil sie mehr die menschliche Gesellschaft berücksichtigt und - was noch schlimmer

ist - nur gewisse einseitige Aspekte der Gesellschaft. Ebenso wenig sind für eine Geschichte der Umwelt die Etappen gültig, die von der traditionellen Geschichtsschreibung aufgezeigt werden, und auch nicht die Einteilung der Geschichte in Produktionsweisen. Noch weniger bedeutungsvoll ist die Klassifizierung der historischen Perioden, wie sie von Comte, den Neopositivisten und - ganz allgemein - den Ideologen der "Fortschritts"-Theorie aufgestellt wurden.

Trotz der Lobreden des Autors der "Allgemeinen Theorie der Systeme" Ludwig von Bertalanffy für Spengler und Toynbee, die er als Beispiele dafür präsentiert, wie man eine umfassende und systematische Geschichtswissenschaft konzipieren muß, glauben wir, daß diese Autoren nicht nur die Natur unterbewerten, sondern daß sogar ihre Blickwinkel auf die menschliche Gesellschaft selbst einseitig sind - im Fall von Spengler aufgrund der linearen Theorie von Geburt, Größe und Dekadenz der Kulturen und bei Toynbee durch die diskussionswürdige zentrale Vorstellung motiviert, nach welcher aus dem Zusammenprall von Zivilisationen immer eine höherrangige Zivilisation hervorgeht.

Eine Periodisierung der Geschichte für Lateinamerika aufzustellen, ist ein noch komplexeres Problem, da die historischen Studien bis vor ungefähr zwei Jahrzehnten durch eine 'Konzeption der historischen Fakten' gekennzeichnet war, d.h. Berichte von Schlachten, patriotischen Ereignissen im Stile von Carlyle, von mythologisierten Helden, überbewerteten politischen Ereignissen, Namen von Präsidenten, die wie in einem Kaleidoskop ohne Unterscheidungen aufeinander folgen - letztlich also eine traditionelle Geschichtsschreibung, die nicht einmal die Tugenden und die Rigorosität eines Ranke oder Mommsen aufwies.
Erst in jüngerer Zeit entsteht eine neuere Konzeption der Geschichte in Lateinamerika. Es sind einige Fortschritte beim globalen Studium der Gesellschaft erreicht worden,

indem die Betonung auf die großen sozialen und ökonomischen Prozesse gelegt wurde. Jedoch ist die Mehrheit dieser Untersuchungen von einer "Entwicklungs"-Konzeption durchdrungen, in der das Bemühen, aus der historischen Beschreibung eine Rechtfertigung für das Modell der Industrialisierung und "modernen Gesellschaft" als Gegenposition zur "traditionalen" Gesellschaft zu erlangen, vorherrscht - nach den Worten des bekannten Soziologen Gino Germani und seiner Gefolgsleute aus der CEPAL-Richtung. Für sie existiert die Natur in dem Maße, indem sie "natürliche Ressourcen zur Verfügung stellt, die dem industriellen "Fortschritt" dienen.
In den letzten Jahren hat die ökologische Krise, die die Welt bewegt, gewisse Autoren dieser Richtung verpflichtet, die These der "Entwicklung ohne Schädigung" aufzustellen, indem sie - absichtlich oder nicht - verbergen, daß die Schäden gerade das Ergebnis des Typs von Entwicklung sind, den sie verteidigen.
Was die lateinamerikanischen Forscher betrifft, die sich der Methode des historischen Materialismus bedienen, so fehlt auch bei ihnen - vielleicht aus anderen Gründen - eine Berücksichtigung der Natur. Dieser Mangel hat sie daran gehindert, die Totalität einzufangen, dadurch daß sie die Kenntnisse und Erkenntnisse der Umwelt-Realität parzellierten.
Folglich wird ein umfassender Ansatz erforderlich, eine neue Periodisierung der lateinamerikanischen Geschichte zu skizzieren. Das Problem besteht darin, daß jede Periodisierung zu unterschiedlichen Formen von Vereinseitigung führt - und dies vor allem, wenn man versucht, global Natur und menschliche Gesellschaft in den Blick zu nehmen. Jede Periodisierung stellt einen chronologischen Schnitt dar und läßt den falschen Eindruck entstehen, daß Völker wie die der indígenas (indios) mit der Kolonisierung durch die Weißen zu existieren aufhörten. Die Wahrheit ist aber, daß die Eingeborenen-Kulturen weder mit der spanischen Er-

oberung noch während der Repression in der Zeit der Republik der 'criollos'(in Amerika geborene Nachfahren spanischer Siedler) zu Ende gingen, sondern daß sie in ihrem Ökosystem bis in die Gegenwart überlebt haben.

Eine Geschichte der Umwelt müßte eine erste Phase berücksichtigen, die vor dem Menschen existierte und die das Entstehen des amerikanischen Kontinents umfaßt. Diese Periode, die wir 'Das natürliche Milieu vor dem Erscheinen des Menschen' nennen könnten, umfaßt die ersten geologischen Formationen, das Klima, die Flüsse und Seen, die Flora und Fauna bis zur Ankunft des Menschen auf dem Kontinent im Spätquartär, d. h. vor annähernd einhunderttausend Jahren. Diese erste große historische Etappe muß in Unterperioden klassifiziert werden, deren Charakterisierung von einer transdisziplinären Gruppe von Geologen, Archäologen, Paläontologen, Biologen etc. präzisiert werden müßte.

Die zweite Phase beginnt mit den Sammler-, Fischer- und Jäger-Völkern. Sie reicht von der Bildung der ersten Gemeinschaften in Lateinamerika bis zu etwa dem Jahre 3000 vor unserer Zeitrechnung in einigen Gebieten des Kontinents. Diese Phase würde man 'Das Zeitalter der Integration des Menschen in die Natur' nennen können.

Die dritte Phase beginnt mit der Revolution der jüngeren Steinzeit, mit Landwirtschaft und Töpferei, Bergbau und Metallverarbeitung betreibenden Völkern. Sie erreicht ihren Höhepunkt mit den Hochkulturen Amerikas: den Mayas, den Incas und Azteken. Diese Periode könnte man den 'Beginn der Veränderung der lateinamerikanischen Ökosysteme' nennen.

Die vierte Phase beginnt abrupt mit der spanischen Kolonisierung und reicht bis in die Epoche der Industrialisierung - also von 1500 bis etwa 1930. Man könnte sie 'Die Schädigung der lateinamerikanischen Ökosysteme' nennen.

Die fünfte Phase reicht vom Beginn des industriellen Prozesses der Import-Substitution bis zur Gegenwart. Man würde sie als 'Die Umweltkrise in Lateinamerika' bezeichnen können.

In unserer Arbeit werden wir versuchen, die besonderen Charakteristika einer jeder dieser Perioden zu entwickeln. Dies wird uns erlauben, Informationen darüber zu erhalten, welche Prozesse zum Vorteil und welche zum Nachteil der Ökosysteme gewesen sind. Die ökologische Krise der Gegenwart ist das Ergebnis eines langen historischen Prozesses, den man untersuchen muß, um eine Strategie formulieren zu können, die es erlauben wird, die heutige Umweltschädigung zu überwinden.

Anmerkungen:

1) Georges Canguilhem, "El conocimiento de la vida", S. 101, Ed. Anagrama, Madrid, 1976.

2) John D. Bernal, "Historia Social de la Ciencia", Bd. I, S. 373, Barcelona, 1973.

3) John D. Bernal, a.a.0. S. 424 f. und 437.

4) Edgar Morin, "Ecología y Revolución", Nachdruck von OESE, No. 8, S. 6, August 1974, Caracas.

5) Karel Kosik, "Dialéctica de lo concreto", S. 57, 58 und 268, Ed. Grijalbo, México, 1976.

6) José Balbino León, "Notas al Programa de Ecología y Ambiente de la Universidad del Zulia", Facultad de Arquitectura, November 1977.

7) Luis Vitale, "Hacia una Ciencia del Ambiente", Arbeitspapier, das dem Seminar des CENAMB im Juni 1978 vorgelegt wurde, Caracas.

8) John Mc Hale, "El Contexto Ecológico", Cap. I, eine Übersetzng von "The Ecological Context", London, 1971, Departamento de Acondicionamiento Ambiental de la Facultad de Arquitectura y Urbanización de la U.C.V.

9) a.a.0.

10) Amos Rapaport, "Algunos Aspectos de la Organización del Espacio Urbano", Übersetzung des Departamento de Acondicionamiento Ambiental de la Facultad de Arquitectura de la Universidad Central de Venezuela, 1972,

11) Mao tse Tung, "Apropos de la Contradiction", Oeuvres Choisies, Bd. I, S. 379, Ed. Sociales, Paris 1955.

12) H. Lefebvre, "La Naturaleza, Fuente de Placer", Madrid 1978.

13) Karl Marx, "Deutsche Ideologie", in : MEGA, Bd. V, 1, Berlin 1932, S. 567.
Dieser Satz wurde nicht in die endgültige Redaktion der "Deutschen Ideologie" aufgenommen wie sie in der Ausgabe Berlin 1953 erscheint. (A. Schmidt, "El Concepto de la Naturaleza en Marx", S. 65, Siglo XXI, Madrid.)

14) Friedrich Engels, "Anti-Dühring", S. 23, Ed. Grijalbo, México 1968.

15) Alfred Schmidt, "El Concepto de la Naturaleza en Marx", S. 24 f., Siglo XXI, Madrid 1977.

16) ebendort S. 233.

17) Nicola Badalon u.a., "Lenin, Ciencia y Política", S. 13, Ed. Tiempo Contemporáneo, Buenos Aires 1973.

18) P. Saint Marc, "Ecología y Revolución", Neuauflage durch Boletín OESE, No. 7,
Juli 1977, Caracas.

Hilda Herzer,
Jaime Sujoy,
Nora Prudkin,
Luis Helguera:

Die Beziehung zwischen dem Menschen und den natürlichen Ressourcen - Einige theoretische Betrachtungen zur Umwelt in Lateinamerika

In: Nueva Sociedad. San José. (1977) 31/32 : 206 - 220

DIE BEZIEHUNG ZWISCHEN DEM MENSCHEN UND DEN NATÜRLICHEN
RESSOURCEN - EINIGE THEORETISCHE BETRACHTUNGEN ZUR UMWELT
IN LATEINAMERIKA

1. EINFÜHRUNG

Der vorliegende Artikel hat zum Ziel, die Abgrenzung eines
spezifischen Forschungsgebietes für Lateinamerika vorzuschlagen, innerhalb dessen die Gesamtheit der Umweltproblematik steht, die im letzten Jahrzehnt in den Diskussionen
auf internationalen Kongressen behandelt wurde. Es wird
hierfür als erforderlich angesehen, diese Thematik in dem
allgemeinen Rahmen anzusiedeln, in welchem sie entsteht
und sich entwickelt. Auch wird versucht, vom theoretischen
Ansatzpunkt aus, einige Konzepte, die allgemein in den
Arbeiten über das Thema zugrunde gelegt werden, zu präzi-
sieren. Hierzu gesellt sich die Notwendigkeit, ein ange-
messenes theoretisches Gebäude für die Analyse der Beziehung Mensch - natürliche Ressourcen zu schaffen, die - so
denkt man sich - den zentralen Kern der Umweltproblematik
in Lateinamerika bildet.

2. DER KONTEXT DER PROBLEMATIK

Nach dem Zweiten Weltkrieg hat sich ein Gesamtzusammenhang
von sehr besonderen Charakteristika herauskristallisiert,
die eine Situation des kapitalistischen Weltsystems zum
Ausdruck bringen. Während dieser Periode hat die Weltwirtschaft eine große Expansion erfahren, wobei die Wesenszüge
von Interdependenz und Integration sich verstärkt haben,
die ein wahrhaftes Weltsystem definieren. Aber aufgrund der
Charakteristika des Kapitalismus ist diese Entwicklung
kombiniert und ungleich verlaufen, was wiederum immer mehr
die bestehenden Unterschiede zwischen den Ländern des
Zentrums und denen, die an der Peripherie gelegen und dem
System untergeordnet sind, betont hat.

Diese Etappe der kapitalistischen Entwicklung entspricht dem, was man als Monopolkapitalismus bezeichnet hat. Dieser hat als wichtigste Operationsbasis die Vereinigten Staaten; er hat im Verlauf des 20. Jahrhunderts einen intensiven Prozeß der Konzentration und Zentralisation des Kapitals im Weltmaßstab bewirkt; innerhalb dieses Prozesses ist der Kapitalexport zum Unterscheidungsmerkmal für die internationalen Wirtschaftsbeziehungen geworden, die die Grundlage für die Integration des Systems auf Weltebene sind.

Das korporativ organisierte Großunternehmen muß sich dabei dauernd Gebiete und Sektoren für die Reinvestierung seiner Kapitalien suchen; es transferiert zu diesem Zweck Kapital über die Grenzen des Landes hinweg, in denen das 'Mutterhaus' gelegen ist und investiert dieses Geld in sehr unterschiedlichen Aktivitäten und kontrolliert geographisch verstreute Märkte, um ebenso die Versorgung mit insumos* zu garantieren, die ihre Reproduktion erfordert. Die wirtschaftliche Macht solcher Unternehmen und ihre Fähigkeit zur Selbstfinanzierung, deren sie sich erfreuen, verleihen ihr - zusammen mit den Bindungen, die sie zu den Finanzsektoren unterhält - eine gesteigerte Autonomie. Ihr multinationales Handeln erlaubt es, vielfältige Alternativen zu berücksichtigen und Entscheidungen innerhalb dieser großen Breite an Möglichkeiten zu treffen.

Der Staat hat seinen Charakter verändert, da für ihn die Notwendigkeit besteht, in immer größerem Maße in das Wirtschaftsleben zu intervenieren, um die Reproduktion des Systems zu garantieren - und zwar sowohl des Kapitals, wie auch der Arbeitskräfte und der Ressourcen. Der Staat hat seine Funktionen erweitert; dies hat ihn darüber hinaus dazu gebracht, regelnd in den internationalen Handel und in die Beziehungen zwischen den Unternehmen einzugreifen; dies geht soweit, daß er die Rolle übernimmt, neue Märkte auf nationaler oder internationaler Ebene zu erschließen und diese politisch, wirtschaftlich und militärisch zu sichern.

Der Nationalstaat erfüllt eine wesentliche Aufgabe bei
der Reproduktion des Monopolkapitalismus; und es kann behauptet
werden, daß der Staatskapitalismus ein wichtiger
Verbündeter des Monopolunternehmens ist und daß diese Tendenz
sich weiterhin verstärkt.
Aber andererseits stellt der Staat auch eine gewisse Grenze
für die volle Operationsfreiheit der multinationalen Gesellschaften
auf. Die produktive Basis des Kapitalismus wird
immer internationaler, aber der Staat muß - wenn er auch die
Rolle eines Helfers bei dieser Expansion spielt - ständig
versuchen, in seinem Inneren die einander widerstreitenden
Interessen zu versöhnen, die der Prozeß der Akkumulation
hervorbringt. Dies bedeutet, daß die Beziehung zwischen
Nationalstaat und multinationalen Unternehmen einen widersprüchlichen
Charakter hat, der überwunden werden muß, um
die notwendige Hegemonie aufrecht zu erhalten, die die
Entwicklung des Monopolkapitalismus erfordert.
Die Wesenszüge eines kombinierten und ungleichen Kapitalismus
umfassen auch die Beziehungen zu den natürlichen Ressourcen.
In den abhängigen Ländern erzeugte die Herrschaft
des Kolonialsystems und des Handelskapitalismus die Ausbeutung
und Plünderung der Ressourcen zugunsten der Interessen
der herrschenden Mächte. Später wurde die Spezialisierung
der Peripherie in der Produktion von Rohstoffen
und Lebensmitteln etabliert, die das Zentrum für seinen
Akkumulationsprozeß benötigte. Die Ausbeutung der natürlichen
Reserven wurde (und wird noch) unter unterschiedlichen
Modalitäten durchgeführt - sei es durch die Ansiedlung
von Unternehmen, die eine Enklave innerhalb der Wirtschaft
des Aufnahme-Landes bilden, sei es durch die Nutzung
und Unterordnung von schon bestehenden Wirtschaftsformen
oder durch die Ersetzung dieser durch andere neue. In allen
Fällen wurden die Produktion der Peripherie und die Nutzung
ihrer Ressourcen organisiert, um den Bedürfnissen des Weltmarktes
zu entsprechen und nicht um die örtlichen Prioritäten
zu befriedigen. Ebensowenig wurden die Konsequenzen

in Betracht gezogen, die dies für die Ressourcen haben würde (Wälder, Böden, Bergwerke). Parallel hierzu wurden direkte Investitionen ausländischen Kapitals im Ausbau der Infrastruktur und der öffentlichen Verwaltung vorgenommen; diese Investitionen hatten nicht nur zum Ziel, den entsprechenden Sektoren Vorteile zu verschaffen; sie sollten auch den Transport und die Ausfuhr der Rohstoffe in die Zentralländer erleichtern.
Darüber hinaus wurden direkte Kapitalinvestitionen in extraktiven Sektoren durchgeführt.
In der letzten Etappe des Kapitalismus richten sich die direkten Investitionen ausländischen Kapitals in der Peripherie überwiegend auf die industriellen Sektoren, die Güter für den Endverbrauch oder Halbfertigprodukte herstellen; die Reinvestition erfolgt weiterhin in den extraktiven Zweigen der Brennstoffe und der strategisch bedeutsamen Mineralien. Aber es ist die Verankerung dieser großen multinationalen Unternehmen, deren Wirtschaftsmacht es ihnen im Innern dieser Länder erlaubt, über die örtlichen Ressourcen aufgrund ihrer eigenen Bedürfnisse zu verfügen; dies bedeutet im allgemeinen eine Plünderung der Ressourcen, wobei außerdem Technologien eingeführt werden, die nicht immer adäquat sind - mit den unvermeidbaren ökologischen Folgen, die dies impliziert.
Wie weiter oben gesagt worden ist, muß sich das große Unternehmen die Versorgung mit den erforderlichen 'insumos' sichern, um seine Reproduktion langfristig zu garantieren. In dem Maße, in dem diese 'insumos' zum großen Teil aus der Peripherie kommen, ist es von Bedeutung, die Länder, um die es hier geht, innerhalb der politischen Einflußsphäre zu halten, damit ihnen die besten Voraussetzungen für diese Versorgung gesichert sind.
Angesichts der Möglichkeit der Verknappung gewisser grundlegender Ressourcen für die großen Gesellschaften - wobei eine solche Verknappung als Krise aufgefaßt wird - , erscheint die Vorstellung, die Nutzung der Ressourcen zu pla-

nen, sinnvoll; notwendigerweise müssen sie zu diesem Zweck die Schaffung einer Weltordnung vorschlagen, in der die vorher aufgezeigten Widersprüche zwischen der ökonomischen und der politischen Basis eliminiert erscheinen.
Auf der politischen Ebene der Herrschaft erscheint eine Identifikation zwischen multinationalen Unternehmen und Menschheitszielen durch die Verbreitung der Idee, daß die Möglichkeit besteht, daß diese Planung der Ressourcen mit den Bedürfnissen der Völker zusammenfällt. So erscheint plötzlich der grundlegende Widerspruch, der zwischen Monopol und Befriedigung der grundlegenden Bedürfnisse besteht, unscharf - ein Widerspruch, der aus den Charakteristika des kapitalistischen Systems selbst hervorgeht.
Solche Ideen werden ihrerseits durch Aktionen reformistischen Typs verstärkt, die man in den Zentralländern einzuführen versucht - und zwar mittels einer Gesetzgebung, die Kontrollen einführt, welche die Nutzung der Ressourcen und der Umwelt insgesamt begrenzen.
Man darf nicht vergessen, daß die Anerkennung des Vorhandenseins von Umweltproblemen auf industrieller Ebene in den Ländern des Zentrums das Entstehen eines anderen Typs von Industrien gefördert hat - die nicht die Umwelt schädigenden und vergiftenden, bei denen die Vergiftung durch Techniken eingeschränkt und kontrolliert wird, die durch die Bevölkerung über die Preise oder auch durch Regierungssubventionen finanziert werden und deren Konsequenz eine Steigerung der Konzentration des Kapitals gewisser internationaler Gesellschaften zum Nachteil kleinerer Industrieunternehmen gewesen ist, die nicht in der Lage sind, die Entwicklung von Umweltschutzsystemen selbst zu finanzieren. Diese Praxis zeigt sehr deutlich, daß dieser Typ von Maßnahmen nur einen sekundären Aspekt des Problems löst, der das Wesen des Widerspruchs nicht berührt, indem er zum Entstehen dessen führt, was man "öko-industrielle Komplexe" nennen wird.
Es kommt häufig vor, daß - wenn die Umweltvergiftung auf

eine wirtschaftliche Aktivität zurückzuführen ist - sie bei der Berechnung des Volkseinkommens berücksichtigt wird. Aber ihr Beitrag zur Befriedigung der grundlegenden Bedürfnisse des Menschen würde 'null' sein, da sie das Einkommen vergrößert und ein falsches Bild desselben gibt, weil in Wirklichkeit das einzige, was man machen würde, wäre, das zu verbessern, was eine Folge der übrigen ökonomischen Aktivitäten ist. Folglich findet ein circulus vitiosus von Vergiftung - Entgiftung statt, in dem entgiftende Technologien eingeführt werden als Ergänzung zu den vergiftenden und die wenig mit denjenigen zu tun haben, die die Umwelt nicht zerstören. [1]

3. WELT-MODELLE UND NATÜRLICHE RESSOURCEN

Es sind die oben dargelegten Gründe, die das Interesse verständlich machen, das die Großunternehmen für die Probleme ökologischer Art und für die Erreichung einer neuen Weltwirtschaftsordnung zeigen. Es erscheinen Untersuchungen wie die, die unter der Schirmherrschaft des Club of Rome um das Thema, das "Achtung der Humanität" genannt wurde, entstanden sind. In diesen Untersuchungen sind mathematische Modelle entwickelt worden, um die zukünftige Situation hinsichtlich der natürlichen Ressourcen zu projezieren und zu berechnen und um alternative Lösungen vorzuschlagen. Hier soll nur die erste der vom Club of Rome geförderten Untersuchungen berücksichtigt werden [2], da sie eine bestimmte Position zeigt, die als 'Katastrophen-Vision' der gegenwärtigen Weltordnung bezeichnet werden könnte.

A. Die Untersuchung von Dennis Meadows, die im MIT durchgeführt wurde und die eine weite Verbreitung erfahren hat, analysiert die Situation der Welt ausgehend von einem mathematischen Modell, das die Tendenzen von fünf großen Variablen berücksichtigt: die beschleunigte Industrialisie-

rung, das demographische Wachstum, die verbreitete Unterernährung, die Erschöpfung der natürlichen Ressourcen und die Schädigung der Umwelt.
Ausgehend von diesen fünf Variablen und unter Benutzung von aktuellen Welt-Durchschnittswerten projeziert das Modell das exponentielle Wachstum der Variablen, um prophetisch zu schlußfolgern, daß - wenn die gegenwärtigen Tendenzen sich fortsetzen - man im Verlauf der nächsten einhundert Jahre die absoluten physischen Grenzen des Wachstums erreicht haben wird. Angesichts einer solchen Eventualität wird als Lösung eine Änderung der gegenwärtigen Tendenz des Bevölkerungs- und Wirtschaftswachstums vorgeschlagen, indem man diese Tendenz stabilisiert oder sogar ein gewisses 'Null-Wachstum der Gesellschaft' vorschlägt. "So besteht die grundlegende Definition des globalen Gleichgewichtszustandes darin, daß die Bevölkerung und das Kapital wesentlich stabil sind und die Kräfte, die dazu tendieren, sie zu erhöhen oder zu verringern, ein sorgfältig kontrolliertes Gleichgewicht aufrechterhalten." [3] Wenn man die vorgeschlagene Lösung zusammenfaßt, kann festgestellt werden, daß das grundlegende Problem im schnellen demographischen Wachstum - besonders der Länder der Dritten Welt (denn hier werden die höchsten Raten festgestellt) seine Wurzeln hat; und in diesem Sinne nimmt der Bericht von Meadows eine eindeutig neo-malthusianische Position ein. Das heißt: es wird in einem anderen Kontext die in den 60er Jahren weitverbreitete Position wiederholt, wonach die Bevölkerungskontrolle das wichtigste Mittel ist, um die ökonomische Entwicklung zu garantieren.
Im Vorschlag von Meadows erscheint der rationale Gebrauch der natürlichen Ressourcen als ein sekundäres Problem und - was wichtiger ist - man geht von einem Stand der Dinge aus, von einer Konzeption der sozio-ökonomischen Realität, die nicht durch die Vorschläge, die man formuliert, geändert werden können. Die Vorstellungen und Darlegungen dieses Autors sind ganz und gar mechanistisch. Er operiert auf

der Basis eines einfachen Modells, das nicht die komplexen sozio-ökonomischen Prozesse berücksichtigt, die die Beziehung des Menschen zu den natürlichen Ressourcen und zur Umwelt bestimmen; er berücksichtigt ebenso wenig in angemessener Weise die Prozesse menschlicher Intervention, durch die diese Beziehungen geändert werden. Andererseits bezieht dieses Modell technologische Wandlungen nicht ein und daher ist der Begriff von 'natürlichen Ressourcen', den er benutzt, darüber hinaus restriktiv - wie man weiter unten sehen wird -, da das Konzept der natürlichen Ressourcen ein kulturelles Konzept ist. Auf der ideologischen Ebene erscheinen nicht die strukturellen und realen Unterschiede, die im Weltsystem existieren.

Insgesamt: Ausgehend von zu kritisierenden Annahmen gelangt der Autor zu einer Definition von Zukunftskrise, die die Notwendigkeit rechtfertigt, Veränderungen auf der Weltebene vorzunehmen, die sich innerhalb der aus den zugrunde gelegten Voraussetzungen entwickeln.

B. Als Gegenposition zu den Modellen, die physische Grenzen für das Wachstum aufstellen, argumentiert die Arbeit, die in der Stiftung Bariloche unter dem Titel "Das lateinamerikanische Weltmodell" [4] durchgeführt wurde, daß das Hauptproblem der heutigen Gesellschaft nicht ein 'physisches', sondern ein 'sozio-ökonomisches' ist, das der ungleichen Verteilung der Macht im internationalen und im innerstaatlichen Bereich zuzuschreiben ist.

Innerhalb eines solchen Kontextes erscheint die Schädigung der Umwelt als ein Ergebnis der bestehenden sozialen Organisation. Das hier erarbeitete Modell beschäftigt sich nicht damit, die Zukunft als Funktion der Fortsetzung der aktuellen Tendenzen vorherzusagen, sondern einen Weg aufzuzeigen, wie eine "von Rückschritt und Elend befreite Welt" erreicht werden kann. Mit dieser Zielrichtung wird als Ausgangspunkt eine Idealgesellschaft entworfen, die auf Gleichheit und Partizipation aller ihrer Mitglieder

bei den zu treffenden Entscheidungen gegründet ist, die
sie betreffen, in der das Wirtschaftswachstum und der Konsum derart 'reguliert' sind, daß eine Gesellschaft erreicht wird, die mit ihrer Umwelt vereinbar ist. "Der verschwenderische oder irrationale Gebrauch der natürlichen
Ressourcen und die Schädigung der Umwelt - beides Charakteristika, die hauptsächlich aus dem Konsumverhalten der entwickelten Nationen und der privilegierten Minderheiten in
den Entwicklungsländern abgeleitet sind - sind das Ergebnis eines Wertsystems, das zu einem großen Teil destruktiv
ist. Daher kann die Lösung für diese Probleme nicht auf
der behelfsmäßigen Anwendung korrektiver Maßnahmen artikuliert werden, sondern muß die Schaffung einer Gesellschaft,
die zutiefst mit ihrer Umwelt kompatibel ist, [5)] zum Ziel
haben.
Innerhalb des Rahmens der erarbeiteten Voraussetzungen
konstruierte man ein mathematisches Modell, um die Realisierbarkeit des vorgeschlagenen Gesellschaftsmodells nachzuweisen. Dies setzte voraus, die heute vorhandenen Kenntnisse über nicht erneuerbare Ressourcen, über Reserven
und Kontaminationen zu analysieren. Man kam zu der Schlußfolgerung, daß es keine wissenschaftlich nachgewiesenen
Gründe für die Annahme einer gravierenden Verknappung natürlicher Resourcen in einer nahen Zukunft geben wird und
daß die Umweltvergiftung nicht notwendigerweise mit dem
wirtschaftlichen Wachstum verknüpft ist, daß aber die Erhaltung der natürlichen Ressourcen wie auch der Umwelt vom
Gesellschaftstyp abhängig ist.
Insgesamt zeigt das 'lateinamerikanische Weltmodell', daß
es möglich sein würde, die grundlegenden Bedürfnisse der
Weltbevölkerung - diese definiert als Lebensmittel, Gesundheit, Wohnung und Bildung - mit den Ressourcen zu befriedigen, die die Kontinente für eine Zeitspanne von ungefähr einer Generation besitzen. Aber anderseits wird festgestellt, daß man das Schicksal der nachfolgenden Generationen gefährden wird, wenn nicht die geforderten ökonomisch-

sozialen Veränderungen durchgeführt werden, insbesondere jene, die mit den Modalitäten der Nutzung der Ressourcen und dem Konsum zusammenhängen. Das in der Stiftung Bariloche erarbeitete 'Modell' steht den 'Modellen' des Club of Rome als Antithese gegenüber, da es einerseits das Nichtvorhandensein physischer Grenzen und andererseits die Möglichkeit, ein relatives Gleichgewicht durch die Veränderung der herrschenden sozio-politischen Weltstrukturen zu erreichen, aufzeigt.

Jedoch haben beide Arbeiten das Merkmal gemeinsam, daß sie sich auf formale Modelle stützen, deren Schlußfolgerungen einerseits von den angenommenen Voraussetzungen und andererseits von den Charakteristika innerer Kohärenz - wie sie jedem dieser Modelle eigen sind - abhängig sind. Eine Kritik dieser Modelle darf nicht die Ziele außer acht lassen, die ihre Konstruktion - sowohl des ersten Modells, wie des Gegenmodells - leiteten.
Beide Modelle zeigen, daß dann - wenn es keine Veränderungen in der Weltsituation gibt - in der Zukunft eine kritische Situation der Verknappung eintreten wird; nur wenn grundlegende Wandlungen stattfinden, wird es Lösungen für diese kritische Situation geben. Jedoch sind beide Modelle, obwohl sie die Zukunft entwerfen, ahistorisch. Das erste setzt den status quo voraus oder verlangt eine Gleichgewichtssituation, deren Erreichung sich nicht abzeichnet. Das Modell der Stiftung Bariloche setzt eine Situation voraus, die augenblicklich erreicht werden muß. Beide Modelle können als ideologische Manifestationen behandelt werden, deren reale Durchführbarkeit - außerhalb des Voluntarismus - an der realen Machtstruktur in der Welt scheitert.

C. Die unterschiedlichen Studien, die bis zur Gegenwart erarbeitet worden sind, haben zur Eröffnung einer Debatte auf internationalen Kongressen und Zusammenkünften hin-

sichtlich möglicher Lösungen für die Weltkrise geführt.
Einige von ihnen sind analysiert worden. Eine Diskussion
im vorliegenden Artikel zu führen, würde bedeuten, die unterschiedlichen Alternativen oder Entwicklungsstile zu analysieren, die von den unterschiedlichen Gruppen vorgeschlagen worden sind und Ziele, die weit darüber hinausgehen.
Es ist jedoch von Bedeutung, einen Bezug zur aktuellen
Diskussion über die Möglichkeit zu einer Neuen Weltordnung zu gelangen, herzustellen.
Wie schon zuvor gesagt worden ist, liegen dieser Diskussion unterschiedliche Interessen zugrunde, unter denen die
der Großmächte, die der Länder der Dritten Welt und der
privaten multinationalen Zusammenschlüsse besondere Erwähnung verdienen. Diese Diskussion hat einen doppelten
Sinn, der divergierenden Gesichtspunkten entspricht: Einerseits die Sicherstellung geplanter Veränderungen, die das
Funktionieren des Weltsystems derart garantieren, daß sie
die wesentlichen Bedingungen der Kapitalakkumulation und
der Reproduktion der großen Unternehmungen und des Systems
der Macht in der Welt sichern. Andererseits: Vorschläge
für radikale Veränderungen, die die Umwandlung der ökonomischen, sozialen und politischen Strukturen im Weltsystem
einschließen, indem sie "die Befriedigung der Bedürfnisse
zum zentralen Punkt des Entwicklungsprozesses" [6] machen.
Über die ideologischen Ausdrucksformen hinaus wird die
tatsächliche Richtung, die die Diskussion bis zur Entscheidung nehmen wird, von der Verteilung der Macht in
der Welt, der Verhandlungsfähigkeit der Länder der Dritten
Welt im Weltsystem abhängen.
Währenddessen ist es ein positiver Saldo, daß die Bedeutung
der Umweltproblematik hervorgehoben worden und der Kontext aufgezeigt worden ist, innerhalb dessen die Behandlung der Beziehung Mensch - Ressourcen ihren Sinn erhält.
Es wurde klargestellt, daß "in der in Gang befindlichen
Diskussion über die 'globalen Grenzen' die Vermittlung
der sozialen Beziehungen von denen vergessen wird, die

eine direkte Verbindung zwischen Bevölkerung und diesen Grenzen herstellen. Es ist daher von Bedeutung, die demographische Frage in ihrem wahren Kontext zu betrachten." [7] Es sind - global gesehen - nicht die Armen und es ist ebenso wenig die Befriedigung ihrer Bedürfnisse, vielmehr die Hortung der Ressourcen und ihre schlechte Nutzung durch einige wenige, was die 'äußeren Grenzen' gefährdet." Andererseits "erleiden sie in der Mehrzahl der Fälle die Bedrohung durch exogene, schlecht an die lokale Umweltbedingungen angepaßte Technologien; aber dieser nicht zu rechtfertigende Eingriff bringt auch präzise wirtschaftliche Interessen oder besondere soziale Ungleichgewichte zum Ausdruck." In der gegenwärtigen Situation besteht ein Gegensatz und ein Konflikt zwischen Umwelt und dem Wachstumstyp, den man zu häufig bis jetzt verfolgt... Das Konzept des "eco-desarrollo" ("öko-Entwicklung"), verbunden mit dem der lokalen "auto dependencia" ("Autonomie"), d.h. für jede Gemeinschaft die Lösung der größtmöglichen Zahl ihrer Probleme auf der Grundlage der Ressourcen ihres ökologischen Systems, eröffnet beachtliche Perspektiven für die Befriedigung einer umfangreichen Palette von Bedürfnissen, worin das Empfinden eingeschlossen ist, das eigene Schicksal kontrollieren zu können." [8]
Auch wenn diese allgemeinen Überlegungen auf dieser Ebene von Wert sind, so bilden sie jedoch noch nicht einen theoretischen Beitrag für die Erarbeitung systematischer Konzepte, die die Besonderheiten der Beziehung Mensch - natürliche Ressourcen in der gegenwärtigen Situation erhellen.

4. 'ECODESARROLLO' ('ÖKO-ENTWICKLUNG')

Der von verschiedenen Forschern und Organisationen unternommene Versuch, zu einem zusammenhängenden Verstehen der ökologischen und ökonomisch-sozialen Dimension zu gelangen, hat zur Entstehung neuer Begriffe geführt. [9]

So gebrauchte im Juni 1973 Maurice F. Strong (geschäftsführender Direktor des Umweltprogramms der Vereinten Nationen während einer Zusammenkunft des Verwaltungsrates [10] dieses Organs zum ersten Mal diesen Begriff, wobei er die Vorstellung einer Form der ökonomischen und sozialen Entwicklung verstehen wollte, die die Variable 'Umwelt' berücksichtigt. "Die Entwicklung und die Umwelt stehen nicht nur zueinander nicht im Gegensatz, sondern bilden zwei unterschiedliche Aspekte desselben Konzepts. Das, was wirklich auf dem Spiel steht, ist die rationale Nutzung der Ressourcen mit dem Ziel, das globale Umfeld des Menschen zu verbessern und eine bessere Lebensqualität aller Menschen sicherzustellen.

Einmal mehr: es ist das Entwicklungskonzept, das auf diese Weise erweitert und realistischer wird. Das Wachstum ist die erforderliche Grundlage; die Gleichheit ist das Prinzip, das die Verteilung des Einkommens leitet; die Lebensqualität, die konkret für eine jede der sozialen Gruppen in der Stadt und auf dem Land definiert wird, ein Ziel der Gesellschaft; die Handhabung der Umwelt ist ein Mittel, um eine rationale Nutzung der Ressourcen zu realisieren, wobei zur gleichen Zeit die Einwirkung des Menschen auf die Natur kontrolliert wird. [11]

Es geht also darum, eine Umweltdimension dem Konzept von Entwicklungsplanung hinzuzufügen, indem man das sozio-ökonomische Wachstum mit einem rationalen Gebrauch der Ressourcen in Übereinstimmung bringt.

Ausgehend von diesen und anderen Überlegungen definiert Ignacy Sachs Strategien von 'Öko-Entwicklung' oder jene Strategien, die für verschiedene Öko-Zonen entworfen sind - und zwar im Hinblick auf:

a) "eine bessere Nutzung der spezifischen Ressourcen einer jeden Öko-Zone, um die grundlegenden Bedürfnisse ihrer Bewohner zu befriedigen, wobei sogar die langfristigen Perspektiven garantiert werden - und zwar mittels einer ratio-

nalen Handhabung dieser Ressourcen statt einer vergeudenden Praxis;
b) die Reduzierung der negativen Umwelteinflüsse auf ein Minimum und Nutzung der Abwässer und Abfälle für produktive Zwecke, soweit dies überhaupt möglich ist;
c) der Entwurf von adäquaten Technologien, um solche Ziele zu erreichen." 12)

Man versucht, eine Entwicklungsmodalität einzuführen, die sich von denen unterscheidet, die man gegenwärtig beobachtet. Die Betonung wird auf die Diversifizierung der Entwicklungsstile gelegt, die die Entwicklung in Übereinstimmung mit den örtlichen Gegebenheiten - sowohl den ökologischen, wie den sozio-kulturellen - annehmen kann. Sie schließt die Notwendigkeit ein, neue technologische Alternativen zu suchen, die der Umwelt angemessen sind, indem sie die Entstehung 'endogener Technologien' begünstigt - d.h. in Übereinstimmung mit den eigenen Bedingungen der natürlichen und sozialen Umgebung, in der sie genutzt werden. Dadurch führt dieser Ansatz dazu, andere natürliche Resourcen in Betracht zu ziehen, deren Nützlichkeit unter Berücksichtigung der örtlichen Bedürfnisse und nicht so sehr der technologischen Fortschritte zu beurteilen ist, die in den entwickelten Wirtschaften manifest werden. Daher wird versucht, die Wohlfahrt langfristig zu sichern; sie muß sich auf die natürlichen Ressourcen stützen, wobei deren Gebrauch in der Beachtung der Naturgesetze begründet sein muß, die das Funktionieren der Ökosysteme regeln; es dürfen keine Aktivitäten eingeführt werden, die sie destabilisieren. Der Begriff 'öko-Entwicklung' bildet eine Einheit von allgemeinen Zielen oder Kriterien, aus denen sich eine Entwicklungsstrategie zusammensetzt. Als solcher ist dieser Begriff von Wert, um ihn mit den vorhandenen Tendenzen zu vergleichen. Auch wenn man verlangt, daß die Strategie in den Rahmen des sozialen Systems passen muß, in dem man diese Entwicklungsstrategie anwendet, so würde dies

ein zu allgemeines Kriterium sein, und es würde nicht klar,
wie es möglich ist, daß man eine solche Strategie in einem
sozialen System übernimmt.
So würde z.B. die Einführung einer endogenen Technologie
(statt der Übernahme einer von außen transferierten) und
ein Wandel in der Beziehung zu den Ressourcen in bestimmten
Fällen implizieren, daß man die strukturellen Bedingungen mißachten würde, in denen die Technologie entsteht
und sich entwickelt; und dies würde implizieren, daß man
ihm eine Rolle zugesteht, die autonom gegenüber den anderen konstitutiven Bedingungen des Systems ist. Es würde
die Technologie als eine Art Motor der Öko-Entwicklung
erscheinen - ohne irgendeine Bindung an die Gesetze, die
die Akkumulation des Kapitals in dem System bestimmen.
Man kann sich fragen, ob die Einführung der Öko-Techniken
außerhalb des Umfelds der Subsistenz-Wirtschaften möglich
ist, da es insoweit fraglich erscheint, ob sie eine Steigerung der Arbeitsproduktivität hervorrufen. Im Gegenteil
ist in dem Maße, in dem sie mit endogenen Technologien in
Verbindung gesetzt werden, nicht unberücksichtigt zu lassen, daß sie ein Absinken der Produktivität zur Folge haben können. Wenn dies aber so ist, so wird man sich neuerlich fragen müssen, welche Bedeutung die Anwendung dieser
Maßnahmen außerhalb des Rahmens der Subsistenz-Wirtschaften hat.

Wenn die ökologischen Überlegungen nicht innerhalb eines
Kontextes der strukturellen Veränderungen angesiedelt werden, werden sie weiterhin innerhalb einer verschleiernden
Ideologie angesiedelt sein, die es nicht erlaubt, die ursprünglichen und spezifischen Elemente zu unterscheiden
und die daher zur Aufrechterhaltung des status quo dient.[13]

5. BEZIEHUNG MENSCH - NATÜRLICHE RESSOURCEN

a. Obwohl die Literatur über das Thema ziemlich reichhaltig ist, muß festgestellt werden, daß das Konzept von Umwelt als Kategorie für die Analyse keine Vertiefung erfahren hat, die seiner massenhaften Benutzung entspricht.
In einer neueren Arbeit wird gesagt: "Unter 'Umwelt' verstehen wir ganz einfach all das, was den Menschen umgibt, und besonders das, was als Ressourcen aufgefaßt wird, auf die der Mensch sich stützt, um ein besseres Leben zu entfalten." Im weiteren Verlauf wird eine weitere Definition des Environmental Pollution Panel of the U.S. President's Science Advisory Committee zitiert: "Unter Umwelt versteht man die Summe aller sozialen, biologischen, physischen oder chemischen Faktoren, aus denen sich das Umfeld des Menschen zusammensetzt."
Die Stockholmer Umwelt-Konferenz erklärte: "Der Mensch ist sowohl Geschöpf wie Schöpfer seiner Umwelt, sie gibt ihm physischen Halt, stellt ihm die Möglichkeiten für sein moralisches, soziales und geistiges Wachstum zur Verfügung. In der langen und nicht gradlinig verlaufenen Evolution der menschlichen Rasse auf diesem Planeten ist ein Stadium erreicht worden, in dem durch die rasche Beschleunigung der Naturwissenschaft und der Technologie der Mensch die Macht erlangt hat, um auf vielfältige Art und Weise und in einem bisher unbekannten Maßstab seine Umwelt zu verändern. Beide Aspekte der menschlichen Umwelt - der natürlichen und der geschaffenen - sind wesentlich für das Wohlergehen des Menschen und für den Gebrauch der grundlegenden Menschenrechte, einschließlich des Rechts auf Leben an sich. Folglich müssen alle Faktoren, die den Menschen umgeben und die Einfluß auf sein Leben ausüben, in die Umwelt eingeschlossen werden." [14]

Sachs [15] nimmt kurz die verschiedenen dargelegten Definitionen auf.

Er setzt sich mit jener Definition, die im Programm der
Vereinten Nationen für die Umwelt vorgeschlagen wurde
("Gesamtumfeld des Menschen") auseinander und unterscheidet in der Umwelt drei Untergruppen: die natürliche Umwelt, die vom Menschen geschaffenen 'Techno-Strukturen'
und das soziale Milieu.
Ausgehend von diesen Basiskonzepten können wir die verschiedenen Querverbindungen des Konzepts erforschen.
An erster Stelle muß gefragt werden, ob es legitim ist,
innerhalb eines Konzepts wie dem der Umwelt einen Begriff
wie den des 'sozialen Milieus' einzubeziehen. Die Gesellschaft ist ein historisch bestimmter Begriff, welcher Beziehungen zwischen den Menschen ausdrückt. Das 'physische
Medium' ist der Raum, in dem diese Beziehungen stattfinden,
die permanente Bewegung der Gesellschaft; es bildet die
materielle Basis der Gesellschaft, und es ist der Bereich,
der als "Umwelt" ("medio ambiente") definiert werden kann.
Diese Umwelt bildet sich - ausgehend von einem ursprünglichen Zustand - heraus und wird bewußt und unbewußt durch
den Menschen verändert. Diese Veränderungen der "originären" Bedingungen der Umwelt können im Sinne eines Wachstums oder der Verminderung in bezug auf ihre ursprüngliche
Produktivität stattfinden. [16] Diese Umwelt, die vor dem
Menschen da war und gleichzeitig vom Menschen hervorgebracht worden ist, ist die Basis, auf der die Produktion,
der Austausch und - ganz allgemein - die verschiedenen Aktivitäten stattfinden, die die Reproduktion des menschlichen Lebens ausmachen. Gerade diese Interaktion zwischen
Mensch und Umwelt bildet den Kern, den Leitfaden der historisch-sozialen Entwicklung. [17]
Aus dem bisher Gesagten läßt sich eindeutig entnehmen, daß
die Umwelt - als Kategorie der Analyse betrachtet - nicht
von der historischen Besonderheit losgelöst werden kann,
die sie in jedem Augenblick definiert.
Die Untersuchung der unterschiedlichen Modalitäten der
Aneignung der Umwelt durch den Menschen (oder genauer:

durch diesen in den verschiedenen Produktionsweisen) ist ein weites Feld für die Forschung und bildet die Grundlage, auf der die spezifischen Formen analysiert werden können, in denen sich diese Aneignung realisiert. Aber die Untersuchung muß immer von einer klaren Begrenzung und Präzisierung dieses "sozialen Milieus" ausgehen (das auf diese Weise so nicht greifbar definiert ist), das in einem konkreten historischen Augenblick angesiedelt ist.

Daraus ist zu entnehmen, daß der Mensch und seine Umwelt (oder die Natur - wenn man dies vorzieht) als die antagonistischen Begriffe in einem Widerspruch gesehen werden, dessen Ergebnis die soziale Evolution ist.

Der Bereich, in dem sich dieser Widerspruch manifestiert, ist der Arbeitsprozeß, in dem sich eine bestimmte Art der Aneignung materialisiert, die mit den Charakteristika der sozialen Formation in Übereinstimmung steht, in der dieser Prozeß eingebettet ist.

Es ist nicht zu bezweifeln, daß in den ältesten sozialen Formationen die Umwelt eine entscheidende Rolle bei der Herausbildung der sozialen Strukturen spielte. Die Beziehung des Menschen zu seiner Umwelt war der grundlegende Aspekt des sozialen Lebens - und zwar aufgrund der prekären Situation der Lebensbedingungen und der geringen Entwicklung der Produktivkräfte. Unter diesen Umständen war ein angemessener, "rationaler" Gebrauch der von der umgebenden Umwelt zur Verfügung gestellten Ressourcen der Schlüssel für das Überleben. Die Integration des Menschen in seine physische Umgebung war zweifellos ein Wesenszug, der diese Epoche charakterisierte; und die sozialen Beziehungen ließen sich praktisch aus der Integration Mensch - Natur ableiten. Im Gegensatz hierzu kann beobachtet werden, daß mit dem Vordringen und der Ausbreitung des Kapitalismus auf dem ganzen Planeten, mit einer relativ sehr viel größeren Entfaltung der Produktivkräfte die Bedingungen für die Entwicklung der Produktion sich von der Umwelt 'unabhängig' machen.

Ein großer Teil der ursprünglichen Ökosysteme wird 'in Abhängigkeit von' dem Aufkommen neuer Erzeugnisse, neuer Technologien und den Veränderungen in den sozialen Beziehungen modifiziert. [18)]
Innerhalb des weiten Spektrums zwischen dem Menschen und der Umwelt werden die Aspekte, die ausschließlich auf die Beziehungen zwischen dem Menschen und den natürlichen Ressourcen - wie sie weiter unten definiert werden - bezogen sind, abgeschnitten. Eine alternative Möglichkeit würde die sein, einen anderen Typ von Beziehungen zu wählen - z.B. jene Beziehungen des Menschen zu der Umwelt, in der er wohnt. Von diesem Gesichtspunkt aus würden andere Aspekte des menschlichen Lebens eine privilegierte Stellung erhalten - wie Wohnung, Gesundheit und die verschiedenen Probleme, die auf die Zerstörung der Umwelt, die als Wohngebiet des Menschen anzusehen ist, zurückzuführen sind. Aber wie das schon dargelegt worden ist, ist das Thema, das in dieser Arbeit behandelt werden soll, das der Ausbeutung und Nutzung der Ressourcen. Folglich ist das Schlüsselelement bei dieser Analyse die Charakterisierung der Aneignung der natürlichen Ressourcen.

b. Vom Gesichtspunkt der Produktion aus kann man die Umwelt in einem engeren Sinn definieren als Objekt und/oder Umfeld der Produktion. Diese Unterscheidung ist wichtig, um aus der Definition jenen Teil des 'physischen Mediums' auszuschließen, den der Bereich darstellt, in dem sich biotische Prozesse entwickeln (menschliche oder nichtmenschliche), die jedoch nicht direkt am produktiven Prozeß teilhaben (z.B. eine natürliche Reserve).
Im oben dargelegten Sinn kann das 'physische Medium' - soweit es um Produktionsmittel geht - präziser definiert werden als natürliche Ressource. Diese Konzeption der natürlichen Ressource darf nicht statisch betrachtet werden, sondern als dynamisch. Die Ressource ist eine solche, soweit sie durch die Menschen als solche angesehen wird, wo-

bei dies in einem kulturellen Sinne verstanden wird und
indem man von der Besonderheit einer jeden sozialen Formation abstrahiert. So werden gewisse in der Natur vorhandene Elemente zu natürlichen Ressourcen, wenn in der Gegenwart oder in der Zukunft Technologien vorhanden sind, die
ihre produktive Nutzung erlauben. Zum Beispiel wird heute
die Ausbeutung des Meeresbodens als möglich angesehen oder
die Nutzung der Eisberge, um Wüstengebiete zu bewässern.
Dies konnte man sich offensichtlich einige Jahrzehnte zuvor
noch nicht einmal vorstellen. Daher werden heutzutage diese
Elemente als natürliche Ressourcen angesehen, wodurch der
'Stock' und die Inventarisierung dieser Ressourcen zugenommen haben. In diesem Sinne ist die Anzahl der Ressourcen
nicht 'fix'; sie variiert vielmehr in jeder historischen
Periode nach den technologischen Möglichkeiten.
"Aneignungsfähige natürliche Ressource": ist jene 'physische Komponente', die von der Natur zur Verfügung gestellt
wird und die geeignet ist, sich unter bestimmten Bedingungen in ein Produktionsmittel zu verwandeln, die quantitativ begrenzt und privater Aneignung zugänglich ist. Das
Konzept 'natürliche Ressourcen' soll umfassend sein und
auch die natürlichen aneignungsfähigen Ressourcen umfassen. Es gibt einige natürliche Ressourcen, die zu dieser
Kategorie gehören und andere, die hierzu nicht gehören.
Wenn wir ganz allgemein von natürlichen Ressourcen sprechen, beschränken wir das Konzept auf jene biotischen oder
abiotischen Bestandteile, die schon vor dem Handeln des
Menschen als Produzent existieren. Oder anders gesagt: ihr
Ursprung oder ihre Entwicklung sind von der sozialen Entwicklung unabhängig. [19] Diese Klarstellung ist erforderlich, da zum Beispiel ein Wald nur in dem Maße eine natürliche Ressource darstellt, wie er nicht das Ergebnis
menschlicher Arbeit gewesen ist. Seine künstliche, nicht
'spontane' Erneuerung lassen ihn diese Qualität als "natürlich" verlieren.
Es gibt Elemente - wie die Luft und den Regen -, die direkt

an den Produktivprozessen beteiligt sind. Sie sind weder
privat aneignungsfähig, noch durch ihre Charakteristika
begrenzt. In diesem Sinne sind sie nur natürliche und
nicht auch aneignungsfähige Ressourcen. Das Wasser kann
eine aneignungsfähige natürliche Ressource sein oder auch
nicht. Unter bestimmten historischen Bedingungen hört das
Trinkwasser auf, ein Gut zu sein, das im Überfluß vorhanden ist; es wird knapp. Da aber seine Erzeugung durch
künstliche Maßnahmen notwendig ist, wird das Trinkwasser
im Kapitalismus eine Ware wie jede andere auch. [20]
Dieser Punkt führt zu einer wichtigen Einsicht hinsichtlich der natürlichen Ressourcen. Deren physische Existenz
ist unabhängig von der Gesellschaft, nicht jedoch ihre
Eigenschaft als natürliche Ressourcen. Diese wird erst in
bestimmten historischen Augenblicken zu einem Objekt der
menschlichen Produktion - und zwar, wenn ein gewisses Niveau in der Entwicklung der Produktivkräfte erreicht ist
und nicht früher.
Das eindeutigste Beispiel hierfür stellt das Eröl dar:
Lange Jahrhunderte trennen die Epoche seiner Entdeckung
von der seiner Nutzung auf industrieller Ebene. Ein anderes
Beispiel ist der Boden: Seine landwirtschaftliche Nutzung
ist - historisch gesehen - relativ neuen Datums. Dies bedeutet, daß man die natürlichen Ressourcen als historisch
und kulturell definiert ansehen muß.

c. Traditionellerweise werden die natürlichen Ressourcen in
zwei große Gruppen eingeteilt: erneuerbare und nicht erneuerungsfähige natürliche Ressourcen.
Erneuerungsfähige natürliche Ressourcen sind jene, die sich
in einem Rhythmus regenerieren, der wenigstens in derselben
Größenordnung liegt, wie der seiner Nutzung oder so, daß
ihre Nutzung fortlaufend möglich ist.
Nicht erneuerungsfähige natürliche Ressourcen sind jene,
die die Natur überhaupt nicht oder nur in geologischen
Zeiträumen erneuert (Millionen von Jahren) - 'Rhythmen'

also, die mit den Zeiten, in denen sie vom Menschen genutzt werden, nicht in Einklang stehen.
Diese Definitionen ohne Vorbehalte zu akzeptieren kann zu Irrtümern führen, da ihr Wesen als erneuerbar nicht nur von der Natur der Ressource selbst, sondern - und das vor allem - vom Typ der Ausbeutung und Nutzung abhängig ist, dem diese Ressource unterworfen wird. So werden z.B. die Waldressourcen als erneuerbar angesehen; jedoch sind die Wälder des Chaco als solche von einer beträchtlichen Oberfläche dieses Gebietes verschwunden; gegenüber diesen Wäldern wurden (und werden noch) Formen der Nutzung angewandt, die nicht adäquat sind. Rücksichtslos wurden junge und kräftige Bäume geschlagen (potentielle Erzeuger neuer Bäume); es wurden die Reste des volteado Baumes vernichtet, und schließlich wurde das Gebiet nicht wieder aufgeforstet. Ein solches Vorgehen hat nicht nur zum Verschwinden wirtschaftlich wertvoller Arten geführt, sondern - parallel dazu - die Zerstörung des 'physischen Unterbaus', des für die Erzeugungsfähigkeit des Gebietes grundlegenden Elementes zur Folge gehabt.

d. Da die natürlichen Ressourcen nicht das Produkt menschlicher Arbeit sind, besitzen sie keinen 'Wert'.[21] Aber natürlich haben sie einen Preis. In diesem Fall kann die Analyse der 'Rente', die von den klassischen Wirtschaftswissenschaftlern für den Boden durchgeführt wurde, auf alle natürlichen Ressourcen ausgedehnt werden, die als nicht (vom Menschen) erzeugte, begrenzte und reproduzierbare Produktionsmittel angesehen werden. Diese 'Rente', die sich aus den Besonderheiten der natürlichen Ressourcen ergibt, kann als 'natürliche Rente' definiert werden. Diese Kategorisierung ist dann auch auf die natürliche Flora und Fauna, das Klima etc. auszudehnen.
Die Definition einer Kategorie wie die der 'natürlichen Differentialrente' impliziert notwendigerweise die Berücksichtigung des kapitalistischen Systems als eines Welt-

systems, in dem man von den Besonderheiten abstrahiert, die die verschiedenen Volkswirtschaften aufweisen, in denen dieses System sich konkretisiert. Wenn dies nicht so wäre, würden die Unterschiede in der Produktivität der natürlichen Ressourcen, die zweifellos in den verschiedenen Regionen der Welt vorhanden sind, nicht zum Entstehen dieser Form der Aneignung eines Teils des durch das System erzeugten Überschusses führen.

Man ist sich der theoretischen Probleme bewußt, die die Einbeziehung einer Kategorie dieser Art aufwirft. [22)]
Dies führt zu den Diskussionen über das Wesen des Kapitalismus selbst als Weltsystem zurück. Es ist nicht beabsichtigt in diese Debatte einzugreifen; aber die Betrachtung der natürlichen Differentialrente kann ein wichtiges Element für die Erklärung des Systems des Weltkapitalismus und die Logik seines Funktionierens sein.

Die Existenz einer natürlichen aneignungsfähigen Differentialrente würde ein Faktor sein, der hinreichend den Prozeß der Einbeziehung des größten Teils der abhängigen Länder als Exporteure von Rohstoffen und Lebensmitteln erklärt. (Dies bedeutet nicht, daß die Situation der Abhängigkeit ausschließlich auf der Existenz einer natürlichen Differentialrente basiert, sondern daß dies nur eine Komponente des Problems ist. Es gibt kapitalistische Zentralländer, die große Exporteure von Rohstoffen sind, ohne daß dies eine Situation der Abhängigkeit implizieren würde. Es ist notwendig zu betonen, daß die natürliche Differentialrente ihre materielle Grundlage in einer natürlichen Komponente hat, die nicht künstlich reproduzierbar ist, die an der Warenerzeugung beteiligt ist und die insofern privat angeeignet werden kann (monopolisiert und in eine Rente ungewandelt werden kann). Ihr Vorhandensein ist durch die konkrete historische und soziale Lage bedingt. Die Größe dieser Rente und ihre Bedeutung hängen vor allem von den Charakteristika des Marktes, seiner Expansion und dem Mechanismus der Preisbildung für diese Waren ab.

Der Prozeß der Bildung der natürlichen Differentialrente erweist sich als Schlüssel bei der Untersuchung der spezifischen Form, die die Aneignung der natürlichen Ressourcen annimmt. Diese Art der Aneignung findet ihren Ausdruck in verschiedenen Kategorien, unter denen das Eigentumssystem von höchster Bedeutung ist.
Das Eigentum an den natürlichen Ressourcen beschränkt sich nicht auf diese selbst, sondern erstreckt sich auch auf ihr Produkt. Wenn man die Untersuchung der Formen mit einbezieht, in denen der Produktionsprozeß organisiert ist - selbst bei analogen Eigentumsbedingungen -, wird man mit größerer Klarheit die Problematik der Übernahme von Technologien seitens der 'Agenten' in den Blick bekommen, die die Ausbeutung der produktiven Ressourcen vorantreiben.
Die unterschiedlichen Rationalitäten, die in Unternehmen wirksam sind, in denen man verschiedene Produktionsbeziehungen antrifft, rufen eine ungleiche Konzeption des Gesamtzusammenhangs des Produktionsprozesses hervor. Auf diese Weise werden die Geschwindigkeit der Kapitalrotation und der Zeithorizont des Unternehmens Einfluß haben, indem sie Haltungen besimmen, die in bezug auf die Auswahl von Aktivitäten, übernommenen Techniken und allgemeine Leitung des Betriebes unterschiedlich sind. Das Gewicht der natürlichen Differentialrente bei der Gesamtnutzenrechnung des Unternehmens wird in diesem Sinne entscheidend sein; und man kann daran denken, daß je größer dieselbe bei einer günstigen Preiskonjunktur sein wird, um so größer wird auch die Tendenz sein, eine intensive Nutzung der Ressourcen vorzunehmen - und zwar mit dem Ziel, die Einkommenssteigerung zu maximieren, wodurch die Möglichkeit der Schädigung oder der Erschöpfung der ausgebeuteten Ressource steigt.

6. SCHLUSSFOLGERUNGEN

In dieser Arbeit ist versucht worden, die Notwendigkeit hervorzuheben, daß der "Umwelt" ("medio-ambiente") - Begriff durch die Erarbeitung von theoretischen und sachkundigen Konzepten geklärt werden muß, da es sich hier um einen Ausdruck handelt, der nicht eine a priori festgelegte Bedeutung hat. Dieser Begriff erhält einen besonderen Inhalt, wenn er in bezug auf eine spezifische ökonomisch-soziale Formation betrachtet wird.

Es erweist sich als offensichtlich, daß in Lateinamerika das Problem der natürlichen Ressourcen von entscheidender Bedeutung ist, da ihre Ausbeutung einen ganz besonders hervorragenden Platz bei der wirtschaftlichen und sozialen Reproduktion dieser Länder einnimmt. Dies bringt es mit sich, daß die Umweltproblematik sich in ihrem grundlegenden Aspekt auf die Ausbeutung der natürlichen Ressourcen beschränkt hat. [23] Daher erhält die Kategorie der natürlichen Differentialrente ihre wahre Bedeutung für die theoretische Erklärung der Prozesse, die mit dem Entstehen und den Wandlungen der Umwelt in Beziehung stehen.

Je nach dem, ob die verschiedenen Ökosysteme Lateinamerikas tropisch-feuchte und -trockene, heiße und gemäßigte sind, haben Veränderungen in ihnen stattgefunden, die hinsichtlich ihrer Art und ihres Umfangs variieren. Jedoch weisen alle diese natürlichen Ökosysteme einen gemeinsamen Zug auf: die Auswirkungen eines ökonomischen Systems und einer Politik, die auf der maximalen Ausbeutung der natürlichen Ressourcen unter Gesichtspunkten rein wirtschaftlicher Vorteile basieren, ohne den Schaden in Rechnung zu stellen, den sie für diese Ökosysteme mit sich bringen.

Gerade für eine integrale Untersuchung dieser Phänomene - ihre Ursachen und Implikationen - ist es erforderlich, daß man die theoretische Entwicklung jener Konzepte als von grundlegender Bedeutung ansieht, die die Besonderheit der Umwelt ausmachen und daß man die Entwicklung einer Methodologie vorantreibt, die die hier skizzierten Kategorien einbezieht.

Anmerkungen:

1) Vom theoretischen Gesichtspunkt aus stützen sich diese Formulierungen auf die 'Wohlstands-Wirtschaft' (economía del bienestar). Ihr zentrales Anliegen ist auf die Durchsetzung von Maßnahmen einer Wirtschaftspolitik gerichtet, welche die verschiedenen 'agentes económicos' (wirtschaftlich Handelnden) verpflichten, die Kosten der Kontamination und Schädigung der Umwelt zu 'internalisieren'. Diese Phänomene werden als 'externe Verluste' (deseconomías externas) gesehen, die mittels einer angemessenen Berücksichtigung bei der Kosten-Nutzen-Analyse (el análisis de costo-beneficio) eliminiert werden könnten.

2) Meadows, D., & ed. "Los límites del crecimiento", Fondo de Cultura Económica, México, 1973.

3) Meadows, D., a.a.O., S. 214.

4) "Catastrophe or New Society? A Latin American World Model", International Development Research Center, Buenos Aires, 1976.

5) a.a.O., 24.

6) Siehe die Punkte 10 im Informe Dag Hammarskjöld, 1975 über die Entwicklung und internationale Zusammenarbeit. Dieser Bericht wurde aus Anlaß der Siebten Außerordentlichen Sitzungsperiode der Generalversammlung der Vereinten Nationen vorbereitet, S. 13.

7) a.a.O., S. 36.

8) a.a.O., S. 37 - 38.

9) Wie man im Bericht 'Dag Hammarskjöld' gesehen hat,

bildet der Begriff "ecodesarrollo" ("Öko-Entwicklung") schon einen Bestandteil der internationalen Diskussionsbeiträge.

10) Vortrag von M. F. Strong im Verwaltungsrat von PNUMA, Genf, Schweiz, Juni 1973.

11) Vortrag von M. F. Strong, a.a.O.

12) Sachs, Ignacy, "Ambientes y estilos de desarrollo", in: Comercio Exterior, Vol. XXIV, México, April 1974.

13) Hans Magnus Enzersberger, "A Critique of Political Ecology", in: New Left Review, No. 86, März-April 1974, London.
Leff, Enrique, "Hacia un proyecto de ecodesarrollo", in: Comercio Exterior, Vol. XXV, No. 4, Januar 1975, México.

14) Wiedergabe aus: "International Programme in Environmental Management Education", Centre d' Etudes Industrielles, Center for Education in International Management, United Nations Environment Programme, Nairobi, 1976.

15) Sachs, I., "Ambiente y estilo de desarrollo".

16) Als Produktivität wird die Fähigkeit der Umwelt definiert, auf die menschlichen Bedürfnisse eine Antwort zu geben. Die Brücke, die es erleichtert, einen Fluß zu überqueren, würde danach einen Anstieg der Produktivität bedeuten, während die Abnahme der Fruchtbarkeit des Bodens einen Rückgang dieser Produktivität darstellen würde.

17) "Der Mensch - oder besser gesagt: die Menschen - führen Arbeiten durch, d. h. sie schaffen und reproduzieren ihre Existenz in der täglichen Praxis, indem sie atmen, Nahrungsmittel, Schutz und Liebe suchen etc. Sie machen

dies, indem sie in der Natur agieren und aus ihr zu diesem Zweck Dinge entnehmen (und sie schließlich dadurch bewußt verändern). Diese Interaktion zwischen dem Menschen und der Natur ist - und produziert - die soziale Entwicklung." Erick Hobsbawn, Vorwort zu "Formaciones Económicas Precapitalistas", von Karl Marx, Ed. Platina, Buenos Aires, 1966, S. 10.

18) "Man kann sagen, daß es in der Gegenwart kein Ökosystem gibt, in dem die menschlichen Aktivitäten nicht irgendeine Auswirkung haben - sei es aufgrund der Partizipation des Menschen an ihm, sei es aufgrund von externen Auswirkungen und Beziehungen zwischen verschiedenen ökologischen Systemen." E. Leff, "Hacia un proyecto de ecodesarrollo", in: Comercio Exterior, Januar 1975, México.

19) Dies schließt Situationen ein, wie z.B. den Fall eines vom Menschen eingeführten 'Gutes', das sich frei, ohne Eingriffe des Menschen reproduziert und dadurch schließlich eine wahrhafte "natürliche" Ressource darstellt, wenn die sozio-ökonomischen Bedingungen sich ergeben, die seine Nutzung ermöglichen. Dies war z.B. der Fall bei den Rindern und Pferden, die von den Spaniern in den ersten Augenblicken der Eroberung eingeführt wurden und die sich beträchtlich auf den Ebenen der pampas Argentiniens vermehrten, und so einen Reichtum 'erzeugten', der vorher im ursprünglichen 'physischen Medium' nicht vorhanden war.

20) Auf der Analyseebene, die hier betrachtet wird, ist die Tatsache nicht von Bedeutung, daß diese Ware von privaten Unternehmen oder aufgrund eines durch den Staat geleisteten Dienstes produziert worden ist.

21) Im Sinne der klassischen Theorie vom 'Arbeitswert' (valor-trabajo).

22) Das zentrale Problem ist das, was sich auf die Existenz einer mittleren Gewinnrate für das ganze System bezieht. Und in letzter Instanz: die Existenz eines internationalen Wert-Gesetzes (ley internacional del valor).

23) Dies bedeutet nicht, die Probleme der Umweltschädigung und -vergiftung zu verkennen, die einige der großen Metropolen Lateinamerikas betreffen.

* insumos:
Der Begriff "insumos" wird in der neueren sozialwissenschaftlichen Literatur Lateinamerikas, insbesondere der wirtschaftswissenschaftlichen, häufig benutzt. Ein eindeutiger deutscher Begriff, der die umfassende Bedeutung von insumos wiedergibt, scheint noch nicht gefunden zu sein. Insumos meint "input", "Einsatz" etc.

Nicolo Gligo

Die Umwelt-Dimension in der landwirtschaftlichen
Entwicklung

In: Revista de la Cepal . Santiago de Chile.
Dezember 1980 : 133 - 147

I.

DIE LATEINAMERIKANISCHE LANDWIRTSCHAFTLICHE ENTWICKLUNG UND IHR UMFELD

"Der Ingenieur sagt, daß ich Bäume pflanzen soll, statt diesen Abhang zu bebauen und daß ich an die zukünftigen Generationen denken soll. Mit allem Respekt sage ich, daß er sich irrt, weil - wenn ich meine Familie nicht ernähre - es keine zukünftigen Generationen geben wird."

Campesino aus der (Gemeinde) Navidad, Chile

Wenn wir die Erzeugung, die man gegenwärtig aus den landwirtschaftlichen Ressourcen erzielt, mit der vergleichen, die man unter Einsatz potentieller Alternativen erzielen könnte, würden wir einen Saldo ziehen können, der uns mit viel Optimismus in die Zukunft blicken lassen würde.
Aber die Länder Lateinamerikas stehen in mehr oder weniger großem Umfang ernsthaften Problemen bei der Entwicklung ihrer jeweiligen Landwirtschaften gegenüber. Die Situation ist komplex, und die Schwierigkeiten wachsen, da - obwohl sich signifikante Veränderungen besonders aufgrund des beachtlichen Wachstums der letzten Jahrzehnte nachweisen lassen - man keine Antwort auf die endemischen Probleme gefunden hat, die aus dem niedrigen Einkommensniveau, der Unterbeschäftigung, der Vertreibung der Bevölkerung, der Marginalität der campesinos und besonders aus der Umweltzerstörung abgeleitet sind.
Die Einführung eines neuen Entwicklungsstils nach dem Zweiten Weltkrieg hat die Veränderungen dieses Sektors gekennzeichnet. Der neue Stil hat auch auf die herrschenden Formen der Kapitalakkumulation, die Struktur und die Besitzverhältnisse des Landes und die Einkommensverteilung Einfluß gehabt, wobei man Veränderungen in den Abhängigkeitsbeziehungen und Wandlungen in den kulturellen Mustern,

Werten und Haltungen feststellte. Diese Umwandlungen in
der Landwirtschaft sind abhängig von den globalen Veränderungen, die in der Gesellschaft durchgeführt wurden. Wie
Enrique Iglesias feststellt:
"...Es ist nicht möglich, von der sozialen Situation auf
dem Land zu sprechen, ohne sich auf die Gesamtheit der
Probleme der Wirtschaft zu beziehen, da es nicht ein isoliertes Problem der Landwirtschaft gibt - ebensowenig wie
es ein isoliertes Problem der sozialen Situation auf dem
Lande gibt"...
"In einem neuen Entwicklungsstil wird die komplexe Rolle
der Landwirtschaft immer wichtiger; aber ihrerseits bedingt diese Rolle die Grenzen der globalen Analysen". [1]
Das Szenarium, das der neue Entwicklungsstil geschaffen
hat, zeigt eine Landwirtschaft von beträchtlichen Ausmaßen neben der Zuspitzung alter und dem Entstehen neuer
Probleme. Die lateinamerikanische Landwirtschaft hat weiterhin grundlegende Bedeutung für die Entwicklung der Region; im Jahre 1977 erbrachte sie 44,2 % der Devisen und
ihr Anteil am Bruttoinlandsprodukt erreichte 11,7 %. [2]
Die Produktion ist beträchtlich größer als 25 Jahre zuvor;
zwischen 1950 und 1975 stieg die Erzeugung mit einer Durchschnittsrate von 3,5 %; dies bedeutete, daß das Produkt
2,5mal größer war. [3]
Dieses Wachstum war von signifikanten Umwandlungen in den
Strukturen und in den internen sozialen Beziehungen begleitet. Auf diese Veränderungen wirkten sich die verschiedenen Politiken aus, die auf eine technische und unternehmerische Modernisierung abzielten, die unterschiedlichen
Prozesse einer Agrarreform mit unterschiedlichen Graden der
Vertiefung sowohl was die Umwandlungen der Besitzsysteme
als auch was die räumliche Umgestaltung und die wachsende
Durchdringung und das Vorherrschen von kapitalistischen
Formen betrifft. Jedoch sind trotz der Umwandlungen die
Ungleichgewichte des Einkommens geblieben, und in einigen
Gebieten hat sich sogar die Armut der campesinos erhöht. [4]

Die am meisten ins Auge fallenden Charakteristika dieses Entwicklungsstils - insbesondere die strukturelle Heterogenität - sind auch in der Landwirtschaft manifest geworden: Die Gebiete mit einer intensiven kapitalistischen Landwirtschaft stehen im Gegensatz zu weiten marginalen und submarginalen Gebieten, und der Konzentration der Investitionen in den ersteren stehen die geringen Investitionen in den zweiten Gebieten gegenüber.

In den Gebieten intensiver Landwirtschaft und in denen des Vorrückens der Grenze hat man immer größere Aktivitäten transnationaler Unternehmungen feststellen können; diese Aktivitäten haben sich beträchtlich auf die Neuanpassung der Produktivstrukturen nicht nur als Funktion der Produktion selbst ausgewirkt, sondern auch aufgrund ihrer Bedeutung auf die Kommerzialisierung, die Agro-Industrien und die internationalen Märkte. Dadurch haben die Ausrichtung auf den Weltmarkt und die Einführung von Veränderungen in den Konsumgewohnheiten ebenso wie die Binnennachfrage auch auf die Neuorientierung der Produktivstruktur Einfluß gehabt.

Zusammen mit der Modernisierung der Unternehmen und der transnationalen Durchdringung gab es während der letzten 30 Jahre eine bemerkenswerte Einbeziehung von technologischen Innovationen; diese übten Einfluß auf die Steigerung der Produktivität des Bodens und der Arbeitskraft aus. Aber über diese allgemein bekannten Charakterisierungen der lateinamerikanischen Landwirtschaft hinaus müssen die Umweltprobleme als Folgeerscheinung aufgegriffen werden, die der Entwicklungsstil der Landwirtschaft hervorgebracht hat; denn parallel zum Wachstum sind Ressourcen geschädigt und zerstört worden. Die 'Übernutzung' des Bodens ist beträchtlich beschleunigt worden; die Zerstörung eines beträchtlichen Teils der vorhandenen verschiedenen Ökosysteme durch das Vorrücken der landwirtschaftlichen Grenze hat zum Verlust eines Teils des Produktivpotentials geführt und hat zukünftige Ressourcen eliminiert.

Infolgedessen begegnet die lateinamerikanische Landwirtschaft einer delikaten Situation. Alles scheint darauf hinzuweisen, daß - wenn nicht beträchtliche strukturelle Veränderungen stattfinden oder beachtliche technologische Sprünge festzustellen sind - diese Situation sich in den nächsten Jahren verschlimmern wird. Alle Evaluierungen zeigen auf, daß die Umweltprobleme der Landwirtschaft immer größer werden, da man zu den Schwierigkeiten, die die Spezialisierung des Ökosystems hervorruft, den Verlust von Ressourcen hinzurechnen muß, wie er Jahr für Jahr festgestellt wird. Tatsächlich hat der Rhythmus der Abholzung der Wälder katastrophale Ausmaße erreicht (der Jahresdurchschnitt betrug zwischen 1976 und 1980 in Lateinamerika und der Karibik 4.127.000 ha [5]). Der übermäßige Gebrauch der Ressource 'Boden' hat zu einem Anstieg der Erosion geführt und zu einer Sedimentierung der Wasserläufe. (So sind zum Beispiel in Mexiko 8 % der Böden schon ganz von der Erosion betroffen und 43 % leiden unter beschleunigter Erosion. [6])
Außer diesen Problemen müssen die schon historischen Mängel der Bewässerungssysteme und -arten erwähnt werden, die ernsthafte Probleme der Versalzung hervorgerufen haben. (In Argentinien schätzte man im Jahre 1969, daß 20 % des bewässerten Landes betroffen war; im Jahre 1974 war die Zahl aufgrund der schlechten klimatischen Bedingungen auf 40 % angestiegen.) [7]
Dieses Problem stellt sich nicht nur für bewässerte Böden, sondern auch für viele Böden, die Wasser im Überfluß wegen des Fehlens von Entwässerungseinrichtungen aufweisen.
FAO/UNESCO registrierten in dem "Atlas der Böden der Welt" im Jahre 1964 1.965.000 ha Böden, die von Versalzung betroffen waren allein in Mittelamerika und 129.163.000 ha in Südamerika. [8]
Die Modernisierung des Landes hat auf die Arten und Grade der Künstlichkeit der Ökosysteme Einfluß gehabt. Das Vordringen von Bodenbesitz-Systemen, die die Erzeugung kurzfristig zu maximieren suchen, ohne den Schaden zu berück-

sichtigen, der durch die Überbeanspruchung der Ressourcen hervorgerufen wird, hat zur Schaffung von Agro-Systemen von prekärer Stabilität geführt, die dauernd einer erhöhten Zufuhr von Energie bedürfen. Auf diese Weise hat die Beseitigung von den der Ernährung dienenden und abgegrenzten Landstücke (tramos tróficos) - und als Folge hiervon - der Mangel an Stabilität aufgrund des Fehlens von natürlichen Kontrollen eine gesteigerte Anwendung von Schädlingsbekämpfungsmitteln erforderlich gemacht; dies wiederum hat sich in sehr negativer Weise auf die Menschen ausgewirkt - sei es, weil sie diese Schädlingsbekämpfungsmittel in Mengen zu sich nahmen, die über der erträglichen Grenze lagen [9] oder durch das Wiederaufleben von Tropenkrankheiten, hauptsächlich Malaria, aufgrund der genetischen Widerstandsfähigkeit, die die Erreger erworben hatten. [10] Aber die Kontamination des ländlichen Sektors ist nicht nur ein Ergebnis der landwirtschaftlichen Aktivitäten gewesen; auch die Urbanisierungsprozesse haben alle Arten von Folgeerscheinungen durch die Abfälle und durch die Infektionen der Abwässer hervorgerufen. [11] Außer unter den Auswirkungen der Urbanisierung hat der ländliche Sektor und besonders die Landwirtschaft unter den Folgen der Bergbauaktivitäten und der Industrien gelitten, die im ländlichen Sektor errichtet wurden oder jener, die, auch wenn sie zur Stadt gehören, ihre Abfälle aufs Land verbringen. Schließlich muß man das Fortschreiten des Desertifikationsprozesses (Versteppung, Verwüstung) berücksichtigen. Obwohl die verschiedenen Indikatoren ihn auf verschiedene Art und Weise messen und wenn auch die Untersuchungen nicht mit hinreichender Klarheit zwischen den Auswirkungen unterscheiden können, die von der menschlichen Aktivität und denen, die von den natürlichen Erscheinungen ausgehen, so kann doch festgestellt werden, daß dieser Prozeß immer gravierendere Formen annimmt. [12]

II.

DIE GRUNDLEGENDEN URSACHEN DIESER SITUATION IN UMWELT UND LANDWIRTSCHAFT

Die Entwicklung der Landwirtschaft wird durch die Gesamtentwicklung bedingt, und sie bildet ihrerseits einen grundlegenden Faktor für deren Evolution. Fragen, wie die Beziehungen zwischen den Sektoren, die Einkommensströme und ihr Ausgleich, die Rolle der Landwirtschaft bei der Erwirtschaftung von Devisen, die Beziehung der Preise für landwirtschaftliche Erzeugnisse zu dem allgemeinen Preisniveau oder der Vergleich zwischen der Rentabilität des Kapitals in der Landwirtschaft und der Rentabilität in anderen Sektoren der Wirtschaft, wirken auf das Gesamtverhalten ein und folglich auf den Einsatz der landwirtschaftlichen Ressourcen und zwar sowohl kurzfristig wie langfristig. Die Auswirkung des angesprochenen Gesamtrahmens und die dem Sektor eigenen Strategien haben die Besonderheiten des Entwicklungsstils der Landwirtschaft geprägt, auf den insbesondere die Migrationen Einfluß genommen haben und damit auch auf die Beziehung des Menschen zur Erde; außerdem hat dieser Entwicklungsstil zur Nutzung bestimmter Ressourcen gedrängt und hat den Rhythmus und die Art und Weise der Ausdehnung der Ackerbau- und Viehzuchtgrenze bedingt.

1. Die Dynamik des vorherrschenden Stils

Das Ziel der Mehrheit der Entwicklungsstrategien der lateinamerikanischen Länder betonte die Notwendigkeit, die Landwirtschaft zu modernisieren, indem man eine größere Reinvestition der in dem eigenen Sektor erwirtschafteten Überschüsse vornahm und die Investition von Kapital aus anderen Sektoren oder aus dem Ausland begünstigte.[13] Innerhalb des landwirtschaftlichen Sektors kanalisierten die herrschenden Gruppen die größeren Investitionen in die Infrastruktur -

was als Ergebnis zu einer globalen Konzentration führte - was dem vorherrschenden Stil entspricht. Und in Gebieten, die vergleichsweise Vorteile bieten und von denen viele ihre Produktion auf den Export ausrichten, konzentrieren sich die erwähnten Phänomene und Prozesse.
Die großen Unterschiede hinsichtlich der Rentabilität, eines der wirtschaftlichen Probleme der lateinamerikanischen Unternehmungen, sind durch den vorherrschenden Stil der Entwicklung verschärft worden: Einerseits Ländereien, die vergleichsweise vorteilhaft sind und die auf den Anbau von Exporterzeugnissen ausgerichtet sind und die die Fähigkeit aufweisen, Überschüsse zu erwirtschaften; auf der anderen Seite Ländereien mit einer Erzeugung für den Konsum im eigenen Land, mit Problemen einer niedrigen Rentabilität und fast ohne die Erwirtschaftung von Überschüssen; und neben diesen beiden die Minifundien, die auf die bloße Subsistenz ausgerichtet sind. Außerdem eine Palette von Grundstücken in "kombinierter Situation" - einige sind durch bestimmte Formen des Entwicklungsstils aufgrund ihrer Einbeziehung in nationale oder transnationale Unternehmen und Konsortien charakterisiert, während andere hingegen durch Prozesse der Aufteilung und der Einbeziehung in die Subsistenzwirtschaft gekennzeichnet sind.
Der Staat, dessen Rolle für die Entwicklung der Landwirtschaft wesentlich gewesen ist, hat diese Unterschiede durch staatliche Politiken - wie Preispolitik, Kredit- und Investitionspolitik - noch betont. Darüber hinaus hat sich das technologische Modell fast automatisch an die Bedingungen dieser Gebiete angepaßt, und zwar wegen der Nachfrage, die sie hervorrufen, wegen der Bedeutung bei der Erwirtschaftung von Devisen und wegen des 'Induktions-Effektes' der transnationalen Unternehmen, die über diese Technologien verfügen und die 'Technologie-Pakete' anbieten. Das Modell der Entstehung, Übernahme und Verbreitung von Technologie ist auf die 'Modernisierung' der Landwirtschaft 'projektiert' worden und man hat die Landwirtschaft dadurch noch

abhängiger vom Einsatz von Technologien gemacht und ihre Spezialisierung in bezug auf den Weltmarkt und die Binnenmärkte erhöht. Diese 'Modernisierung' brach während der Nachkriegsjahre mit solcher Gewalt herein, daß sie einen bedeutenden qualitativen Wandel in den Produktionsweisen und in den sozialen Beziehungen innerhalb der lateinamerikanischen Landwirtschaft bedeutete.
Die Einführung der landwirtschaftlichen Maschinen war mit der Möglichkeit der Vertreibung von Arbeitskräften verknüpft. Das demographische Wachstum führte zu einer konstanten Erhöhung des Arbeitskräfteangebots, und andererseits gab es einen konstanten Anstieg der Produktivität. Die eingeschränkte Nachfrage nach Arbeitskräften in der lateinamerikanischen Landwirtschaft führte - zusammen mit den besonderen Charakteristika der Saisonarbeit - zu einem besonders hohen Grad von Unterbeschäftigung.[14]
Das Aufbrechen der komplementären Struktur von Latifundium und Minifundium, der zuvor in Lateinamerika vorherrschende Komplex, verschärfte die Beschäftigungssituation und übte in der Folge hiervon Einfluß aus auf die Emigration und die übermäßige Nutzung der Ressourcen. Indem das alte Latifundium kapitalintensive Technologien übernahm und die Arbeiten mechanisierte, bot es viel weniger ergänzende Arbeitsmöglichkeiten für die campesino-Schicht an. Hierzu muß man noch die aufeinanderfolgenden Teilungen des Landes hinzuzählen, die zur weiteren Verbreitung des Minifundio führten.
Folglich mußten die campesinos notwendigerweise Wege finden, um überleben zu können. Sie mußten versuchen, die Produktion für ihr Überleben zu optimieren - sei es für den Markt oder für den Eigenbedarf. Daher ist ein bedeutender Anteil der campesinos zu den städtischen Zentren abgewandert; dadurch entstand eine Menge Probleme, die schon hinreichend untersucht worden sind; und andere campesinos sind in noch jungfräuliche Gebiete abgewandert. Auf diese Weise sind die Kolonisierungsprozesse - sowohl der spontane, wie

auch der gelenkte - verstärkt worden mit den unvermeidlichen zerstörerischen Auswirkungen auf die natürlichen Ressourcen; hierzu müssen noch die großen öffentlichen und privaten Unternehmungen hinzugerechnet werden. Dieser Schaden hat sich noch beträchtlich beschleunigt, weil der Umfang der Vertreibung von Bevölkerung gestiegen ist und weil darüber hinaus viele Länder die Kolonisierung begünstigten - sei es direkt oder durch die Anlage von Durchgangsstraßen. Aber die grundlegende Ursache für die Umweltsituation in der Landwirtschaft muß in der ökonomischen Rationalität der Unternehmen gesucht werden, die in die Landwirtschaft eindrangen. Die Nachfrage und die gestützten Preise bestimmter Exporterzeugnisse ermöglichten das Eindringen von Kapital in die Landwirtschaft mit dem Ziel, dessen Rentabilität zu maximieren. Dieses Kapital beeinflußte die 'Modernisierung' des traditionellen Latifundium und - in geringerem Maße - der mittleren Betriebe; außerdem wurden Jahr für Jahr umfangreiche Flächen für den Anbau von landwirtschaftlichen Erzeugnissen oder für die Viehzucht in Gebieten der Expansion der Grenze 'erschlossen'. [15)]
Wenn nicht die Erhaltung der Ressourcen langfristig Sorge macht, so sind die Unternehmungen nicht daran interessiert, Analysen über die ökologischen Möglichkeiten durchzuführen, sondern nur daran, die Rentabilität des Kapitals zu maximieren. Da diese Unternehmen eine große Flexibilität aufweisen, um in der Landwirtschaft tätig zu sein oder sich aus ihr zurückzuziehen - je nach dem die Umstände das eine oder andere geraten erscheinen lassen -, konnten sie sogar versuchen, die natürlichen erneuerungsfähigen Ressourcen so zu behandeln, als ob sie dies nicht wären. Unter diesen Umständen haben Prozesse, die offensichtlich das Ökosystem modernisiert und spezialisiert haben, gleichzeitig sehr negative Auswirkungen auf die Umwelt gehabt. Selbst wenn die Monokultur mit den schon genannten 'technologischen Paketen' durchgeführt wurde, hat diese Anbauweise für den lateinamerikanischen Boden verschiedene zerstörerische Aus-

wirkungen: den Verlust der (edáfica) Struktur, die Erschöpfung des Bodens, die Erosion, das Zusammenpressen der unteren Erdschichten etc.
In den Grenzgebieten wurde die Inkohärenz zwischen ökonomischer und ökologischer Möglichkeit am deutlichsten, da die Unternehmen dort über die Produktion von Ökosystemen verfügten, in die bisher nicht eingegriffen worden war und die Nährstoffe während der Dauer von Jahrzehnten und sogar Jahrhunderten angesammelt hatten. Besonders in Gebieten, die nur einer geringen Kontrolle unterliegen, können die Unternehmen die ganze Erzeugung 'ernten', die das Ökosystem über lange Zeit angesammelt hatte, bis es seinen Höhepunkt erreichte. Die bei diesen 'Ernten' benutzten Formen sind sehr unterschiedlich: das unterschiedslose Abholzen der Wälder, ohne ihre rationale Verwertung zu berücksichtigen; die Nutzung der Nährstoffe der Asche durch die Methoden der Brandrodung; die Nutzung der ursprünglichen Nährkapazität; die Nutzung des verfügbaren Futters für die Entwicklung der Viehzucht etc.

2. Die Rückwirkung ökonomischer Faktoren

Die verschiedenen ökonomischen Faktoren haben direkt auf den Gebrauch und auf das Verhalten der Ressourcen Einfluß; nun wirken sich zwar diese Faktoren nicht immer auf die gleiche Art und Weise aus. Dies zeigt sich besonders, wenn man die beträchtlichen Unterschiede zwischen den kapitalistischen Unternehmen, die zu einer Maximierung der Rentabilität des Kapitals tendieren und den campesino-Wirtschaften, die vor allem zu überleben und sich zu reproduzieren suchen, analysiert.
Die Tatsache, daß es unterschiedliche 'Antworten' gibt, hat ihrerseits unterschiedliche Technologien und/oder deren Einsatz mit verschiedener Intensität bestimmt.
Die Faktoren, die einer besonderen Analyse bedürfen, sind das Vorhandensein einer Infrastruktur, die Nachfrage nach

Ackerbau- und Viehzuchterzeugnissen und deren Preise, das
Kreditsystem in der Landwirtschaft und die Vermarktung.
Die verschiedenen ökologischen Regionen Lateinamerikas wirkten sich ebenso wie die unterschiedlichen Entwicklungsstufen
auf das heterogene Mosaik der Infrastrukturen aus, die die
Nutzung des Bodens bedingt haben. Es stehen sich Gebiete,
die außerordentlich gut ausgestattet sind, und andere ohne
Infrastruktur gegenüber. Eine gute Infrastruktur findet
sich fast ausschließlich in der Umgebung der großen Städte,
in Gebieten mit ausgezeichneten klimatischen Bedingungen
wie in der feuchten Pampa und in bewässerten Tälern von
semiariden (halbtrockenen) Gebieten.
Die Bewässerungsanlagen sind beträchtlich während der letzten Jahrzehnte vermehrt worden; zwischen 1947 und 1974 hat
die bewässerte Fläche um 50 % zugenommen. [16] Aber die Bewässerung erfolgte nicht immer auf den geeignetsten Böden,
und als Folge hiervon sind eine Reihe von Umweltproblemen
entstanden. [17] Darüber hinaus hat die Bewässerung eine
Intensivierung der Landwirtschaft erforderlich gemacht und
führte zur 'Modernisierung' und bedingte dadurch einen
hohen Grad von 'Künstlichkeit'. Dies wiederum hat sich in
Wandlungen in der Anbaustruktur und in Veränderungen im
Einkommen des Sektors ausgewirkt; außerdem hatte dies Konsequenzen für die Umwelt.
Neben den Bewässerungsanlagen sind möglicherweise die
Durchgangsstraßen die Teile der Infrastruktur, die den
größten Einfluß auf die Umwandlungen des Landes hatten;
diese Straßen waren engstens mit dem Vorrücken der Ackerbau und Viehzuchtgrenze verknüpft. Die Investitionen in das
Straßennetz haben nicht nur die Kolonisierung begünstigt,
sondern sie haben auch, da sie den Zugang der Erzeugnisse
zum Markt erleichterten, Einfluß auf den Wandel der Produktivstrukturen der schon genutzten Gebiete gehabt.
Die Agro-Industrien übten entscheidenden Einfluß auf die
Nutzung des Bodens dadurch aus, daß sie Kaufkraft erzeugen
Technologie-Pakete und Investitionen zur Verfügung stel-

len; und die Risiken des Verderbens der Erzeugnisse herabsetzen. Darüber hinaus haben im allgemeinen in Lateinamerika die Agro-Industrien die Konzentration von Überschüssen in Händen ihrer Eigentümer ermöglicht. Diese Tatsache hat auf die Rentabilität der Grundstücke, denen man den Gewinn verdankte, zurückgewirkt; und in der Folge beeinflußte dies die Praktiken und Systeme der Bodennutzung.
Ein Aspekt, an den wenig erinnert wird, ist die Korrelation, die es zwischen dem Fehlen einer Infrastruktur und dem Nichtvorhandensein von Experimentierstationen im Ackerbau- und Viehzuchtbereich gab. Die infrastrukturellen Forschungsinvestitionen haben für gewöhnlich Gebiete, die nur schwer zugänglich sind, beiseite gelassen. Als Beispiel kann die begrenzte Zahl von Forschungsstationen in den feucht-tropischen Gebieten Amazoniens oder in den Gebieten des halbdürren Chaco genannt werden. Dieses Fehlen fiel mit einer Unkenntnis der Ökosysteme zusammen; dies verhinderte es, adäquatere Umwandlungstechnologien und eine angemessenere Behandlung der Ökosysteme zu empfehlen.
Die Geschichte Lateinamerikas ist direkt mit den Zyklen der verschiedenen Ackerbau- und Viehzuchterzeugnisse verknüpft. Die Expansion in vielen Gebieten war auf die bekannten Zyklen des Kaffees, des Zuckers und der Baumwolle zurückzuführen; die Gerbsäure beendete den Zyklus des Anbaus des Quebrachobaumes. Diese Prozesse ihrerseits entwickelten sich in Übereinstimmung mit der Nachfrage und dem Preis, der auf den Weltmärkten erzielt wurde. Das Vorrücken der Ackerbau- und Viehzuchtgrenze ist in diesen Fällen gefördert worden.
Sowohl die kurzfristigen Schwankungen, wie die langfristigen Zyklen sind für die Beziehung zur Umwelt relevant. Es ist üblich, daß die Untersuchung der Umweltauswirkungen dazu tendiert, sich auf die Politiken zu beschränken, die direkt auf den Einsatz der Ressourcen oder auf die Beseitigung der Abfälle der Produktionsprozesse Einfluß nehmen. Aber auch die Analyse der Einflüsse der Wandlungen in der

Nachfrage und in den Preisen der Erzeugnisse und der 'insumos' ist von Bedeutung und insbesondere die Beziehung von Preisen/insumos. Die Festsetzung des Preises für ein bestimmtes Produkt provozierte sehr häufig eine übermäßige Nutzung der Böden und zwar derart, daß die bestehende Schutzgesetzgebung zur Erhaltung der Ressourcen umgangen wurde. Andererseits blieben weite Gebiete wegen niedriger Preise unbebaut; oder niedrige Preise haben bewirkt, daß der Boden zum Beispiel vom Ackerbau zur extensiven Viehwirtschaft überging. Die Veränderungen in der Relation Preise/insumos derart, daß sie gestatteten, die Bedeutung der Kosten der letzteren zu erhöhen, haben ihren Niederschlag in einer Verringerung ihres Verbrauchs gehabt. Dies hat bei verschiednen Gelegenheiten ernste Probleme des Ungleichgewichts in Systemen hoher Künstlichkeit hervorgerufen, in denen eine dauernde 'Subventionierung' erforderlich ist.

Die Auswirkungen der internationalen Nachfrage auf die Bodennutzung erhielt in letzter Zeit besondere Charakteristika als Folge des Zwangs zur Erzeugung gewisser Produkte. Dies hat dazu geführt, bestimmte Erzeugnisse weit über die Kapazität des Bodens hinaus anzubauen; ein Prozeß, der durch die geringeren Anbaumöglichkeiten in den Gebieten, die erst neuerlich in die Nutzung einbezogen wurden, bedingt ist. [18] Die Eignung (habilitacion) von Böden für den Baumwoll- und Kaffeeanbau sind Beispiele für diese Behauptung.

Ein anderer Faktor, der besondere Bedeutung hatte, war der Kredit für Ackerbau und Viehzucht, da er direkt auf verschiedene Weisen Einfluß genommen hat:

1. Seine Knappheit und Konzentration hatte Einfluß auf die niedrige Produktivität eines großen Teils des Landes und der Arbeitskräfte.
2. Die Landwirte erlitten Verluste bei der Rentabilität ihrer Böden, weil sie von Darlehnsgebern ausgebeutet wurden. [19]

3. Der Kredit ist grundlegend gewesen, um den Einsatz von höchst produktiven insumos anzuregen, was wiederum wichtig für die Analyse der Auswirkungen in der Umwelt ist. Andererseits bewirken die eingeschränkte Sparkapazität und die geringe marginale Neigung zum Sparen in den ländlichen Gebieten im allgemeinen, daß nur Investitionen mit Krediten vorgenommen werden, die aus anderen Sektoren stammen, was sich zweifellos im Einsatz von insumos auswirkte. [20]

Die Beschränkungen, die von der geringen Verfügbarkeit von landwirtschaftlichen Krediten ausgehen, sind durch die Konzentration des Kredits verschärft worden; und zwar wirkte sich dies sowohl hinsichtlich der Größe der Grundstücke als auch der Erzeugnisse aus. Die Entwicklung des Krediteinsatzes trug zur Polarisierung der lateinamerikanischen Landwirtschaft bei. Diese Polarisierung hat grundlegende Bedeutung für die Sektoren der Subsistenzwirtschaft, da die Verschlechterung ihrer Situation sie dazu zwang, auf Kosten der Umwelt ihr Überleben zu suchen.
Nun gut: Die zwischen den Preisen und den Krediten bestehende Beziehung war für die Spezialisierung der internationalen Produktion von Bedeutung - und damit für die Nutzung der Ressourcen. Die Integration der abhängigen Länder in den Weltmarkt hatte zur Folge, daß diese Länder in die 'Spirale von Krediten', die von den herrschenden Ländern abhängen, einbezogen wurden. [21]
Auch die Kredite stimulierten Arten und Systeme der Bodennutzung und beeinflußten damit deren Ertragsfähigkeit und deren Schädigung. Die staatlichen Kreditleitlinien, die kontrollierten Kredite und die Kredite für insumos beeinflußten sowohl den Anbau und die Art landwirtschaftlicher Erzeugnisse als auch die hierbei eingesetzten Technologien. Das Nichtvorhandensein von Krediten für bestimmte Operationen hatte - wie es nicht anders sein konnte - Einfluß darauf, daß eine angemessene Vermarktung der Erzeugnisse un-

möglich war und außerdem darauf, daß man nicht über insumos verfügen konnte.

Eine gewisse Menge der land- und viehwirtschaftlichen Erzeugung ist für gewöhnlich für den Eigenbedarf und den eigenen Verbrauch bestimmt, und ein anderer Teil kommt in den Prozeß der Vermarktung. Obwohl - relativ gesehen - die Bedeutung des Eigenbedarfs sich reduziert hat, so ist dieser, absolut gesehen, weiterhin beträchtlich. Durch den Prozeß der Kommerzialisierung sind beträchtliche Überschüsse (excedentes) angeeignet worden, die in dem Sektor erwirtschaftet worden sind. In den lateinamerikanischen Ländern ist die Kommerzialisierung dadurch gekennzeichnet gewesen, daß diese Länder Märkte mit einem starken Hang zur Instabilität der Preise und mit beträchtlichen Spekulationsaktivitäten, besonders in den Gebieten der kleinen Landwirte gehabt haben. Darüber hinaus stellt man eine klare Kanalisierung der Überschüsse zu den Darlehnsgebern hin fest und schließlich ein Problem 'zirkulärer Verursachung' beim Preistief der Subsistenzlandwirtschaft; dieses entsteht aufgrund der Notwendigkeit, mehr Erzeugnisse angesichts der niedrigen Preise verkaufen zu müssen. [22]

Die objektiven Bedingungen der Vermarktung beeinflußten das Schicksal des Zwischenhandelüberschusses. In Lateinamerika ist ein bedeutender Teil des Einkommens durch die (gegenüber den Preisen, die dem Erzeuger gezahlt werden) hohen Gewinnraten angeeignet worden. Und ein Teil dieser Gewinne wurde in andere Sektoren der Wirtschaft transferiert. Eine Änderung dieser Situation würde eine größere Rentabilität der Grundstücke ermöglicht haben und würde sich folglich auch auf eine größere Rationalität beim Einsatz der Ressourcen ausgewirkt haben. Aber die Änderungen würden auch bedeutet haben, die Interessen von Machtgruppen zu berühren, die aus den Überschüssen Vorteile für sich ziehen.

3. Entwicklung und Einfluß der Änderungen in der Struktur der Landbesitzverhältnisse

Die Notwendigkeit, die Besitzstruktur zu verändern und neue Formen zu schaffen, ist bei den Strategien zur landwirtschaftlichen Entwicklung der lateinamerikanischen Länder deutlich geworden, die direkte und indirekte politische Maßnahmen zur strukturellen Veränderung ergriffen haben. Die hierbei verfolgten Ziele reichten von Reformen, die versuchen, den Land- und Wasserbesitz zu konsolidieren, bis hin zu revolutionären Veränderungen, bei denen nicht nur das Land verteilt worden ist, sondern bei denen auch eine neue Struktur als Basis globaler Umwandlungen der Gesellschaft eingeführt worden ist.
Das Ziel dieser Untersuchung ist es nicht, eine Analyse der Entwicklung der Struktur des Landbesitzes in Lateinamerika während der letzten Jahrzehnte vorzunehmen, sondern hervorzuheben, daß die Struktur ein bedingendes Element für die Tiefe und das Durchdringen des Entwicklungsstils war und ihrerseits durch diesen verändert wurde. Als Folge hiervon ist es erforderlich, einige der relevantesten Aspekte der Veränderungen zu analysieren, denen sie unterworfen waren. Die Veränderungen während der letzten Jahrzehnte in bezug auf die Konzentration des Landes und des Einkommens sind sehr gering gewesen; Ausnahmen stellen Bolivien, Kuba, Chile und Peru dar.[23] Allgemein gesagt gibt es mehr Eigentum und eine größere bewirtschaftete Fläche. Aber dies hat nicht bedeutet, daß die traditionellen Indikatoren der Konzentration des Landbesitzes sich geändert hätten. Es ist offensichtlich, daß diese ungleiche Verteilung ihren Widerhall in der Aufrechterhaltung der Armut auf dem Land gefunden hat.[24]
Der Drang nach Land seitens der campesino-Gruppen hat zusammen mit der technologischen Modernisierung die 'Pulverisierung' der Minifundien verstärkt; auf diese Weise entstand ein extremer Typ von Minifundio.

In Ecuador, Brasilien, Kolumbien und Venezuela waren die Fortschritte des Landverteilungsprozesses mit dem Vorrükken der 'landwirtschaftlichen Grenze' verbunden. In Argentinien, Uruguay und Paraguay wurde hinsichtlich der Landverteilung keine Veränderung von Bedeutung vorgenommen.[25]
Die zentralamerikanischen und karibischen Länder weisen auch keine bedeutenden Veränderungen in der Landbesitzstruktur auf. [26]
Wenn sich auch in der Konzentration des Landbesitzes keine wesentlichen Veränderungen feststellen lassen, so lassen sich doch sowohl in den Produktionsweisen als auch in den technischen und sozialen Beziehungen beträchtliche Veränderungen feststellen.
Die globalen Veränderungen der Gesellschaften haben sich auch in der <u>Entwicklung des Kapitalismus auf dem Land</u> manifestiert. [27]
Dieser Prozeß der kapitalistischen Expansion ist in der Landwirtschaft nicht neu, sondern hat zusammen mit der industriellen Entwicklung stattgefunden. Was beide während dieser letzten Jahre unterscheidet, ist die Anpassung der Formen der Produktion und das Segment, das innerhalb eines abhängigen Kapitalismus hiervon betroffen ist.
Man findet in Lateinamerika einen Anstieg von beträchtlichen kapitalistischen Produktionsformen, die neben anderen, traditionellen Produktionsweisen bestehen oder die auf deren Auseinanderfallen Einfluß nehmen. In dem Maße, wie die kapitalistische Produktionsweise vordringt, wird sie die Herrschaft über die grundlegenden Faktoren der Entwicklung erlangen; sie wird das Verhalten der übrigen Sektoren - wie zum Beispiel der campesino-Wirtschaften - ihren Interessen anpassen.
Das Zerfallen des in Parzellen aufgeteilten Kleineigentums ist normalerweise ein Prozeß, der die kapitalistische Entwicklung begleitet. Auf diese Desintegration haben sowohl der Wettbewerb des kommerziellen landwirtschaftlichen Unternehmens, das Handelskapital, das Kreditwesen als auch der Wucher Einfluß. [28]

Andererseits waren Neuanpassungen der kapitalistischen Formen selbst festzustellen. In diesem Kontext wurden die Veränderungen eher von Konsortien mit größerer Agilität durchgeführt, als von den Kapitalien, die traditionellerweise in der Landwirtschaft waren. Man hat darüber hinaus ein Eindringen von 'nationalen Wirtschaftsinteressen' aus anderen Sektoren nachgewiesen, von denen die repräsentativsten die kommerziellen und die agro-industriellen Unternehmen waren. Auf diese Weise konnten vertikale Strukturen konsolidiert werden, in die von den Produktionsprozessen bis hin zum Export des industriell verarbeiteten Erzeugnisses alles integriert wurde.

Aber über die nationalen Unternehmen hinaus gab es einen Einbruch von transnationalen Wirtschaftsinteressen. In Zentralamerika und in der Karibik, wo die ausländischen Interessen immer präsent waren, hat diese 'Integration' sich in vielen Fällen von der Basis aus oder - wenn man so will - vom Landbesitz aus vollzogen. Obwohl dieses Phänomen auch in Südamerika zu finden ist, war es dort weniger häufig, da die dort tätigen transnationalen Gesellschaften Konflikte vermieden und sich nicht auf den Bodenbesitz, sondern auf die Prozesse der Verarbeitung und Vermarktung der Erzeugnisse konzentriert haben.

Auf diese Weise haben sich die vertikalen Integrationen bei vielen Gelegenheiten - oftmals in monopolistischen Beziehungen - strukturiert. Dabei sind die Erzeuger in einer eindeutig wehrlosen Position, da sie einer Kontrolle des Bodenbesitzes und den Eventualitäten von sozialen Konflikten mit dem lohnabhängigen Sektor und den für die Landwirtschaft entscheidenden klimatischen Bedingungen unterworfen sind.

Andererseits hatte diese Bedingtheit der campesino-Wirtschaften als beachtliche Konsequenzen eine größere Spezialisierung aufgrund der Nachfrage der Märkte und einen Verlust von einigen Wesenszügen der Stabilität. Viele Anbauarbeiten, die "rational" für die Größe der campesino-

Grundstücke waren, wurden aufgrund des Einflusses von Programmen technischer Hilfe, die auf die Interessen der vorherrschenden Produktionsweise abgestellt waren, verdrängt. Als Folge hiervon hat sich das nach dem Kriege vorherrschende Panorama verändert, das durch die Präsenz und den Einfluß des Komplexes Latifundio-Minifundio charakterisiert war. Der Prozeß der kapitalistischen Entwicklung trug dazu bei, die campesino-Wirtschaft noch mehr zu monetarisieren. Dies führte zu einer gesteigerten Nutzung des Bodens und bewirkte einen Rückgang der prekären und auf Pacht gegründeten Besitzformen. [29)]
Parallel zu den Veränderungen in den Besitzmodalitäten wurden neue Besitzsysteme und -kategorien eingeführt - in ihrer Mehrheit auf 'assoziativer' oder 'gemeinschaftlicher' (comunitario) Grundlage, die ihren Ursprung in den Prozessen der Agrarreform hatten. Obwohl es mit der großen Mehrheit der Entwicklungsmodelle nicht vereinbar zu sein scheint, war die Einführung dieser Besitzformen im allgemeinen eine Antwort auf den politischen Druck, gangbare Alternativen bei schwierigen ökologischen Bedingungen und Pilotpläne für die technischen, sozialen und politischen Forschungen auszuwählen; sie entsprechen auch den Bedürfnissen des Staates, pragmatische Antworten auf die Entwicklungsfragen zu geben. Es scheint evident zu sein, daß diese Besitzformen kaum signifikant sein werden. [30)]
Zusammenfassend: Im quantitativen Bereich erfuhr die Struktur des Landbesitzes nur partielle Veränderungen; dies findet seinen Ausdruck im Fortbestehen der Ungleichgewichte. Es ist nicht zu bezweifeln, daß die traditionellen Formen des Landbesitzes, besonders der campesino-Wirtschaft, mit dem expandierenden Kapitalismus auf dem Land zusammenstießen. Die größeren Veränderungen der letzten Jahrzehnte bestanden in Wandlungen in den Besitzsystemen und -formen, was eine größere Expansion des Kapitalismus erlaubt hat.

4. Die Beziehung des Modells der Übernahme Erzeugung und Verbreitung von Technologien zur Umwelt

Der technologische Fortschritt war der wichtigste Faktor des Wachstums in der lateinamerikanischen Landwirtschaft. Trotzdem aber war der Fortschritt relativ, wenn man Gebiete der Region (Lateinamerika) mit anderen mit ähnlichen ökologischen Bedingungen in den Zentral-Ländern vergleicht. Die allgemeinsten und simpelsten Hypothesen sind, die ökonomisch-strukturellen Bedingungen (besonders die Rentabilität der Investitionen) und das niedrige kulturelle Niveau der Landwirte heranzuziehen, um diese Realität zu erklären. Aber ohne die Bedeutung dieser Aspekte verkennen zu wollen, muß die Erklärung in der Aufgliederung oder Nichtaufgliederung des globalen Prozesses der Erzeugung, Übernahme und Verbreitung von neuen Kenntnissen gesucht werden.
Die Möglichkeiten technologischer Innovationen waren an den Einfluß der hegemonialen Gruppen geknüpft, die mit dem technologischen Prozeß selbst identifizierbar sind. In der Landwirtschaft sind diese einflußreichen hegemonialen Gruppen: an erster Stelle mit den sozialen Gruppen verbunden, die mit der Aneignung des direkt durch den Boden produzierten Überschusses verbunden sind, und an zweiter Stelle mit den Gruppen, die sich den Überschuß in den vertikalen Prozessen aneigneten, die ihren Ursprung in der Kommerzialisierung dieser Erzeugnisse haben, und schließlich mit den Gruppen, die mit der Aneignung des Überschusses in Beziehung stehen, der durch den Verkauf der technologischen Innovationen und der insumos zusammenhängen, die durch diese zur Verfügung gestellt werden. Hieraus läßt sich als Folge ableiten, daß diese drei Gruppen sich weit über den landwirtschaftlichen Sektor und auch weit über die Grenzen eines jeden Landes hinaus bewegten.
Für das Angebot von Ackerbau- und Viehzucht-Technologie

hatte der Staat eine vorrangige Bedeutung, und zwar aufgrund der eingeschränkten Größe der Ackerbau- und Viehzucht-Unternehmen, ihrer großen Zahl und der Schwierigkeiten, wie sie den biologischen Forschungen eigen sind, insbesondere wenn man den großen Einfluß der klimatischen Schwankungen betrachtet. Daher ist das Angebot des Staates in Lateinamerika in größerem oder kleinerem Maße von der Nachfrage, von der Art des Drucks der Produktions-Sektoren und von den Richtungen, die von dem übernommenen technologischen Modell auferlegt waren, abhängig. Es ist nicht zu bezweifeln, daß die Übereinstimmung zwischen Nachfrage und Angebot mit der Art der Beziehung zwischen den hegemonialen Gruppen und den Wesenszügen des Staates verknüpft war. So schufen in der Mehrheit der zentralamerikanischen Länder die vorherrschenden Interessen der Schichten der mittleren und großen Grundeigentümer ein privates und sehr spezifisches System der Erzeugung und des Transfers von Technologien.

Die Tendenz, institutionelle Modelle der Erzeugung und des Transfers von Technologien zu übertragen, hängt damit zusammen, wie man "geeignete Ackerbau- und Viehzucht-Technologie" definiert; diese Technologie hat ihren Ursprung in den Modellen landwirtschaftlicher Entwicklung der Zentral-Länder. Als Folge hiervon existiert ein Bild von "geeigneter Technologie" das dazu tendiert, auf ein institutionelles Modell angewandt zu werden; dieses ist dem ähnlich, welches die Technologie hervorbringt. [31]

Die Systeme landwirtschaftlicher Extension begünstigten eine begrenzte Zahl von Landwirten; im allgemeinen waren sie auf die großen Landwirte ausgerichtet. Aber diese Situation ist in Lateinamerika nicht homogen, da in jedem Land die Produktivstruktur Einfluß ausübt; denn wenn es kleine Landwirte gibt, die dieselben oder ähnliche Produkte für den Export anbauen, wie sie auch die großen Landwirte erzeugen, so ziehen die ersteren direkt oder indirekt Vorteile aus der ländlichen Extension. Aber allgemein gesagt, beschäftigen die traditionellen campesino-Technologien für gewöhnlich nicht den auf Extension bedachten Techniker.[32]

Die kritische Analyse des Modells der Erzeugung, Übernahme und Verbreitung von Technologie könnte als eine negative Analyse individueller und institutioneller Anstrengungen zu wissenschaftlichem und technologischem Fortschritt interpretiert werden. Es ist zweifellos so, daß in allen Ländern es eine ungeheure Masse von technologischen Kenntnissen als Ergebnis institutioneller Forschungen oder individueller Initiativen gibt; aber der wichtigste Einwand gegen die Organisationen bezieht sich auf ihre Einbindung in technokratische Kriterien, ohne angemessene Berücksichtigung des soziopolitischen Rahmens.[33]

Die Bedeutung, die der "Grünen Revolution" ("revolución verde") bei der Umwandlung der lateinamerikanischen Landwirtschaft zugewiesen wird, verlangt eine besondere Analyse dieses Prozesses. Die konzeptuellen Bestandteile, die in den vorangegangenen Abschnitten dargelegt worden sind, erlauben es, die wirkliche Bedeutung dieser Umwandlungen zu begreifen. Die sogenannte "Grüne Revolution" hat die landwirtschaftliche Produktivität für weite Bereiche des Planeten erhöht; und Lateinamerika stand hier nicht abseits. Mehr noch - der experimentelle Ursprung der "Grünen Revolution" war in Mexico zentriert. Die Länder des Kontinents übernahmen zahlreiche technologische Innovationen und steigerten ihre Produktion über das Erwartete hinaus. Aber seit Beginn dieses Jahrzehnts (1970) begann der Anstieg der Erträge zurückzugehen und es begannen eine Reihe von Problemen aufzutauchen, die das Wachstum einschränkten.[34]

Die Projektionen scheiterten aufgrund ihres technokratischen Charakters, da sie nicht die Elemente berücksichtigten, die den neuen Entwicklungsstil bedingten; darüber hinaus berücksichtigten sie nicht ihre räumliche Einbeziehung in Gebiete mit schwerwiegenden sozialen Problemen.

Seit ihrer "genetischen Geburt" war die " Grüne Revolution" mit zwei Basisfaktoren assoziiert: Wasser und Energie. Ihre Entwicklung innerhalb der strukturellen Begrenzungen eines jeden Landes war zutiefst mit dem Bau von Bewässerungsanlagen und dem Einsatz "technologischer Pakete" verbunden, die die Energiezufuhr einschlossen. [35)]
Der beträchtliche Anfangserfolg der neuen Sorten und verbesserten Varianten verdrängte den Gebrauch der alten. Diese Ersetzung begann auf den fruchtbarsten Böden, da diese die Entfaltung des ganzen genetischen Potentials dieser neuen Sorten erlaubten. Infolgedessen verbreitete sich das Bild vom Erfolg der "Grünen Revolution". Die neuen Sorten fanden ein Umfeld, das es ihnen erlaubte, fast ohne Einschränkungen ihre Ertragsfähigkeit zu entfalten. Der Impuls, den der Bau von Bewässerungsanlagen infolge einer Strategie zur ländlichen Entwicklung erhielt, trug zur Konsolidierung bemerkenswerter Umwandlungen bei. Die Steigerung der Produktion war folglich nicht nur auf die größere Produktivität der neuen Sorten, sondern auch auf die Einbindung vieler trockener Böden in Bewässerungssysteme zurückzuführen. Die spätere Kultivierung von weniger geeigneten Gebieten machte die Bedeutung der "technologischen Pakete" sichtbar, was man anfangs nicht bemerkt hatte. [36)]
Die Evaluierung der Auswirkungen der "Grünen Revolution" bestätigt die These, daß sie zur sozialen Polarisierung beigetragen hat.
Im allgemeinen gab es keine technisch-kulturellen Bedingungen, die eine Ausdehnung der neuen Technologien auf den Sektor mit kleineren Einkommen gestatteten. Anwendung und Nutzung der 'genetischen Fortschritte' bildete einen Teil eines 'technologischen Pakets', zu dem der campesino bis heute keinen Zugang hat. Die übermäßige Verkünstlichung des Ökosystems einerseits und die Spezialisierung im Anbau andererseits sind zwei Faktoren, die die Überlebenschancen des campesino verringerten.

Andernteils wirkten sich die beträchtlichen Erwartungen
aus, die aufgrund der genetischen Fortschritte entstanden
waren auf "die unterschiedslose Einführung neuer Techniken in Gebieten, deren Böden hierfür nicht geeignet waren;
dies bedeutete oftmals eine größere Erosion, die spätere
Verringerung der Erträge, die Desertifikation der Böden
etc." [37)]
Die "Grüne Revolution" muß folglich als ein bedeutender
technologischer Wandel angesehen werden; aber als solcher
ist sie abhängig von Gruppen- oder Unternehmensinteressen
eingesetzt worden. Ihre Auswirkungen auf die Entwicklung
und besonders auf die Umwelt haben die von den Technikern
gehegten Erwartungen nicht bestätigt. [38)]
Folglich haben die technologischen Veränderungen, die durch
die "Grüne Revolution" ausgelöst wurden und die charakteristisch sind für den gegenwärtigen Entwicklungsstil, die
Ökosysteme in Agrosysteme umgewandelt, deren Merkmale analysiert werden müssen. Allgemein kann man feststellen,
daß die in Lateinamerika eingeführten Agrosysteme die
ökologischen Bedingungen nicht maximiert haben. Die Ausdehnung von Anbauerzeugnissen wie Baumwolle, Weizen und
- neuerdings - Soja, hat der Nachfrage des Marktes entsprochen. Es ist offensichtlich, daß - wenn man nur partiell
die ökologischen Bedingungen betrachtet - die Möglichkeiten des Erfolgs auch vom Grad der Anpassungsfähigkeit des
angebauten Erzeugnisses und von der Energiezufuhr abhängig
waren, die erforderlich war, um die Grenzen der Anpassungsfähigkeit zu kompensieren. Die neuen Agrarerzeugnisse weisen im allgemeinen Eigenschaften wie kurze Reifezeit, Steigerung der Biomasse, Widerstandsfähigkeit gegen Seuchen
und Krankheiten auf:
Aber sie verfügen zum Beispiel nicht über funktionale
Wachstumsstrukturen, die durch Anpassungsstrategien wie
Saftigkeit und Dornenhaftigkeit entstehen. Dies sind genetische Züge der einheimischen Flora, die es ihr erlauben,
das 'ökologische Angebot' maximal zu nutzen.

Das technologische Modell hat eine hohe Künstlichkeit des
Ökosystems begünstigt, indem es dieses abhängig von den
ökonomischen Bedingungen spezialisierte. Es ist wichtig,
klarzustellen, daß der Fortschritt in der Landwirtschaft
sich auf die Verkünstlichung der Ökosysteme gründet. Aber
was entgegensteht, ist nicht der Prozeß an sich, sondern
die Form der Verkünstlichung, die ein Produkt der Anwendung des gegenwärtigen Entwicklungsstils ist.
Im allgemeinen gibt es auf dem Kontinent keine geplanten
Prozesse zur Verkünstlichung des Ökosystems, die nicht vom
technologischen Modell beeinflußt sind, das in den Ländern
des Zentrums und besonders in den Vereinigten Staaten entstanden ist. Es ist nachzuweisen, daß man häufig endogene
und "traditionelle" Technologien unberücksichtigt läßt,
statt sie Untersuchungen zu unterziehen, um sie integrieren zu können, nachdem man sie im Lichte der gegenwärtigen wissenschaftlichen Erkenntnis modifiziert hat.
Über die erwähnten Auswirkungen hinaus hat die gegenwärtige
Form der Verkünstlichung des Ökosystems nicht die Möglichkeit von Veränderungen der Beziehungen Mensch-Land berücksichtigt, sondern hat diese Beziehung den technischen
Entscheidungen untergeordnet, deren Ziel es ist, die Produktivität des Bodens zu maximieren. Dies hat zur Ver-
schärfung der Probleme beigetragen, die sich aus der Verfügbarkeit von Arbeitskräften auf dem Lande ergeben.
Andererseits räumte die benutzte Technologie dem 'Recy-
cling' von Materialien keine Priorität ein; nur wenige
Technologien im Bereich der Landwirtschaft haben dieses
Verfahren isoliert angewandt (grüner Dünger, Umpflügen
des Stoppelfeldes etc.). Aber es hat keine globalen Ansät-
ze in physiographischen Einheiten - wie Becken (cuenca,
subcuenca) oder Grundstücksgruppen mit ähnlichen Nutzungssystemen - gegeben.
Auch das Energieproblem hat sich aufgrund der Form und des
Grades der Verkünstlichung geändert. Die angebauten Erzeugnisse haben die erforderlichen Energiemengen bestimmt;

auch haben sie die Kontinuität der Energiezufuhren bedingt; dann ist die Stabilität betroffen worden. Die künstliche Kontrolle von Seuchen und Krankheiten und das Fehlen von Stabilität haben die Möglichkeiten einer biologischen Selbstkontrolle erschwert, die bei einem weniger massiven Eingreifen die natürliche Flora und Fauna ausüben.
Schließlich hat die Tatsache, daß die Verkünstlichung ihren Ausdruck in kontinuierlicher Energiezufuhr gefunden hat, ihren Niederschlag in der Vernachlässigung der bestmöglichen Nutzung der eigenen Energie, die das Ökosystem hervorbringt, gefunden: Ressourcen wurden vergeudet und unkonventionelle Energiequellen außer acht gelassen.

III.

DIE FRAGEN ZUR ZUKUNFT DER LATEINAMERIKANISCHEN LANDWIRTSCHAFT UND IHRER UMWELT

Die Verringerung der Wachstumsraten des landwirtschaftlichen Sektors in den verschiedenen lateinamerikanischen Ländern und der Nachweis von negativeren Raten in einigen von ihnen hat die optimistischen Projektionen modifiziert, die in den 50er und 60er Jahren entwickelt worden waren. Jedoch setzt sich auch weiterhin die objektive Bewertung fort, daß ein umfangreiches Potential in Lateinamerika vorhanden ist und daß dieses Potential wohl die größte Reserve der Welt-Landwirtschaft darstellt. Aber bei dem gegenwärtigen Entwicklungsstil tauchen eine Reihe von pessimistischen Hinterfragungen über das zukünftige landwirtschaftliche Wachstum und die Erhaltung der Ressourcen auf. Außerdem ist es erforderlich, klar zu erkennen, daß der vom Entwicklungsstil begünstigte Weg nicht der einzige Weg ist, daß aber durch die bloße Tatsache, daß man diesen Weg gewählt hat, man andere Optionen, die besser gangbar wären, 'beiseite gelassen' hat; viele von diesen Optionen

müssen definitiv aufgegeben werden, da sie eine Umkehrung der im Ökosystem vorgenommenen Veränderungen erfordern würden.
Die Analyse der Faktoren, die bis jetzt auf das Wachstum der Landwirtschaft Einfluß genommen haben, zeigt, daß während der beiden letzten Jahrzehnte der Teil des Wachstums, der auf die Intensivierung der Nutzung der verschiedenen Faktoren bei den schon in die Landwirtschaft integrierten Böden immer größer ist, als der Teil, der durch die Ausdehnung der Ackerbau- und Viehzucht-Grenze neu hinzugekommen ist.
Die Besetzung noch unberührten Raumes, um ihn in die Ackerbau- und Viehzuchtaktivität einzubeziehen, ist in Lateinamerika noch in großem Umfang möglich. Aber eine Analyse der zur Verfügung stehenden Oberfläche darf nicht zu einem Irrtum verleiten; denn die Produktivität der neuen Ländereien und Böden, die in Gebieten der feuchten Tropen und Subtropen gelegen sind, ist sehr viel geringer als die der gemäßigten Gebiete. In der Mehrzahl der Fälle gehen die während der ersten Jahre erzielten bedeutenden Erträge nicht über eine 'Aberntung des Ökosystems' hinaus, das in vielen Jahren einer 'akkumulierten Produktion' entstanden ist; diese 'Ernte' wird dem Boden durch Systeme wie Unterpflügen und Niederbrennen der Vegetation (tumba de la vegetación y quema) einverleibt.
Die Erhaltung dieser neuen Gebiete kompliziert sich durch die bei der Nutzung angewandte Technologie. Es ist nicht so, daß man keine Öko-Techniken für den Einsatz in den feuchten und halbfeuchten Tropen kennen würde. Auch wenn es noch ein weites Feld für die Forschung gibt und auch wenn noch viele Experimente durchzuführen sind, deren endgültige Ergebnisse noch ausstehen, so gibt es doch schon eine hinreichende Menge technologischer Kenntnisse, um eine gesunde Landwirtschaft aufbauen zu können, indem man den die Umwelt schädigenden Einfluß auf ein Minimum reduziert. Wenn diese Techniken nicht angewandt werden, so liegt das daran,

weil sie größere Kosten für die Privatleute implizieren oder weil mit diesen Techniken man es nicht schafft, die Ernteerträge innerhalb des Ökosystems zu maximieren. Der vorherrschende Entwicklungsstil begünstigt zweifellos die Anwendung von umweltschädigenden Techniken - und zwar derart, daß das Problem der Erhaltung der Ressourcen sich offensichtlich verschärfen wird, obgleich parallel dazu andere angemessenere Techniken erforscht werden.
Ein Problem, das sehr schwer zu begreifen ist und das darüber hinaus Hindernisse für seine Quantifizierung bietet, ist das Problem der realen ökologischen Kosten der Einbeziehung von Ländern in die Landwirtschaft mit ihren vorherrschenden landwirtschaftlichen Nutzungssystemen, wie sie der herrschende Entwicklungsstil festlegt. Der öffentlichen Meinung, den Wirtschaftsplanern, den Politikern fällt es sehr schwer, die Kosten zu begreifen, die durch "die Verringerung des Potentials" hervorgerufen werden; sie tendieren dazu, nur die direkten Resultate der neuen Erzeugnisse zu sehen, die in der Mehrheit der Fälle aufgrund der "Aberntung des Ökosystems" ("cosecha ecosistémica") hoch sind. Daher werden die ökologischen Kosten durch den Produktionsanstieg verdeckt.
Wenn man dieses Thema behandelt, so wird in der lateinamerikanischen Debatte dieses Kriterium mit ultra-konservativistischen Positionen verwechselt, die das 'Einfrieren' der Ackerbau- und Viehzucht-Grenzen fordern. Dies wäre aber ein Irrtum: Hier wird die Frage nach der Größenordnung der ökologischen Kosten der Einbeziehung und Intensivierung der Nutzung der Böden gestellt - unter den gegebenen aktuellen Charakteristika des lateinamerikanischen landwirtschaftlichen Entwicklungsprozesses und im Kontext der Systeme und Technologien des im Entstehen begriffenen Entwicklungsstils verglichen mit den ökologischen Kosten eines alternativen Entwicklungsstils. Man kann sich vorstellen, daß ein anderer Entwicklungsstil auch ökologische Kosten impliziert, wenn er die Ökosysteme verkünstlicht.

Aber wenn die Ziele dieses Entwicklungsstils langfristig
die Erhaltung der Ressourcen berücksichtigen, so wird man
fraglos den Umweltschaden verringern können, der durch
die Einbeziehung neuer Ländereien und/oder durch die intensivere Nutzung des Bodens hervorgerufen wird.
Die aufgeworfene Frage wird noch komplizierter, wenn man
die geringen Kenntnisse berücksichtigt, die man über das
potentielle 'Dach' - es handelt sich eher um einen 'Rang'
als um ein 'Dach'-('techo', 'rango') der Ökosysteme des
Kontinents und die Zielbilder besitzt, die die lateinamerikanischen Planer und Techniker selbst von der Landwirtschaft haben.
Die geringen Kenntnisse, die man über die vielfältigen
Nutzungsmöglichkeiten der Ökosysteme besitzt, und die Unkenntnis über die spezifische Natur eines jeden dieser
Ökosysteme bewirken, daß man der Frage nach den ökologischen Kosten nicht die nötige Bedeutung beimißt. Wenn man
z. B. die Qualität und spezifische Eignung der Böden bestimmter Gebiete des 'Hohen Beckens des Amazonas' (Cuenca
Alta del Amazonas) nicht kennt, wird man kaum beurteilen
können, "das, was man hätte produzieren können", wenn man
diesen Boden nicht durch Erosion zerstört hätte.
Der andere Faktor, der die Größenordnung der ökologischen
Kosten bedingt, ist das Zielbild, das man von der zukünftigen Bedeutung der Landwirtschaft für die lateinamerikanischen Länder hat - eine Zukunft, die auf Agrosysteme
gestützt ist, die in hohem Maße 'subventioniert' und spezialisiert sind. Es ist schon gesagt worden, daß das Modell der Erzeugung und Übernahme von Technologien, das
dazu tendiert, die Rentabilität des Kapitals zu maximieren, indem es so weit wie möglich die Ökosysteme verkünstlicht, Nutzungssysteme mit ihren entsprechenden
Technologien unberücksichtigt gelassen hat; dies können
nicht nur Optionen sein, die den Einsatz anderer Produktionsfaktoren - wie den der Arbeitskraft - maximieren,
sondern auch solche, die es erlauben, mittel- und langfri-

stig eine größere Produktion zu erreichen und gleichzeitig die Ressourcen zu erhalten oder wenigstens die Umweltschäden so klein wie möglich zu halten. Es handelt sich hierbei um Nutzungssysteme, bei denen man die spezifischen Charakteristika der Ökosysteme dadurch zu nutzen sucht, daß man sie einem Grad von Verkünstlichung unterwirft, der sie nicht total verwandelt, sondern nur partiell, um die natürlichen Konditionen und die Stabilisierungselemente zu nutzen.

Dies ist z. B. der Fall bei einer 'Landwirtschaft in Etagen' ('agricultura enpisos') in tropischen Gebieten; diese Landwirtschaft nutzt den Schatten, den die Dächer der Bäume bieten, die Fähigkeit des Waldes zur Wasseransammlung und -speicherung und die Nährstoffe der Vegetation, die dem Boden einverleibt werden. Folglich ist das, was dieser Entwicklungsstil beiseite läßt, die Option, Agrosysteme von hoher Künstlichkeit mit Landwirtschaften zu kombinieren, die Öko-Techniken anwenden, und die den Anbau vieler Produkte betreiben. Diese Landwirtschaft baut nicht nur ein Haupterzeugnis an, sondern nutzt auch andere Produkte des Ökosystems, in das eingegriffen wird, wie Brennholz, Proteine der Tiere etc.

Die Form und den Grad der Verkünstlichung der Landwirtschaft in Frage zu stellen, darf nicht verstanden werden als Umkehrung der Veränderungen der Ökosysteme, in die in hohem Maße eingegriffen wurde. Diese müssen weiterhin höchst artifiziell bleiben, auch wenn man sich bemüht, größere Bedeutung den biologischen Technologien zuzugestehen. So müssen z. B. Ökosysteme, die seit dem vergangenen Jahrhundert genutzt werden, - wie die von Kuba oder Jamaika - ihr landwirtschaftliches Wachstum auf die Agrochemie, die Bewässerung, genetisch neue Sorten, Spezialisierung der Gebiete und auch Mechanisierung stützen. Hier darf die Betonung nicht auf den Grad der Verkünstlichung gelegt werden, sondern auf die technisch-ökonomische 'Machbarkeit', sie langfristig zu erhalten. Konsequenterweise führt die

Gegnerschaft gegen die Verkünstlichung zur Analyse der technologischen Abhängigkeit (dependencia tecnológica) und der Veränderungen im Ökosystem, die auf der Nachfrage auf dem Weltmarkt und auf der Aneignung der Überschüsse seitens derjenigen basieren, die die technologischen Wandlungen begünstigen.

Die Evaluierung der Veränderungen in der lateinamerikanischen Landwirtschaft muß dazu beitragen, zu verhindern, daß sich eine Situation in den neuen Gebieten, die in die Landwirtschaft einbezogen werden und auf den neuen, bewässerten Böden wiederholt, wie sie in bestimmten schon integrierten und Prozessen der intensiven Nutzung unterworfenen Böden besteht.

Eine andere Frage hinsichtlich der Zukunft der lateinamerikanischen Landwirtschaft entsteht aus der Energiekrise. Diese hat auf die Landwirtschaft unterschiedliche negative Auswirkungen - ein Ergebnis der bestehenden sozialen und technologischen Heterogenität angesichts der offensichtlichen Gegensätze zwischen Gebieten mit einer intensiv betriebenen Landwirtschaft und 'marginalen' Gebieten und zwischen kapitalistischen Schichten der Bevölkerung, die zum intensiven Kapitaleinsatz greifen, und den campesino-Schichten.

Trotz der großen technologischen Kluft, die im Durchschnitt die lateinamerikanische Landwirtschaft in bezug auf den Energieeinsatz von den entwickelten Ländern trennt, weisen kapitalistisch genutzte Flächen in Gebieten einer intensiven Landwirtschaft Indikatoren auf, die denen der Zentral-Länder ähnlich sind. Dies läßt vermuten, daß die Landwirtschaft zu einer Etappe gelangt sein könnte - oder kurz davor steht -, in der die Erträge durch eine Zufuhr zusätzlicher Energieeinheiten abnehmen werden. Nun gut: Wenn die Energiekosten steigen und das Preisverhältnis zwischen landwirtschaftlichen Erzeugnissen (besonders Nahrungsmittel) und Energie für die ersteren ungünstig ist, ist es nicht schwierig vorauszusagen, daß die Steigerungen der Produktivität des Bodens in den Gebieten einer intensiven Landwirtschaft niedriger sein werden, als die im letzten Jahrzehnt erzielten. Da die Sektoren der campesino-Wirtschaften keinem intensiven Einsatz von Nutzenergie unterworfen sind, werden sie weniger von der Energiekrise betroffen sein. Aber sie werden die Auswirkungen zu spüren bekommen, die sich aus der Zuspitzung der negativen Situation der Städte ergeben. Denn die Probleme städtischer Marginalität werden sich nicht kurzfristig lösen lassen, da die Kosten - insbesondere der Energie - zu einer Steigerung tendieren. Wenn diese Situation sich sogar noch verschlechtern sollte, so wird der Strom von Migranten vom Land in die Stadt gebremst werden müssen und dadurch Auswirkungen auf den Bevölkerungsdruck haben, und zwar wegen der geringen Landreserven, über die der campesino verfügt.

Möglicherweise kann der Sektor einer extensiven Landwirtschaft und Viehzucht, da er enger mit der Funktionalität eines Ökosystems verbunden ist, derjenige sein, der größere Möglichkeiten technologischer Optionen bieten kann, die sich von den vom vorherrschenden Entwicklungsstil begünstigten unterscheiden. Aber die Frage, die hier auftaucht, ist, ob solche Optionen überhaupt zum Zuge kommen können, da sie im Widerspruch zu dem genannten Entwicklungsstil stehen.

Hinsichtlich der noch unberührten Gebiete, die in der Zukunft in die Landwirtschaft einbezogen werden, wird man auch für technologische Optionen sich entscheiden müssen, bei denen die steigenden Energiekosten nicht die Auswirkungen haben, die sie bisher hatten, und auch hier stoßen die neuen Optionen hinsichtlich ihrer Realisierbarkeit mit dem herrschenden Entwicklungsstil zusammen.

Schließlich können auch der wachsende Wettbewerb und der Verlust von Ressourcen als Folge nichtlandwirtschaftlicher Aktivitäten nicht unerwähnt bleiben:
Die Verstädterung verschlingt jährlich bedeutende Mengen

von Böden, die für die landwirtschaftliche Nutzung ausgezeichnet geeignet wären, da fast alle Städte in sehr fruchtbaren Gebieten entstanden sind. Obwohl die Aktivitäten von Industrie und Bergbau nicht direkt sehr bedeutende Oberflächen benötigen, werden doch beträchtliche Flächen durch jede Art von Kontamination in Mitleidenschaft gezogen. Es werden für die Zukunft noch größere Probleme vorausgesehen - und zwar aufgrund der Expansionsprozesse dieser Aktivitäten und besonders aufgrund der industriellen Neuansiedlungen, da versucht wird, die Industrien, die die größten Schäden verursachen, in lateinamerikanischen Ländern anzusiedeln. Man darf annehmen, daß angesichts der Konflikte und Probleme, die entstehen werden, das System versuchen wird, diese durch politische Maßnahmen zu lösen, die die Vergiftung und Verseuchung verhindern oder die dazu dienen, entgiftende Maßnahmen anzuwenden. Aber es ist unbezweifelbar, daß - bevor eine solche Politik im Kontext des gegenwärtigen Entwicklungsstils angewandt wird - man einen sehr hohen und in vielen Fällen irreversiblen ökologischen Preis gezahlt haben wird.

ANMERKUNGEN:

1) Enrique V. Iglesias, "La ambivalencia del agro latinoamericano", in: Revista de la CEPAL, Santiago de Chile, 2. Halbjahr 1978, S. 7-18.

2) CEPAL, Anuario Estadístico de América Latina, 1978, S/E. 79. II. G 3, S. 71.

3) CEPAL, División Agrícola Conjunta CEPAL/FAO, Veinticinco anos en la agricultura de América Latina, rasgos principales, 1950-1975, Cuadernos de la CEPAL No. 21, Santiago de Chile, 1978, S. 9, Tabelle 1.

4) ILPES, La pobreza crítica en América Latina, Ensayo sobre diagnóstico explicación y políticas, Vol. 1, S.3. (vgl. Aníbal Pinto, "Notas sobre estilos de desarrollo en América Latina", in: Revista de la CEPAL, 1. Halbjahr 1976).

5) Sergio Salcedo und José Ignacio Leyton, El sector forestal latinoamericano y sus interrelaciones con el medio ambiente, in: Osvaldo Sunkel und Nicoló Gligo (Hrsg.), Estilos de desarrollo y medio ambiente en América Latina, Lecturas, Fondo de Cultura Económica, México, 1980, 2 Bände.

6) Nicolás Aguilera Herrera, "Problemas de contaminación salina-sódica de suelos", in: Memorias de I Reunión Nacional sobre problemas de contaminación ambiental, Bd.II, México, Januar 1973.

7) CEPAL, División de Recursos Naturales y Medio Ambiente, Información de medio ambiente en América Latina: Argentina, Santiago de Chile, 1974, (hektographierte Karteikarten, CLADES.)

8) FAO/UNESCO, Mapa de suelos del mundo, UNESCO, Paris, 1964.

9) Vgl. José S. Villalobos Revilla, "Aspectos nocivos de los insecticidas organoclorados sobre el hombre y el medio ambiente en México", in: Memoria - I Reunión nacional sobre problemas de contaminación ambiental, tomo II, México, Januar 1973.

10) PNUMA, Estudio de las consecuencias ambientales y económicas del uso de plaguicidas en la producción de algodón en Centroamérica y Guatemala, September 1975; FAO, Programa cooperativo global FAO/PNUMA sobre desarrollo y aplicación de control integrado de plagas agrícolas, (Umfassendes Kooperationsprogramm FAO/PNUMA über Entwicklung und Anwendung einer umfassenden Kontrolle landwirtschaftlicher Seuchen), Consulta regional de expertos sobre medio ambiente y desarrollo, RLAT, 801/76/315, Bogotá, Kolumbien, Juli 1976.

11) Verschiedene mediterrane lateinamerikanische Metropolen schütten ihre 'aguas servidas' (Abwässer) auf landwirtschaftlich genutzte Ländereien. Zum Beispiel bewässerte man in Venezuela in acht nahe bei Caracas gelegenen 'distritos' ('Kreisen') 77 % der Oberfläche mit im höchsten Grade kontaminiertem Wasser. Siehe Nelson Geigel Lope-Bello, "La experiencia venezolana en protección ambiental", in: CEPAL División de Recursos Naturales y Medio Ambiente, "Información de Medio Ambiente en América Latina: Venezuela", Santiago de Chile, 1974, CLADES.

12) Zum Beispiel behauptet Mario Peralta, daß 50 % des chilenischen Staatsgebietes sich in einem Versteppungsprozeß (proceso de desertificación) befindet. Vgl. Mario Peralta, "Procesos y áreas de desertificación en Chile continental, Mapa preliminar", in: Ciencias

Forestales, Santiago de Chile, Vol. 1, No. 1, September 1978, S.41-44.
Bezüglich weiterer Einzelheiten zu diesem Thema siehe: NACIONES UNIDAS, (UNO), Informe de la Conferencia de las Naciones Unidas sobre desertificación, A/Conf. 74/36, August - September 1977.

13) 'Modernisierung' darf man nicht mit dem technolgischen und wissenschaftlichen Fortschritt verwechseln; für die Zwecke dieser Analyse verstehen wir unter 'Modernisierung' den Impuls an Kapital und Technologie, der für diesen Stil charakteristisch ist.

14) PREALC hat geschätzt, daß der 'desempleo equivalente' (Arbeitslosigkeit) zwischen 20 und 40 % der erwerbsfähigen ländlichen Bevölkerung schwankt.
Siehe hierzu: PREALC-OIT, El Problema del empleo en América Latina y el Caribe: situación, perspectivas y políticas, PREALC, Santiago de Chile, 1975.

15) Als illustratives Faktum kann das Folgende zitiert werden: Ungefähr 11 % aller Ländereien Amazoniens gehören legal 43 Unternehmungen; sie umfassen zusammen annähernd 11 Millionen ha. "Panorama Econômico /80", in: O Globo, Rio de Janeiro, 30. Juni 1980.

16) CEPAL, Veinticinco anos en la agricultura latinoamericana, a.a.O., Anhang, Tabelle 19.

17) Um diese Umweltprobleme zu vertiefen siehe: Carlos J. Grassi, "El regadío, su influencia en el ambiente físico y resultados que derivan de su manejo", ("Die Bewässerung, ihr Einfluß auf die physische Umwelt und die Resultate, die sich aus ihrer Handhabung ergeben"), in: Conservación del medio ambiente físico y desarrollo, ICAITI/NAS, Guatemala, 1971, S. 145-157.

18) Brian A. Thomson, "Periferia y medio ambiente. Tres casos en Argentina y Brasil (1870 - 1970)", in: Revista internacional de ciencias sociales, Vol.XXX, 1978, No 3, UNESCO, Paris, S. 531-568.

19) Dale W. Adams, "Agricultural credit in Latin America, A critical review of external funding policy", in: American Journal of Agricultural Economics, Vol. 53, No 2, Mai 1977, S. 163-172.

20) Dieses Problem illustriert die hohe Konzentration des Kredits in vier Rubriken; in El Salvador erhielten diese zwischen 1961 und 1975 zwischen 80 und 90 % der kommerziellen landwirtschaftlichen Kredite. Siehe hierzu: Gerald E. Karush, "Plantations, population and poverty: the roots of the demographic crisis in El Salvador", in: Studies in comparative international development. New Jersey, Vol. XIII, No. 3, 1978, S. 59-79 (S. 67).

21) Ursula Oswald und Jorge Serrano, "El cooperativismo agrario en México, implantador del capitalismo estatal dependiente", ("Das landwirtschaftliche Genossenschaftswesen in Mexiko: Begründer des abhängigen Staatskapitalismus"), in: Revista mêxicana de sociología, Ano XI, Vol. XL, Sondernummer, México, 1978, S. 273-284 (S. 283).

22) J.C. Abbott, "Papel que desempena la comercialización en el crecimiento de la producción en el intercambio de productos agrícolas de los países menos desarrollados", ("Die Rolle, die die Kommerzialisierung für das Wachstum der Produktion beim Austausch von landwirtschaftlichen Produkten der am wenigsten entwickelten Länder spielt"), in: Estudios de la FAO sobre economía y estadística agrícolas, 1952 -1977, FAO, Rom, 1978, S. 321-327.

23) Naciones Unidas, (UNO); Progresos en materia de reforma

agraria, (Fortschritte auf dem Gebiet der Agrarreform),
Sechster Bericht FAO/OIT, ST/ESA/32, New York 1977.

24) Sociedad Interamericana de Planificación, Reformas
urbanas y agrarias en América Latina, (Stadt- und Agrar-
reformen in Lateinamerika), Bogotá, Sociedad Colombiana
de Planificación, SCP, 1978.

25) Für weitere Einzelheiten siehe die Daten über Panamá
und Argentinien in: CEPAL, Las transformaciones rurales
en América Latina, desarrollo social o marginación?,
a.a.O., Tabelle 33; Theodore Vander Pluijm, "Analyse de la
réforme agraire au Venezuela", in: Réforme Agraire,
colonisation et cooperative agricoles, Rom, FAO, 1972,
No. 2, S. 1-22.

26) FAO/SIECA, Secretaría Permanente del Tratado General
de Integración Económica Centroamericana, (Ständiges
Sekretariat des Allgemeinen Vertrags der Mittelamerika-
nischen Integration), "Perspectiva para el desarrollo y la
integración de la agricultura en Centroamérica, Guatemala,
FAO, Mai 1974, 2 Bd.;
Gerald E. Karush, "Plantations, Population and Poverty:
The roots of the demographic crisis in El Salvador",
a.a.O.

27) Für weitere Einzelheiten siehe Rubens Brandao Lopes
Juarez, "El desarrollo capitalista y la estructura agraria
en Brasil", in: Estudios sociales centroamericanos, San
José, Costa Rica, Ano VI, No. 17, Mai-August 1977,
S. 175-186; Antonio Martín del Campo, "Algunas ideas sobre
la estructura agraria mexicana: una visión no tradicio-
nal", in: Estudios rurales latinoamericanos, Bogotá,
Vol. 1, No 2, Mai-August 1978, S. 59-70.

28) Alfredo Molano, "Capitalismo y agricultura: un modelo

hipotético sobre las relaciones de producción y circulación", in: Estudios rurales latinoamericanos, Vol.1. No. 3, September-Dezember 1978, S. 34-67.

29) Sociedad Interamericana de Planificación, "Reformas urbanas y agrarias en América Latina", a.a.O., Tabelle IV-3, (56).

30) José Emilio G. Araujo und Hugo Fernández, "Experiencias latinoamericanas en empresas asociativas y la modernización de la empresa agrícola",("Lateinamerikanische Erfahrungen in assoziierten Unternehmen und die Modernisierung des landwirtschaftlichen Unternehmens"), in: Revista Desarrollo Rural de las Américas, San José, Costa Rica, IICA, Vol. IX, No. 3, September-Dezember 1977, S. 87-96 (S. 90).

31) Für weitere Einzelheiten vgl.:
1. Francisco B. Sagasti und Mauricio C. Guerrero, El desarrollo científico y tecnológico de América Latina, BID/INTAL, Buenos Aires, 1974, S. 200;
2. Victor Urquidi und Alejandro Nadel, "Algunas observaciones acerca de la teoría económica y el cambio técnico", in: El Trimestre Económico, México, Vol. XLVI, (2), No. 183, S. 211-234;
3. Aldo Ferrer, "Tecnología y política económica en América Latina", Buenos Aires, Ed. Paidos 1974;
4. Amílcar O. Herrera, "Tecnología científica y tradicionales en los países en desarrollo", in: Comercio Exterior, México, Vol. 28, No. 12, Dezember 1978, S. 1462-1476.

32) Antonio García, "El nuevo problema agrario de América Central", in: Comercio Exterior, Vol. 28, No. 6, Juni 1978, S. 733-737;
Richard Perrin und Don Winkelman, "Impediments to tech-

nical progress on small versus large farms", in: American Journal of Agriculturel Economics, Vol. 58, No 5, Dezember 1976, S. 888-894.

33) Julio Bolvitnick, "Estrategia de desarrollo rural, economía campesina e innovaciones tecnológicas en México", in: Comercio Exterior, Vol. 26, No. 7, S. 813-826; und Edmundo Gastal, "Los sistemas de producción y la planificación de la investigación agrícola", ("Die Produktionssysteme und die Planung der landwirtschaftlichen Forschung"), in: Desarrollo Rural en las Américas, Vol. VII, No 1, Januar-April 1975, S. 57-65.

34) Lester Brown, Seeds of Change, The Green Revolution and Development in the 1970's, London, Pallmall Press, 1975, S. 3.

35) John C. Keene, "A review of Governmental Policies and Techniques for Keeping Farmers Farming", in: Natural Resources Journal, Alburquerque, New Mexiko, U.S.A., Vol. 19, No. 1, Januar 1979, S. 119-144.

36) Alain de Janvry, "The political economy of rural development in Latin America: an interpretation", in: American Journal of Agricultural Economics, Vol. 57, No. 3, August 1975, S. 490-499; Bârbara Tuchman, "The green revolution and the distribution of agricultural income in Mexico", in: World Development, Vol. 4, No. 1, Washington D.C., 1976, S. 17-24.

37) Editorial, "Alimentación, crisis agrícola y economía campesina", in: Revista de Comercio Exterior, Vol. 28, No. 6, 1978.

38) Clifton R. Wharton, "The Green Revolution, Cornucopia or Pandora's Box?", in: Foreign Affairs, No. 47, April 1969, S. 464-476.

Editorial / América Indígena

Die Situation der campesinos und die ökologische
Diskussion

In: América Indígena . México D.F., Vol. 40, No. 1
    (Januar - März 1980) S. 7 - 12

Schon eine flüchtige Übersicht über die Literatur, die die Probleme einer rationalen Nutzung der erneuerungsfähigen Ressourcen behandelt, zeigt, daß die campesinos in dieser Literatur eine sehr paradoxe Rolle spielen. Bei einigen Gelegenheiten werden sie als die einzigen Wesen angesehen, die sich der Gefahren der Umweltzerstörung bewußt sind, als Weise bei der Nutzung ihrer Ökosysteme und als Gruppen, die geradezu perfekt an ihre natürliche Umgebung angepaßt sind. Oder aber: Man klagt sie mit gleicher oder gar noch größerer Häufigkeit an, eine der wichtigsten Ursachen für die schlechte Nutzung der Ressourcen zu sein; dies zeige sich in einem äußerst niedrigen Produktivitätsniveau von Ressourcen, die in anderen Händen von sehr viel größerem Nutzen sein könnten. Die campesinos werden auch beschuldigt, die entscheidende Ursache für die jahrhundertelangen Prozesse zu sein, die die Umwelt in den von ihnen bewohnten Gebieten zerstören. In der Debatte über Produktivität und Umwelt steht der campesino zweifellos im Brennpunkt der Aufmerksamkeit: Er wird beschuldigt oder verteidigt, jedoch im allgemeinen kaum verstanden....

Bevor wir die 'ideologische Ebene' der Auseinandersetzung in den Blick nehmen, ist es erforderlich, gewisse Aspekte der Realität selbst zu betrachten. Die Debatte wird in Begriffen einer direkten Relation campesino - Umwelt geführt. Dabei wird jedoch fast immer der dritte 'Teilnehmer' an der Debatte 'beiseite' gelassen, der implizit jedoch in der Mehrheit der Fälle präsent ist: Es findet eine stumme Auseinandersetzung zwischen zwei Produktivsystemen bei der 'Besetzung des Territoriums' statt - ein Kampf, der seit Jahrhunderten geführt wird. Dieser 'Wettbewerb' findet zwischen der kommerziellen Landwirtschaft und dem campesino-System statt; es geht hierbei um das Recht der Inbesitznahme und Nutzung bestimmter natürlicher Ressourcen. Aus der Sicht der kapitalistischen Nutzung (im allge-

meinen im großen Stil) verurteilt man implizit die Einwirkungen der campesinos auf die Umelt und auch ihr Produktivitätsniveau. Hier müssen wir erneut erkennen, daß man bei der Beziehung campesino/Agro-Industrie in der Auseinandersetzung um die produktive Nutzung oder Erhaltung der Umwelt die campesinos in einer unterschiedlichen Art und Weise eingesetzt hat, die kurz dargelegt werden muß: Die direkteste und bekannteste Relation zwischen campesino und Agro-Industrie besteht darin, daß der campesino durch die Agro-Industrie aus bestimmten Gebieten entfernt wird, um dort haciendas ('Landgüter') oder Plantagen oder andere kpitalistische Produktionsformen einzuführen. Während des Prozesses der Vertreibung der campesinos wird man deutlich solche Argumente hören wie: Die dort seßhaften campesinos hätten die verfügbaren Ressourcen nicht rational genutzt; das Produktivpotential des Gebietes werde vergeudet; die Produktionsweise, die die bisherige ersetzen werde, sei sehr viel effizienter.
Im allgemeinen erzeugt in dieser Phase der territorialen Expansion der Wirtschaftsboom, der diese Expansion stützt, eine Psychologie von "Zivilisation, Fortschritt und Entwicklung" ("civilzación, avance, progreso y desarrollo"). In dieser Euphorie werden die zukünftigen ökologischen Probleme, die sich aus dieser Expansion ergeben werden, ignoriert und nicht zur Kenntnis genommen.

Oft werden die campesinos aber auch als 'Vorhut-Bataillone' bei der Expansion und Erschließung neuer Gebiete eingesetzt. In vielen Gebieten Lateinamerikas ist es üblich, die Kolonisierung von tropischen, wüstenartigen und halbwüstenartigen Zonen von campesinos aus anderen Regionen vornehmen zu lassen; denn eine solche 'Politik' erlaubt es nicht nur, den Bevölkerungsdruck in traditionellen campesino-Zonen zu mildern; vielmehr ist dies auch eine der wirksamsten Arten und Weisen gewesen - und ist es noch immer -, um unwirtliche und schwer zu entwickelnde Territorien zu erschließen. Gewisse Aspekte der Produktionsform der campesinos machen hieraus das geeignete Instrument für die Expansion. Die auf familiärer Basis organisierten campesinos können die erforderlichen Arbeitskräfte zur Verfügung stellen, die die Rodungen vornehmen und die landwirtschaftlichen Flächen erschließen. Sie können die langen Jahre warten, bis die Kaffeesträucher Erträge bringen.

Während dieser Jahre überleben die campesinos mit ihren "bewundernswerten ökologischen Praktiken": durch das Sammeln von Früchten, durch die Jagd und durch den Anbau von Lebensmitteln für den eigenen Bedarf und von Produkten für den Handel. Dies erlaubt es der 'größeren Gesellschaft', neue Territorien zu sehr geringen Investitonskosten zu erschließen.

Die 'Dezentralisierung' von Entscheidungen - wie sie für die campesinos üblich ist - hat zur Folge, daß jeder Siedler wie eine Experimentierstation im kleinen - gegründet auf dem Verfahren von 'Probe und Irrtum' - funktioniert. Nach dem Ablauf einiger Jahre wird es als typisches Ergebnis dieser Vorgehensweise möglich sein, die Produkte zu bestimmen, die man in dem kolonisierten Gebiet am besten erzeugen kann, welches die geeigneten Varianten sind und welche Ackerbau- und Viehzuchtpraktiken die sind, die die besten Ergebnisse auf diesen neuen Ländereien und in diesem Klima erbringen.

In dieser Phase der Expansion der Landwirtschaft tendiert der 'ideologische Diskurs' über die Beziehung der campesinos zur Umwelt dazu, sehr positiv zu sein. die Anpassungsfähigkeit der Siedler und ihre Zähigkeit, die es ihnen erlaubte, die harten Jahre der Kolonisierungsetappe durchzustehen, werden anerkannt und gelobt; und die Experimente der campesinos bei der landwirtschaftlichen Expansion der campesinos werden unterstützt - und zwar durch technische Hilfen und eine Erweiterung der Infrastruktur des Straßennetzes und der Wohnmöglichkeiten.

Wenn jedoch erst einmal ein Gebiet und sein Produktivpotential 'etabliert' sind, dann setzt der Prozeß der Konzentration des Landes und die Kapitalisierung des Produktionsprozesses ein - als deren Begleiterscheinung beginnt die Vertreibung der ursprünglichen Siedler. Die Lobrede auf die Ökologie und die Produktivität des campesinos verwandelt sich in eine Anklage; das Handeln des campesinos wird nun negativ bewertet.

Das Kolonisierungsabenteuer kann auch - das zeigt die Geschichte - in Katastrophengebieten enden: Nach einigen Jahren einer akzeptablen Produktivität des Landes, guten Gewinnen und günstigen regionalen Exportmöglichkeiten stellen sich ökologische Probleme ein, die nicht von Anfang an vorherzusehen waren. Z. B. beginnen die Produktionserträge drastisch zu fallen, nachdem während einiger Jahre der Wald niedergebrannt und zerstört wurde. Der - Grund besitzende - campesino, der nicht die Möglichkeit hat, neues Gelände aufzusuchen, um von neuem zu beginnen, und der auch nicht die Möglichkeit hat, abzuwarten, daß sich das Land mit Buschwerk auffüllt, ist in einem Circulus vitiosus der Verarmung der natürlichen Ressourcen des Gebietes gefangen; dies wirkt sich für ihn auf der Ebene der ökonomischen Armut und der Ernährungsmöglichkeiten aus.

Aber das Unglück kann auch wirtschaftlicher Art sein: Ein solches Unglück tritt ein, wenn die Monokultur eines Produktes eingeführt wird, das industriell verarbeitet und exportiert werden kann und das für die campesino-Produktion ebenfalls geeignet ist, und wenn dessen Verkaufsmöglichkeiten auf dem Weltmarkt sinken. Die ökonomischen und sozialen Kosten der Wiederherstellung dieser Zonen werden dann als ökologische und wirtschaftliche Probleme der heruntergekommenen Gebiete aufgefaßt: die für diesen Prozeß Verantwortlichen, die Angeklagten und Schuldigen, sind dann unweigerlich die campesinos, die durch ihre unangemessenen Verfahrensweisen die Situation geschaffen haben, in denen sich diese Gebiete heute befinden.

Schließlich müssen wir erkennen, daß der kontinuierliche Prozeß der Neuansiedlung von campesino-Massen nach den Produktionsbedürfnissen der 'größeren Gesellschaft', der jahrhundertelange Prozeß der 'Verschiebung' der campesinos zu immer unwirtlicheren und ökologisch schwierigeren und unstabileren Zonen hin die Situation erzeugt, die Aguirre Beltrán als 'Zufluchts-Regionen' ('regiones de refugio') bezeichnet hat. In Randzonen gestoßen und gezwungen, ökologisch Bedingungen ihrer Subsistenz und des gemeinschaftlichen und sozialen Lebens zu reproduzieren, erzeugen die Prozesse des Einsatzes der Arbeitskraft der Familie, des Experimentierens und der Anpassung nach und nach einen gewissen modus vivendi, den Kulturökologen mit Bewunderung studieren und als schönes Beispiel der Anpassung qualifizieren, zu der in so bewundernswerter Weise unsere 'Eingeborenen-campesinos' (campesinos indígenas) in der Lage sind. Wenn dies auch sicherlich so ist, so muß man doch auch an die Tatsache erinnern, daß diese Menschen gestoßen und in schwierige Gebiete abgedrängt worden sind; und es darf uns nicht überraschen, daß ihre Situation eines ökologischen Gleichgewichts sehr instabil ist, da schon kleine Veränderungen in irgend einem der vielfältigen klimatischen, sozialen oder ökonomischen Faktorten ernste Schwankungen in der Produktion und weitreichende Ungleichgewichte herovrrufen können.
Diese Gebiete stellen nicht nur Reserven an billiger Arbeitskraft auf der Grundlage der Subsistenz zur Verfügung, sondern sie sind auch die Gebiete, in denen der größte Teil der Grundnahrungsmittel erzeugt wird. Denn die besten Ländereien werden für die gewinnbringende Produktion von Exportanbaugütern oder für die Viehzucht und für die Erzeugung von landwirtschaftlichen 'Luxusartikeln und von Gütern für den Konsum der Mittelklasse' gebraucht. Angesichts der Anforderungen an die Produktivität, die diesen ökologisch marginalen Zonen abverlangt werden, darf es uns nicht überraschen, daß dem Anthropologen und Ökologen jener

folgt, der praktische Vorschläge für die Steigerung der traditionellen Erzeugnisse dieser Gebiete unterbreitet. Als Vorbild nimmt man die in Gunsträumen gelegenen gut funktionierenden Höfe und schlägt folglich viele Veränderungen vor - teils kleinere, teils große -, die in ihrer Gesamtheit die Produktionssituation verbessern sollen. Jedoch werden nur selten die sozialen und ökonomischen Faktoren berücksichtigt, die einer Anwendung dieser Vorschläge im Wege stehen könnten. Wenn man Investitionen zur ökologischen Verbesserung vornimmt, wie z. B. zur Wiederaufforstung oder zur Regenerierung der Böden, so kommt es oftmals vor, daß diejenigen, die von diesen Verbesserungen Vorteile haben, nicht die campesinos sind; andere gesellschaftliche Gruppen können geschickt diese Verbesserungen für sich nutzen. So kann es geschehen, daß die zum Zwecke der ökologischen Verbesserung vorgenommenen Investitionen von neuem den Prozeß der Verdrängung der campesinos in Gang setzen - einen Prozeß, den wir schon dargestellt haben.

Schließlich sehen wir, daß das Einwirken des campesino auf seine Umwelt nicht nur 'an sich' beurteilt wird, sondern auch aus der Optik und der 'anderen' Perspektive der kapitalistischen Nutzung der Produktivzonen: Wenn in diesem Prozeß der campesino einen Beitrag zum Vorrücken der landwirtschaftlichen Grenze leistet, so wird sein Handeln Beifall finden; wenn der campesino aber dieses Vorrücken verhindert, so werden Klagen über den schlechten Nutzen erhoben, den die campesinos aus ihrer Umwelt ziehen; auf diese Weise wird ihre Verdrängung gerechtfertigt.

Aber die Argumentation ist noch komplexer: In die Debatte greifen nicht nur jene ein, die für die Expansion der kapitalistischen Landwirtschaft (für oder gegen den campesino - je nach der Situation) eintreten, sondern es benutzen den campesino indígena und sein ökologisches Verhalten auch jene, die sich einer solchen Expansion widersetzen. Die campesinos und ihre Art, mit der Umwelt umzugehen und in ihr und mit ihr zu leben, werden so zu einem Instrument, um ein Gebiet gegen das Eindringen des 'extraktiven 'Kapitalismus' zu verteidigen. Z. B. ist das neuerliche Interesse an der Verteidigung der Lebensweise der in Stämmen lebenden Gruppen nicht nur eine Antwort darauf, daß diese Gruppen in großer Gefahr sind, ausgelöscht zu werden; dieses Interesse ist vielmehr auch darauf zurückzuführen, daß die Gebiete, die diese Stämme bewohnen, der auf nationale und multinationale Investitionen gestützten Expansion nicht zur Verfügung stehen. Es ist symptomatisch, daß nur in solchen Augenblicken die Gesamtgesellschaft sich an ihre Eingeborenengruppen erinnert und sie als Sicherheitsgürtel gegen die Durchdringung einzusetzen sucht.

Wir können jetzt die wichtigsten ideologischen Schlußfolgerungen aus der Debatte über die Situation der campesinos und die Ökologie ableiten. Diese Debatte hat zwei Gesichter: Abhängig von der jeweiligen Situation ist der campesino indígena entweder der perfekte Ökologe und man übernimmt die romantische Verteidigung seiner Praktiken, oder aber ist er der Unwissende und Brutale, der schlecht die Reserven nutzt, der erzogen und fachlich ausgebildet werden muß, um besser das nutzen zu können, was er hat oder, wenn dies unmöglich ist, muß man ihn vertreiben.
Wir glauben, daß wir hier einige der Muster wiedergegeben haben, die den Einsatz des einen oder anderen Arguments erklären, das gewöhnlich vorgebracht wird; wir glauben auch, daß diese Muster - wie wir schon angemerkt haben - vom Gesamtzusammenhang abhängen, in dem sich der campesino angesichts der 'anderen' Landwirtschaft oder Viehzucht in bezug auf ein gegebenes Gebiet und in einem spezifischen historischen Augenblick befindet.
Es folgt daraus, daß der campesino einmal mehr eine 'Figur' in einer Debatte, ein der Manipulation unterworfenes Objekt und nicht - gleichberechtigter - Gesprächsteilnehmer ist.

In dieser Auseinandersetzung hat die Wissenschaft von der Ökologie (ciencia ecológica) trotz ihrer bewundernswerten Arbeiten zur Verwirrung beigetragen:
1. Zunächst durch ihre Tendenz, ökologische Systeme klar eingegrenzt und isoliert zu definieren; dann durch eine Beschränkung auf eine Beschreibung und eine Bewertung dessen, was innerhalb dieses geschlossenen geographischen Raumes geschieht - ohne Berücksichtigung des größeren Kontextes, in dem die Problematik steht;
2. Durch die Tendenz, die sehr envogue ist, die menschliche und soziale Situation zu biologisieren - eine Richtung, durch die alle kulturellen Phänomene eingegrenzt und einzig und ausschließlich vom Gesichtspunkt ihrer biologischen Funktion oder ihrer Funktion im Ökosystem - neu - interpretiert werden;
3. Aufgrund der Schwierigkeiten, die die Ökologie hat, in ihr Interpretationsschema die ökonomischen, sozialen und historischen Variablen einzubeziehen.

Wir wollten aufzeigen, daß die Debatte in Wirklichkeit unter Berücksichtigung des ökologischen Kontextes geführt werden muß; denn in diesem werden die Situationen 'geschmiedet'. An der Debatte müssen als Gesprächspartner alle Protagonisten des Dramas teilnehmen; niemand darf benutzt werden, um die Position von interessierten und betroffenen, aber nicht anwesenden Personen durchzusetzen. Wir wollten zeigen, daß die ökologischen Parameter in die strukturelle und soziale Auseinandersetzung einbezogen werden müssen, anstatt zu versuchen, das Soziale und das Ökonomische auf das Ökologische zu reduzieren. Und schließlich möge man berücksichtigen, daß es nicht allein das Problem der rationalen Nutzung der Ressourcen ist, das zur Debatte steht; es geht vielmehr auch um einen Lebensstil und um seine Verteidigung durch und von Menschen, die im ganzen Prozeß und trotz aller Schwierigkeiten die Bedingungen für ein erstrebenswertes Leben zu

schaffen suchen - ein Leben, daß sie nach ihrer Art zu
Denken und nach ihrer Tradition gestalten können.

María del Rosario Casco:

Landwirtschaft und Umweltschäden in Mexiko

In: Nueva Sociedad. San José. (1980) 51 : 69 - 76

EINFÜHRUNG

Vom kapitalistischen Standpunkt aus hat die Modernisierung der Landwirtschaft ihre Wurzel in einer immer größeren Wertsteigerung aufgrund der Verarbeitung der landwirtschaftlichen Erzeugnisse. Diesem Typ von landwirtschaftlichen Unternehmungen hat man in jüngster Zeit die Bezeichnung 'Agro-Industrien' oder 'Agro-Unternehmen' gegeben.
Die Modernisierung der Landwirtschaft ist in einem unterentwickelten Land wie Mexiko normalerweise von transnationalen Unternehmungen durchgeführt worden, die einen guten Teil der Nahrungsmittelindustrie kontrollieren.
"In Lateinamerika und in der Karibik stellt Mexiko das Gastland par exellence für transnationale Agro- und Ernährungsindustrien dar. Nach Angaben der CEPAL erhielt Mexiko im Jahre 1975 31 % der US-amerikanischen Investitionen in der Agro-Industrie in Lateinamerika. Eine neuere Studie stellte fest, daß gegenwärtig etwa 130 transnationale Unternehmungen an der mexikanischen Nahrungsmittelindustrie teilhaben; diese gliedern sich in ungefähr 300 Firmen; zu diesen gehören Fabriken, verarbeitende Betriebe, viehwirtschaftliche Betriebe, Supermärkte etc." [1]
Dieser Typ von Agro-Unternehmen wurde in Mexiko eingeführt, wobei man die gleichen monopolistischen Strukturen einsetzte, die in ihrem Herkunftsland gelten und die eine äußerst schnelle Ausdehnung erreicht haben, indem sie die Waffen des oligopolistischen Wettbewerbs einsetzten.
Ihre Bedeutung liegt nicht nur in der Tatsache, daß sie dazu neigen, die landwirtschaftliche Produktion ihren Bedürfnissen unterzuordnen und die nationalen dynamischen lebensmittelerzeugenden Industrien zu beherrschen; sie stellen vielmehr auch die wichtigsten Propagandisten des nordamerikanischen Nahrungsmittelmodells dar, das nicht den Nahrungsmittelbedürfnissen der Bevölkerungsmehrheit Mexikos entspricht.
Den sozialen Prozeß der Erzeugung von Lebensmitteln kann

man als System sehen, das durch die Versorgung mit insumos*
und Technologie für die land- und viehwirtschaftliche Erzeugung 'nach rückwärts' eingebettet ist; dann kommt die
eigentliche landwirtschaftliche Erzeugung und dann ist sie
in die Verarbeitung und industrielle Umwandlung bis zu ihrer Verteilung an den Endverbraucher 'nach vorn' eingebunden. Innerhalb dieses Prozesses stellt die direkte landwirtschaftliche Produktion ein immer kleineres Bindeglied
dar, wenn man ihren Anteil an dem, dem Endprodukt hinzugefügten Wert zugrundelegt; diese Erzeugung ist der kapitalistischen Entwicklung immer mehr untergeordnet. Hiermit
kommt eine Desintegration der Produktionsbeziehungen bei
den campesinos zum Vorschein, die eine Polarisierung unter
ihnen hervorruft.
Der Prozeß der Agro-Industrie ist unumkehrbar, da er zur
gleichen Zeit ein landwirtschaftliches Entwicklungsmodell
vom Typ "Grüne Revolution" einführt, die eine landwirtschaftliche Modernisierung durch eine Steigerung der Produktion und der Produktivität der fortgeschrittensten Sektoren erlaubt. Diese Situation verursacht einen großen
Energieverbrauch und die Zerstörung von natürlichen Ressourcen; sie verschärft die der Landwirtschaft innewohnenden Widersprüche, desintegriert die campesinos und führt
zu deren Verarmung, schafft eine größere Arbeitslosigkeit
auf dem Land aufgrund der Einführung von arbeitskraftsparenden Technologien und führt zu einer Auflösung der Besitzverhältnisse am Land.
Darüber hinaus ist dieses lebensmittelerzeugende System
ziemlich komplex, da es nicht nur die transnationalen Unternehmungen in sich einschließt, die sich direkt oder
indirekt mit landwirtschaftlichen oder industriellen Tätigkeiten befassen, sondern auch das internationale Bankwesen,
die internationalen Kreditorganisationen, gewisse Stiftungen mit wohltätigen Zwecken und staatliche Institutionen,
die damit beauftragt sind, die Entwicklung bestimmter Regionen zu leiten. Alle diese sind damit beschäftigt, die Ent-

wicklung der Agro-Industrien nach transnationalem Zuschnitt durchzusetzen.

Üblicherweise üben die Agro-Unternehmen einen direkten Einfluß auf die Landwirtschaft aus und zwar durch die Finanzierung und ihr Eingreifen in den Produktionsprozeß, was beides für eine 'Vertrags-Landwirtschaft' charakteristisch ist. Aber in Mexiko wird dieser Einfluß indirekt durch die Landwirtschafts- und Vermarktungspolitik des Staates ausgeübt. Diese Vermittlung erlaubt es dem Staat, die Erzeugung, die Finanzierung und die landwirtschaftliche Versorgung zu garantieren, indem er mit dem größten Teil der Ausgaben und Investitionen, die diese Aktivität erfordert, sich belastet. Diese Intervention des Staates dient theoretisch dazu, den Industrialisierungsprozeß zu Gunsten der landwirtschaftlichen Erzeuger und der Verbraucher zu rationalisieren. Diese in Mexiko vorherrschende Form, durch die die Agro-Industrien transnationalen Zuschnitts durch den Staat mit Subventionen unterstützt werden, ist die Art, die wir im einzelnen analysieren werden und zwar an einem integralen Entwicklungsprojekt, das durch das staatliche ländliche Bankwesen im Nordwesten Mexikos im Staat Tamaulipas durchgeführt wurde. Dieses Projekt wurde vom "Nationalen Zentrum für Agrarforschungen" (Centro Nacional de Investigaciones Argrarias) mit dem grundlegenden Ziel untersucht, die ökonomischen, sozialen und ökologischen Implikationen kennenzulernen, die durch dieses Entwicklungsprojekt nach 10 Jahren seit seinem Beginn hervorgerufen worden sind. Um diese Untersuchung durchzuführen, wurden 9 Ejidos (Indio-Gemeinschaften) ausgewählt, die fast den dritten Teil der Oberfläche repräsentieren, der von dem Entwicklungsprojekt erfaßt wurde.

VORGESCHICHTE DES INTEGRALEN ENTWICKLUNGS-PROJEKTS

Das Projekt wurde im Jahre 1970 mit der Erschließung von 100.000 ha in einem Jahr initiiert. Da die Behörde, die mit der Durchführung dieses äußerst umfassenden Projektes beauftragt war, nicht über die technische Kapazität verfügte, um es von seiner Planung bis zu seiner Ingangsetzung auszuarbeiten, wurden aufgrund eines Wettbewerbs zwei Unternehmen ausgewählt und verpflichtet. Diese Unternehmen wurden mit der Planung des Projekts, der Konstruktion der Bauten, der landwirtschaftlichen Ausbildung, der Organisation der Erzeuger und der ersten Aussaat beauftragt. Nach einer Reihe von Untersuchungen, um die Ackerbau- und Viehzuchtaktivitäten zu bestimmen, die a) mit dem Klima der Region in Übereinstimmung stehen würden; b) von den Landwirten der Region durchgeführt werden könnten und c) Einkünfte ermöglichen würden, die die Migration in die Vereinigten Staaten verhindern würden, gelangte man zu der Schlußfolgerung, daß der Anbau des Sorgo * und die Aufzucht von Rindern am ehesten zu empfehlen wären. Das erste würde auf 40 % der Oberfläche gesät werden, und die verbleibenden 60 % würden Weideland für die Aufzucht von Mastrindern vom Typ Cebu oder Cebu Brahma Americano sein. Nachdem erst einmal diese Entscheidung technischer Art getroffen war, wurde sie den campesinos vorgelegt, um deren Einverständnis zu suchen. In den Gesprächen, in denen man sie zu überzeugen suchte, stellte man ihnen ein Panorama ihrer zukünftigen wirtschaftlichen Situation dar und versprach ihnen darüber hinaus die Regulierung des Landbesitzes, wenn sie das Programm akzeptierten. Trotz dieser Gespräche fand das Projekt bei den Mitgliedern der Ejidos nicht nur eine günstige Aufnahme; dies war sicherlich auf die Unkenntnis des Geplanten und auf das Mißtrauen gegenüber den staatlichen Behörden zurückzuführen, die fast niemals das Versprochene erfüllen. Die Opposition der campesinos führte dazu, daß das ursprüngliche Viehzucht-

Projekt in ein überwiegendes Ackerbau-Projekt umgewandelt wurde. Die campesinos begründeten ihre Ansicht damit, daß die besseren Ländereien für den Anbau von Sorgo benutzt und nur die schlechteren für die Viehzucht eingesetzt werden sollten. Diese Veränderung hatte sowohl auf die Organisation wie auch auf die Größe der Parzellen Einfluß, da die Viehzucht gemeinschaftlich betrieben werden sollte. Als Ergebnis dieser Änderung ergab sich, daß jedes Mitglied des Ejido individuell eine Parzelle von 20 ha bebauen sollte. In den 9 Ejidos, in denen die Untersuchung durchgeführt wurde, ergab sich, daß schließlich 72 % für den Ackerbau und 28 % des Bodens für die Viehzucht benutzt wurden. Trotz dieser Rückschläge wurde das Projekt mit jenen comunidades (Indio-Gemeinschaften) begonnen, die zur Mitarbeit bereit waren; in diesen comunidades wurden die folgenden Aktivitäten durchgeführt: Vermarkung des Landes, Erarbeitung von definitiven Plänen zur landwirtschaftlichen Nutzung, Vorschläge für die Verteilung der Gebiete für den Ackerbau und für die Viehzucht, wobei sich dieser Vorschlag auf landwirtschaftswissenschaftliche und in großen Zügen ausgearbeitete Studien stützte, und das land- und viehwirtschaftliche Entwicklungsprojekt, das sowohl den finanziellen Teil wie auch die landwirtschaftliche Ausbildung einschloß.

Auf diese Weise konnte mit der Abholzung und Rodung der natürlichen Vegetation dieser ausgedehnten Zone begonnen werden. Diese Arbeit wurde mit einem großen Aufgebot von eingeführter und den Charakteristika der Zone angemessener Technologie durchgeführt. Um eine Vorstellung von der Dimension dieser Arbeit zu geben, möchten wir folgende Daten erwähnen: Die Arbeit wurde an 225 Arbeitstagen von 800 Personen durchgeführt; ein jeder der 43 eingesetzten Traktoren vom Typ D-8 Caterpillar war täglich 15 Stunden im Einsatz, um allein den dritten Teil des Gebietes abzuholzen, der aus 30.000 ha bestand. Man schätzt, daß die Kosten 1.000 $ pro ha betrugen - was für diese Zeit (1970) billig war.

Nachdem das Abholzen durchgeführt war, wurden einige ergänzende Arbeiten vorgenommen, besonders für die Viehzucht, wenn auch in geringerem Umfang als ursprünglich konzipiert - und zwar wegen der Neuorientierung des Projekts. Diese Arbeiten bestanden im Bau von Gehegen, Wirtschaftshöfen, Bädern, kleinen Becken, Brunnen, Silos und Staudämmen. Nachdem diese Bauarbeiten durchgeführt waren, wurde die Saat des Sorgo und des Rasens vorgenommen; sie wurde vom Flugzeug aus durchgeführt. Der Rasen gedieh nicht überall, weshalb viele Ejido-Mitglieder, die für die Viehzucht bestimmten Gebiete nach vorheriger Zustimmung des Banco Nacional de Crédito Ejidal in Ackerland für den Anbau von Sorgo umwandelten.

Die Erweiterung der Anbaufläche für Sorgo hatte für den Erzeuger und die örtliche Wirtschaft die folgenden Konsequenzen:

- Die Einführung von Maschinen für die Saat, die zwischenzeitlichen Arbeiten und für die Ernte;
- eine neue Beziehung zwischen dem regionalen Markt und dem nationalen Markt aufgrund der Vermarktung eines typisch kommerziellen Anbauproduktes;
- aufgrund des Projektes, das sowohl hinsichtlich des Abholzens und Urbarmachens wie auch bezüglich der Ergänzungsarbeiten und des Saatguts vom offiziellen Banksystem finanziert worden war, sind die Erzeuger des Gebiets befähigt und folglich auch an den offiziellen landwirtschaftlichen Kredit gebunden worden
- mit all den Implikationen, die diese Tatsache hinsichtlich der Beziehungen der Erzeuger zu den Produktionsmitteln und ihrer Entscheidungsgewalt in bezug auf die Erzeugnisse und die Produktionszyklen mit sich bringt.

WIRTSCHAFTLICHE, SOZIALE UND ÖKOLOGISCHE FOLGEN, DIE DURCH DAS PROJEKT HERVORGERUFEN WURDEN

1. Der Niederschlag ist der wichtigste und der problematischste Faktor; der Niederschlag ist sehr unregelmäßig - und zwar sowohl was sein Volumen wie auch was die Jahreszeit betrifft. So war z. B. 1967 das regenreichste Jahr mit 1.208,5 mm Niederschlag und 1976 das regenärmste Jahr mit nur 407,4 mm. Diese Variationen verursachen den Landwirten schwere Verluste. Darüber hinaus sind fast die Hälfte der Regentage von Stürmen begleitet; das hat zur Folge, daß Wasser und Wind die obere Schicht des Bodens mit sich fortreißen. Diese Situation wird noch dadurch verschlimmert, daß im Falle von San Fernando Tamaulipas nur einmal im Jahr Sorgo angebaut wird und infolgedessen der Boden von August bis Januar überhaupt nicht bebaut ist. Unglücklicherweise fällt diese Periode, in der das Land nicht bebaut wird, mit der Zeit zusammen, in der Stürme und wolkenbruchartige Regenfälle vorkommen, die von tropischen Wirbelstürmen hervorgerufen werden; dadurch wird die Erosion noch gesteigert.
Andererseits tragen diese Winde den Boden nicht nur mit sich fort, sondern entziehen ihm auch die in ihm enthaltene Feuchtigkeit; dadurch wird die Restfeuchtigkeit verringert, die für die Saat des nächsten Zyklus gebraucht wird, wodurch das Keimen des Samens im Boden erschwert wird.

2. Die Böden sind in ihrer Mehrheit von schlechter Qualität: Entwässerungsprobleme aufgrund ihrer feinen Struktur; geringe Mengen an Nährstoffen wie NP und organischer Materie. Darüber hinaus besteht bei ihnen die Tendenz zur Versalzung und zwar aufgrund des salzhaltigen Wassers, das aus dem Fluß San Fernando und aus der Laguna Madre kommt. Andererseits bedeuten die hohen pH-Werte eine Einschränkung für die Mehrheit der landwirtschaftlichen Erzeugnis-

se. In - halbtrockenen - Gebieten wie dem von San Fernando
ist die durch Sturm und Regen verursachte Erosion ein vorherrschendes Phänomen. Wenn die Erosion schon beim Vorhandensein einer natürlichen Vegetation stattfindet, so
nimmt sie erheblich zu, wenn diese spärliche Vegetation
beseitigt wird und der Boden für die Dauer von 7 Monaten
ohne Schutz ist. Andererseits drückt der Einsatz schwerer
Maschinen den Boden zusammen; dadurch wird wiederum die
Lösung des Problems der Entwässerung erschwert und das
Eindringen der Wurzeln der Pflanzen in den Boden eingeschränkt. Diese Situation bringt weiterhin eine Akkumulation von Salz mit sich, da ihr Auswaschen durch den freien
Fluß des Wassers durch den Boden erschwert wird; auf diese
Weise wird eine Stagnation und eine Verdunstung hervorgerufen, wodurch sich Salz in der Bodenoberfläche niederschlägt; dadurch wird die Tendenz des Bodens zur Versalzung erhöht.

3. Die Beseitigung der natürlichen Vegetation begünstigte
nicht nur die Erosion des Bodens, sondern führte auch zum
Verschwinden der 'ortsansässigen' Tiere, die von der Bevölkerung als Nahrung genutzt wurden.
Da deren Wohnumfeld zerstört wurde, entstanden leere ökologische Nischen, die von Nagetieren besetzt werden, die
zu einer Landplage werden. Das Gebiet beginnt, mit der
Ratte und der Tuza (mexikanische Erdratte) Schwierigkeiten
zu haben, die große Verluste bei den landwirtschaftlichen
Anbauerzeugnissen verursachen. Ebenso hat sich ein Vogel
verbreitet, der allgemein "Zanate" genannt wird; dieser
ernährt sich von den Körnern des Sorgo und des Mais. Was
die Insekten betrifft, so stellt die Sorgo-Fliege die größte Gefahr dar, sie bildet ein latentes Potential massiver
Ansteckung und Ausbreitung, wobei diese Gefahr durch die
Monokultur erhöht wird, da eine solche Anbauweise zur raschen Verbreitung eines Parasiten oder einer Krankheit
beiträgt.

4. Vom ökologischen Gesichtspunkt aus stellt die Sorgo-Monokultur wegen des Fehlens anderer Erzeugnisse ein im wesentlichen instabiles System dar; ein solches System läßt eine große Quantität von Leerräumen, die verwundbar sind und in die Konkurrenten eindringen: Unkräuter, Parasiten, Plünderer und andere schädliche Elemente. Daher liegt der Höchstertrag des Sorgo unter dem, der eigentlich erzielt werden könnte; es wären eine Reihe von Maßnahmen erforderlich, um die Ordnung in dieser Art von instabilem System aufrecht erhalten zu können. Andererseits bedeutet die Tatsache, daß der Sorgo nur in einer Jahreszeit angebaut werden kann für die Erzeuger, daß sie vom Klima auf verschiedene Art und Weise abhängig sind, insbesondere weil die Erntezeit mit der Regenzeit zusammenfällt. Diese Abhängigkeit von der Jahreszeit hat zur Folge, daß in den meisten Jahren starke Verluste bei der Ernte auftreten, wodurch es den Mitgliedern der Ejidos nicht möglich ist, die Gesamtheit ihrer Darlehnsverpflichtungen zu erfüllen.
Um diesen Eventualitäten besser begegnen zu können, bauen die Mitglieder der Ejidos außer dem Sorgo 1 oder 2 ha mit Mais und späten Bohnen an; auf diese Weise sichern sie wenigstens den Lebensunterhalt für ihre Familie.

5. Da der Sorgo ein Anbauprodukt ist, das nur kurze Zeit benötigt, und weil die Notwendigkeit besteht, ihn in kurzer Zeit zu ernten, erfordert er einen hohen Grad an Mechanisierung. Dies hat notwendigerweise dazu geführt, daß die Arbeitskraft der Mitglieder der Ejidos nicht eingesetzt wird, da die Mehrheit der landwirtschaftlichen Arbeiten von den Maschinen durchgeführt wird. Von dem Problem der Arbeitslosigkeit sind insbesondere die Kinder der Ejidomitglieder betroffen; diese müssen sich endgültig anderen Beschäftigungen widmen, da sie keinerlei Möglichkeit haben, das Land zu bearbeiten. Eine solche Situation ist in einer Region mit einem hohen Bevölkerungswachstum und vielen ver-

fügbaren Arbeitskräften paradox.
Die Tatsache, daß die Mitglieder der Ejidos ein Produkt anbauen, das wesentlich für den Handel bestimmt ist und den Einsatz von Maschinen erfordert, hat nach 10 Jahren dazu geführt, daß sie sich verpflichtet sehen, sich andere Arbeits- und Einkommensquellen zu suchen, um überleben zu können; denn die Einkünfte aus dem Verkauf des Getreides müssen unter vielen aufgeteilt werden. Obwohl der Ejidatario (Mitglied eines Ejido) eine Parzelle von 20 ha besitzt - was im Vergleich zum Landesdurchschnitt in Mexiko viel ist -, so hat er nicht die Subsistenzebene überschreiten können; dies ist grundlegend auf den Transfer des erzielten Gewinns zurückzuführen, wobei der Wert nicht nur aufgrund der Kommerzialisierung eines Produktes erzielt wird, das dazu bestimmt ist, als Rohstoff für die verarbeitenden Lebensmittelindustrien zu dienen, sondern auch durch die Zahlung von Miete, da ja die Ejidatarios keine eigenen Maschinen haben.

6. Die Besonderheiten, die dieser Anbau in diesem Gebiet aufwies, riefen eine Reihe von sozialen, ökonomischen und darüber hinaus die schon erwähnten ökologischen Auswirkungen hervor. Unter den ersteren ist als wichtigste die Tatsache zu nennen, daß die Ejidatarios vollständig die Kontrolle über die Produktionsmittel verloren. Jetzt führen sie fast alles mit staatlichen Krediten durch; das hat zur Folge, daß sie säen und ernten, wann und wie dies die Abteilungen der Behörden bestimmen; sie arbeiten mit Geldern, die vom Bankwesen zur Verfügung gestellt werden und mit Maschinen, die ihnen nicht gehören.
Dies hat den campesino zu einer passiven Haltung geführt; er hofft jetzt, daß die Bank jegliches Problem für ihn löst. Diese Haltung ist eine Antwort auf den Paternalismus der amtlichen Stellen. Wenn es auch sicherlich so ist, daß der größte Teil der Ejidatarios vom Kredit abhängig ist, um produzieren zu können, so ist es aber auch eine

Tatsache, daß der Kredit nicht die wahrhaften Produktionskosten abdeckt. Wenn man weiterhin berücksichtigt, daß in den meisten Jahren Verluste auftreten, so sieht sich der campesino angesichts dieser Situation genötigt, zu Darlehnsgebern Zuflucht zu nehmen, um insbesondere in der Zeit leben zu können, in der er noch keine Kredite für das folgende Jahr erhält. Diese privaten Schulden verpflichten den campesino, seine Ernte dem Darlehnsgeber zu lächerlichen Preisen - mit den unvermeidbaren ökonomischen Nachteilen, die dies für ihn hat - zu versprechen.

7. Für die Erzeuger ist es vorteilhafter an CONASUPO[1] zu verkaufen, die zur Zeit über 3 Annahmestellen verfügt; denn sie erhalten hier einen besseren Preis für ihre Erzeugnisse. Tatsächlich nimmt CONASUPO nur Abzüge aufgrund fehlender Qualität vor. Obgleich die Erzeuger im Durchschnitt nur 84 % des Garantiepreises erhalten (1.900 Pesos pro t), so liegt dieser Preis doch höher als der, den die privaten Aufkäufer bieten (1.700 Pesos pro t). Obwohl es günstiger ist, an die CONASUPO zu verkaufen, bringen es doch eine Reihe von Gründen mit sich, daß der Produzent in die Hände der Aufkäufer fällt, die die Industrie beliefern. Unter diesen Faktoren sind drei hervorzuheben:
a) Die kurze Erntezeit und das große Volumen der Ernte (400.000 t in diesem Jahr) (1980);
b) das Fehlen einer Infrastruktur bei CONASUPO; dies gilt sowohl hinsichtlich der Quantität, wie der Qualität. Dieser Mangel findet seinen Ausdruck in enormen Schlangen von LKW, die auf die Beladung warten; diese Wartezeit kann bis zu 4 Tagen dauern. Dies führt zu einer Steigerung der Verluste aufgrund der Feuchtigkeit und der Fermentierung der Körner und auch zu einem Anstieg der Kosten, da die LKW-Fahrer den doppelten Frachtsatz nach 24 Std. Wartezeit erhalten und
c) die Knappheit von Transportmöglichkeiten (Lastkraftwagen und Lieferwagen), um das Getreide von den Feldern zu

den Aufkaufzentren zu transportieren, um es von diesen
zu den Aufnahmezentren und von dort zu den Verbrauchern
zu bringen. Diese Knappheit an Transportmöglichkeiten
erhält durch die Zeitspanne, in der die Lastkraftwagen
Schlange stehen müssen, ihr besonderes Gewicht. Dies
hat zur Folge, daß kein Transportsystem für das Getreide existiert, mit dem die Lager von CONASUPO schnell
gefüllt werden könnten; eine weitere Folge ist, daß
die Erzeugung nicht weitergeleitet werden kann und dadurch der Abnahmeprozeß des Getreides gebremst wird.
Aus allen diesen Gründen ziehen es die Erzeuger vor, ihre
Ernte an den Aufkäufer zu verkaufen, obwohl sie wissen,
daß der Preis den dieser zahlt, geringer ist als der von
CONASUPO, daß aber möglicherweise der private Verkauf langfristig gesehen einträglicher ist, wenn man den Zeitverlust mit berücksichtigt, den der Erzeuger beim Verkauf
an CONASUPO erleiden würde.

8. Aus den erwähnten Überlegungen ergibt sich, daß der Anbau von Sorgo in erster Linie den Eigentümern von Traktoren und Lastkraftwagen, den privaten Händlern und den Industrien zugute kommt und erst an zweiter Stelle dem Erzeuger, der - obwohl auf ihn alle Risiken der Produktion und
der Ernte zurückfallen - keine seiner Arbeit angemessene
Vergütung erhält.
Die Ejidatarios, die individuell mit den Eigentümern der
Dreschmaschinen und Lastkraftwagen verhandeln, müssen deren Bedingungen sowohl hinsichtlich des Preises wie auch
des weiteren Schicksals des Getreides akzeptieren.
Das Geschäft der privaten Händler besteht darin, den Sorgo
zu Preisen aufzukaufen, die unter dem Garantiepreis liegen; diese Preise ergeben sich aus betrügerischen Praktiken und aus übermäßigen Abzügen wegen mangelhafter Qualität und daraus, daß sie ihrerseits an CONASUPO oder an
die Industrie zu Garantiepreisen oder zu gar noch höheren
Preisen verkaufen.

Auf folgende Weise erreichen die lebensmittelverarbeiten-
den Industrien ebenso wie die Hühnerfarmen, Schweinezucht-
und Viehzuchtfarmen im Zentrum des Landes, für die der
Sorgo der grundlegende 'Rohstoff' ist, ihre Vorteile.
Insbesondere die ersteren haben ihre Versorgung mit diesem
subventionierten 'Rohstoff' sichergestellt, fast ohne in
den Kommerzialisierungsprozeß einzugreifen; denn CONASUPO
versorgt sie, da CONASUPO 50 % der Erzeugung des Staates
von Tamaulipas, 20 % der mexikanischen Erzeugung und 100 %
der Einfuhren in der Hand hat.
CONASUPO organisiert die Fracht bis hin zu den Industrien
und hindert auf diese Art und Weise tatsächlich die Erzeuger daran, direkt den Sorgo zu vermarkten; denn sie müßten
dann den Preis für den Transport auf die Industrien abwäl-
zen, denen es offensichtlich lieber ist, bei CONASUPO zu
einem subventionierten Preis zu kaufen. Aus der vorangehenden Analyse ist es möglich, die folgenden Empfehlungen
abzuleiten:

EMPFEHLUNGEN

1. Um so weit wie möglich mechanische Veränderungen des
Bodens zu vermeiden, ist es empfehlenswert, das Abholzen
und Urbarmachen von Hand durchzuführen. Falls jedoch einmal Zeitdruck bestehen sollte, müßte man leichte Maschinen
einsetzen. Dies würde in einem großen Maß die ökologischen Kosten dieser Aktion herabsetzen. Andere Faktoren,
die man bei der Abholzung einer semitrockenen Zone - wie
der von San Fernando - wird berücksichtigen müssen, sind
die Veränderungen und Zerstörungen der Bodenoberfläche,
wo die Mehrheit der Nährstoffe wie auch die organische
Materie im Boden angesiedelt sind. Die organische Materie
kann - wenn sie hohen Temperaturen ausgesetzt ist (40° im
Sommer) - sehr rasch sich in Minerale umwandeln und auf
diese Weise eine noch größere Verringerung von organischer
Materie in diesen Böden herbeiführen; diese würde sehr ne-

gativ sein, weil die organische Materie nicht nur so wichtige Nährstoffe wie NP zur Verfügung stellt, sondern auch zur Struktur des Bodens einen Beitrag leistet und damit zur Entwässerung, da sie die Bildung von Poren im Boden erleichtert.
Die Struktur dieses Typs von Böden muß verbessert werden. Um die organische Materie dieser Böden zu steigern, die aufgrund der knappen Vegetation, die sie stützt, gering ist, sollten organischer Dünger wie Kompost und Mineraldünger eingesetzt werden.

2. Es sollten Hecken aus einheimischen oder importierten Pflanzen zum Windschutz eingesetzt werden, die 'strategisch' für eine Ableitung der Winde in der Zone sorgen: huizache für die niedrige Schicht, gemischt (mezquite) für die mittlere Schicht und casuarina oder "pinabete" für die obere.

3. Um die Probleme zu vermeiden, die der Monokultur innewohnen und die nicht nur ökonomischer, sondern auch ökologischer Art sind (Fehlen einer Diversifizierung), empfiehlt es sich, eine Abwechselung im Anbau und eine Frucht-Rotation vorzunehmen; diese Praktiken sind von großer Bedeutung, um die Entwertung der Böden durch den spezifischen Verbrauch von Nährstoffen in kontinuierlicher Weise zu verhindern.
Zur Wiederherstellung dieser Gebiete wird man wohl zu einer Wiederherstellung der Vegetation und zur Einführung von Arten greifen müssen, die den örtlichen Bedingungen angepaßt sind, wie Weiden und Gras, die dem geringen Niederschlag und der Versalzung angepaßt sind.

4. Im Fall des Ackerbaus ist die Einführung von Entwässerungssystemen zu empfehlen, die eine gute Versorgung der Böden ermöglichen und die Versalzung verringern. Mit der Wässerung der Böden wird man zwar einige Nährstoffe ver-

lieren; dem wird man mit Hilfe von Düngemitteln und vor allem mit der Fruchtfolge auf den Feldern begegnen müssen.

5. Für dieses Gebiet muß man die Möglichkeit untersuchen, Sonnenblumensamen einzuführen und den Anbau einer Bohnenart zu erweitern - hauptsächlich um eine bessere Ausnutzung der Bodenbedingungen zu erreichen: Die Sonnenblume entnimmt das Wasser den tieferen Schichten; dieses Wasser wird nicht vom Sorgo benötigt und die Bohnen fügen dem Boden aus der Luft Stickstoff zu.

6. Andererseits muß man die Erfahrungen von Landwirten des Gebietes berücksichtigen, die gewisse Veränderungen in die landwirtschaftlichen Praktiken hinsichtlich des Sorgo einführen, die in der Region traditionell verankert sind. Unter diesen Praktiken sind zu nennen:
a) Säen ohne zu pflügen, um die Feuchtigkeit des Bodens zu bewahren;
b) einen geringeren Abstand zwischen den Saatreihen lassen, um auf diese Weise die Entwicklung von Unkraut zu verhindern und
c) ein Verfahren, um ein Kompaktwerden der tieferen Bodenschichten zu verhindern.
Insgesamt werden diese Empfehlungen und Möglichkeiten den Ertrag verbessern und gleichzeitig eine geringere Schädigung der Umwelt bedeuten.

7. Die spezifischen Charakteristika eines wesentlich für den Handel bestimmten Erzeugnisses wie des Sorgo und der Art und Weise, wie dieser Anbau sich in San Fernando entwickelt hat, erlauben es nicht, daß ein Ejidatario, der 20 ha hat, angemessen leben kann. Daher empfiehlt es sich, eine gemeinsame Bearbeitung der Felder vorzunehmen; dies würde den Ejidatarios gestatten, eine Skalen-Wirtschaft (economía de escala) zu haben, eigene Maschinen zu erwer-

ben, ihre Erzeugnisse direkt zu vermarkten und - dies vor allem - die Palette der von ihnen angebauten Erzeugnisse zu diversifizieren. Diese Diversifizierung ist äußerst wichtig, um eine Abhängigkeit von nur einem Anbauprodukt zu verhindern; eine solche Abhängigkeit hat zur Folge, daß die Landwirte bei einer schlechten Saison keinerlei Gewinn haben. Außerdem könnte die Diversifizierung und der Fruchtwechsel die Gefahr der Bodenverschlechterung herabsetzen; darüber hinaus könnte dessen Verbesserung durch angemessene Techniken der Bearbeitung versucht werden. In dem Gebiet können insbesondere der Anbau von Sonnenblumen, Mais und Bohnen entwickelt werden.

8. Falls jedoch die Oberfläche für den Anbau von Sorgo erweitert werden muß, so wird man die zur Zeit bestehendenEngpässe berücksichtigen müssen, die den Transport großer Mengen von Sorgo in kurzer Zeit erschweren. Dieses Problem könnte dadurch gelöst werden, daß man den staatlichen Lagermöglichkeiten eine größere Kapazität geben würde; in diesen Lagerhallen könnte dann der Sorgo die Zeit verbleiben, die erforderlich ist, um die Verbindungswege und den Transport hinreichend zu organisieren. Eine andere Möglichkeit, Schwierigkeiten zu vermeiden, würde darin bestehen, Fabriken zur Verarbeitung des Sorgo in der Region zu installieren, die im gemeinschaftlichen Eigentum der Ejidos stehen würden. Auf diese Weise würde eine Wertsteigerung eintreten und ein größerer Teil des Geldes in den Händen der Ejidatarios verbleiben; dieses Geld würde eine Verbesserung der Lebensqualität für die Ejidatarios bedeuten, und es würde nicht - wie dies bisher geschehen ist - in die Hände der Aufkäufer und der Industrie geraten.

9. Vom sozialen Gesichtspunkt aus gesehen ist es wichtig, dem Ejidatario seine 'Handlungs- und Geschäftsfähigkeit' zurückzugeben, d.h., daß der campesino selbst derjenige

sein muß, der über seine Produktionsmittel entscheidet. Dies ist schon deshalb notwendig, weil der campesino gegenwärtig keinerlei Entscheidungsmöglichkeiten hat - weder bezüglich seiner Parzelle Land, noch über die Produktion oder deren Verkauf. Alles entscheiden die Bank und die Technokraten der amtlichen Stellen. Der campesino ist nur ein weiteres Produktionsmittel (insumo) und nicht einmal das von der größten Bedeutung.

10. Außerdem ist es erforderlich, die Subsistenzwirtschaft zu stützen, um die doppelte Abhängigkeit zu durchbrechen, in der die Erzeuger für den Markt gehalten sind.

11. Die einzige Art und Weise, in der der Landwirt seine Abhängigkeit von dem Aufkäufer oder auch von der CONASUPO durchbrechen kann, besteht darin, die für den Transport seiner Erzeugnisse erforderlichen Mittel, wie auch die für die Trocknung und die Konservierung des Getreides erforderliche Ausrüstung zu haben; es ist daher wünschenswert, daß diese Ausrüstungsgegenstände den campesinos gehören, damit sie einen besseren Preis für ihre Erzeugnisse erhalten können.

12. Auf dieselbe Art und Weise, wie CONASUPO bisher den Interessen der transnationalen Unternehmungen im höchsten Maße förderlich war, da sie ihnen half, Ausgaben für die Finanzierung, den Transport und die Lagerhaltung zu vermeiden, kann sie die Landwirte durch bessere Preise für ihr Erzeugnis unterstützen. In diesem Sinne wird daher eine Verlagerung der Subventionen von der Industrie auf den Erzeuger vorgeschlagen.
Um diese Empfehlungen in die Praxis umzusetzen, sind keine substantiellen Änderungen notwendig, sondern es werden nur die politischen Entscheidungen verlangt, um diese Änderungen durchzuführen. Wenn man einige dieser Empfehlungen realisiert, so werden sicherlich einige Interessen

betroffen; aber es ist auch sicher, daß dann, wenn man keine Änderung dieser kritischen Situation sucht, in der seit geraumer Zeit die mexikanische Landwirtschaft steckt, eine nationale Katastrophe in nicht sehr ferner Zukunft hervorgerufen werden könnte. Es müssen bessere Alternativen zur Entwicklung gesucht werden, die nicht nur mit den bestehenden sozioökonomischen Charakteristika in Einklang stehen, sondern auch mit den Besonderheiten der Umwelt; auf diese Weise würde eine Entwicklung eingeleitet, die sich langfristig fortsetzen kann.

Anmerkungen:

1) Rama, Ruth, "Transnacionales y Satisfacción de Necesidades Básicas", Crítica Política, No. 3, México, D.F., 15. - 30. April 1980, S. 23.

(1) staatliches Unternehmen, das sich der Regulierung des Marktes für Grunderzeugnisse widmet.

Alexander Luzardo:

Ökozid und Ethnozid in Amazonien

(Auszüge)

In: Nueva Sociedad. San José. (1981) 53 : 51 - 64

Amazonien - das verheißene Land, das neue Dorado des Westens, Land der Mythen und Legenden, Heimstatt vielfältiger Indio-Völker, die größte ökologische Reserve, über die der Planet verfügt, reißende Flüsse und Katarakte, eine dem westlichen Menschen fast unbekannte Flora und Fauna.
Der Amazonas bildet ein ungeheures Becken, dessen Oberfläche 7 Millionen km² beträgt. Das Amazonasgebiet bildet den zwanzigsten Teil des Festlandes des Globus.
Brasilien, Bolivien, Kolumbien, Peru, Ecuador, Guayana, Surinam und Venezuela haben an diesem Territorium Anteil. Der Teil, der zu Brasilien gehört, umfaßt 70 % des gesamten Beckens. Das venezolanische Amazonien umfaßt ungefähr 180.000 km². Amazonien, das vom wasserreichsten und ausgedehntesten Fluß der Welt durchkreuzt wird, der mehr als 1.000 Nebenflüsse aufweist, enthält den fünften Teil des auf dem Planeten vorhandenen Süßwassers; dieses mündet in die Ozeane, besonders in den Atlantik.
Man schätzt, daß 25 % des Oxygens der ganzen Welt in diesem Gebiet konzentriert ist.
Ein Becken ist eine Struktur, die man nicht durch Grenzdemarkationen trennen kann. So berührt das, was im brasilianischen Amazonasgebiet geschieht, den venezolanischen Amazonas und umgekehrt und ebenso die anderen Länder des Amazonas-Beckens.
Der grüne Gürtel des Amazonas ist einer der wenigen Orte der Erde, deren Wälder noch in dem Sinne unberührt sind, daß ihre ursprüngliche Ökologie noch nicht 'überpflanzt' worden ist, wie dies in fast allen Kontinenten geschehen ist. Dieser ungeheure Wald stellt 25 % aller Wälder des Planeten dar. [1] In diesem Becken leben 1.800 verschiedene Vogel- und 2.000 verschiedene Fischarten, unter denen 400 Zierfischarten zu unterscheiden sind.

DIE FEUCHTEN TROPISCHEN WÄLDER UND DIE BÖDEN AMAZONIENS

Im Amazonas-Gebiet gibt es eine Überfülle an tropisch-feuchten Wäldern, die als der reichste Ausdruck pflanzlichen und tierischen Lebens angesehen werden, das die Erde hervorbringt.
Professor Laurence S. Hamilton von der Cornell University (USA) vertritt die Ansicht, daß die tropisch-feuchten Wälder das reichste genetische Reservoir der Welt darstellen. So schreibt er z. B.: "In einem ursprünglichen, tropisch-feuchten Wald kann man 500 bis 2.000 verschiedene Arten von Bäumen finden; dies ist im Vergleich mit den 20 Arten, die man auf einem ha eines Mischwaldes im gemäßigten Klima antrifft, sehr viel." [2]
Die ökologischen Charakteristika dieser Wälder gestatten nicht die Entwicklung von Plänen der Kultivierung durch eine Kolonisierung.
"Die Mehrheit der Baumarten dieser Wälder produzieren relativ schweren Samen; dadurch ist es ihnen nicht möglich, sich in Gebieten zu verbreiten, die von den 'Eltern-Bäumen' weit entfernt sind. Außerdem haben die Samen in der Mehrheit der Fälle nur eine kurze Lebensfähigkeit." [3]
Andererseits wird, wenn man den Wald zerstört oder verändert, auch das Klima in Mitleidenschaft gezogen; es findet eine allgemeine Abkühlung in den Zonen statt, die bisher feucht und heiß waren. Auch würden sich in der Folge die Winde, die Niederschläge an Regen, die Nutzung der Erde ändern. Erosion und Auswaschung der Böden würden erleichtert; dies hätte katastrophale Auswirkungen für den Typ Böden dieser Region, der einen großen Mangel an wesentlichen Nährstoffen aufweist. Die ausführlichsten Untersuchungen über die Natur dieser Böden sind zu dem Schluß gekommen, daß "...die Zirkulation der Nährstoffe in dieser Umgebung schnell verläuft und daß - wenn Abholzungen mit Maschinen, Rodungen und Niederbrennen des Waldes zu landwirtschaftlichen Zwecken erfolgten - dieses funktionie-

rende System zerstört wird...". Jene Nährstoffe, die verfügbar sind, um dem Boden einverleibt zu werden und die aus der Asche der organischen Materie entstehen, oxydieren im allgemeinen schnell und werden dann nach 1 oder 2 Jahren des Ackerbaus ausgelaugt. Die Böden verarmen spürbar, wenn man sie nicht als Brachland liegen läßt oder wenn man ihnen nicht große Mengen an organischer Materie oder an chemischem Kunstdünger hinzufügt. Auf einigen Böden können sich undurchdringliche Krusten bilden, wenn die Wälder entfernt werden, die sie bedecken. [4]

Aber auch bei Verwendung von natürlichem und künstlichem Dünger sind die globalen Konsequenzen für das ökologische Gleichgewicht nicht wieder gutzumachen.

Die Selva ('Urwald') muß, um weiterhin produktiv sein zu können, als solche erhalten werden; sie darf nicht in etwas anderes umgewandelt werden; sie muß vielmehr mit den geringstmöglichen Veränderungen in ihrer ursprünglichen Struktur bewahrt werden.[5] Obgleich - ohne notwendigerweise in 'ultrakonservativistische' Positionen zu verfallen - es erforderlich ist, - so wie dies Stefano Varese vertritt -, die Entwicklung in Begriffen des tropischen Regenwaldes selbst zu überdenken, weil "der wahrhafte Reichtum Amazoniens, der dauernde und erneuerbare Reichtum, der Wald ist und konkret der Prozeß der Photosynthese, der durch die Interaktion von Bäumen, Tieren, Wasser und Boden stattfindet...". [6]

DIE 'WELTSICHT' DER INDIGENAS UND DIE ERHALTUNG DER NATUR

In ganz Amazonien wohnen ungefähr 140 Indio-Gemeinschaften (comunidades indígenas), die ihre eigenen Kulturen, Sitten und Bräuche, Sprachen, Auffassungen über Zeit, Raum, Arbeit, ihre Weltsicht (Kosmovision) und andere gemeinsame Charakteristika haben.

Die 'Zivilisationen' der indígenas haben harmonisch mit dieser Ökologie zusammengelebt, während die westliche Gesellschaft einen großen Teil der natürlichen Ressourcen des Planeten zerstört hat. Die Indiogesellschaften haben die natürlichen Ressourcen zu nutzen gewußt, ohne ihnen nicht wiedergutzumachende Schäden zuzufügen, da sie die 'integrale Berufung' der Selva respektiert haben, die keine gewaltsamen Veränderungen zuläßt. Jedenfalls sind die bisher durchgeführten Studien nicht ausreichend, um einen anderen Typ landwirtschaftlicher Entwicklung einzuführen.

Die Empfehlung der Mitglieder des 'Venezolanischen Instituts für Wissenschaftliche Forschungen' (Instituto Venezolano de Investigaciones Científicas) (IVIC) wurde von der UNESCO als Bezugspunkt in ihr Programm "Der Mensch und die Biosphäre" genommen.

Die Länder des Amazonas bildeten sich in der erdgeschichtlichen Periode des Vor-Kambriums. Es sind sehr alte Böden; ihre 'Vegetations-Kruste', die eine Art Teppich bildet, stützt und unterhält die ungeheure Waldmasse. [7] Andererseits sind die Böden, was ihren Kalzium-, Kalium- und Phosphorgehalt betrifft - dies sind grundlegende Elemente für die Landwirtschaft -, äußerst arm.

Die traditionellen Anbauweisen der indígena-Gemeinschaften, wie der 'conuco' und der Anbau von 'rosas' passen sich perfekt der Natur dieser Ökologie an. Die 'rotierende' Landwirtschaft erlaubt es, das Land zu nutzen, ohne es zu erschöpfen, indem sie die Bedingungen für dessen Regeneration schafft.

Der 'conuco' ist ein System von traditioneller Wander-Landwirtschaft der Indios; es ist gekennzeichnet durch das Vorhandensein einer kleinen Parzelle, die von Wäldern umgeben ist und auf der eine Vielzahl von Lebensmitteln, Heilkräutern und anderen Erzeugnissen angebaut werden.

Die Wälder stellen den Schatten und die angemessene Temperatur zur Verfügung, die den Prozeß der Verbreitung von Bakterien verzögern und die Zersetzung der Schwämme und Pilze begünstigen. Auf diese Weise wird die Mineralisierung der Böden vermieden.

Bis vor wenigen Jahren wurde der 'conuco' als eine primitive und in anderen Fällen sogar rückständige landwirtschaftliche Praxis eingestuft, da sie nicht in die Konzeption einer intensiven Landwirtschaft paßt, die Überschüsse produziert.
Heute haben die ernsthaftesten ökologischen Untersuchungen das jahrtausende alte Wissen der Stammesweisheit der indigenas bestätigt: "...Die Entwicklung und die Perfektionierung dieses grundlegend mimetischen Typs von Landwirtschaft und die Nutzung der natürlichen Ressourcen ist nicht eine Antwort auf bloße Zufälligkeiten; sie ist nicht das glückliche Ergebnis des Zufalls, sondern die rationale Anwendung von Kenntnissen und Erfahrungen - eine Wissenschaft im vollen Sinne des Wortes...".[8]
Wir können daher feststellen, daß der 'conuco' eine profunde Kenntnis der Umwelt voraussetzt und ihr gehorcht: Eine Kenntnis des Klimas, der Böden, der biologischen und jahreszeitlichen Zyklen etc.
Dieses <u>traditionelle</u> System der Landwirtschaft, das von der westlichen Wissenschaft abgewertet wurde, ist die einzige Anbauform, die dieser Ökologie angemessen ist.
Die intensive Landwirtschaft wird fast immer unter Nutzung überspezialisierter Techniken durchgeführt, die eine strikte Arbeitsteilung erfordern. In dem 'conuco' benutzt man hingegen die sogenannten 'Zwischentechnologien' (tecnologías intermedias), die während der Dauer von Jahrtausenden durch diese Bevölkerung weise herausgearbeitet wurden.
Die Gemeinschaft, die ihr Leben im Wald realisiert, baut das Notwendige dort an oder entnimmt es ihm, und nach einigen Jahren, wenn die Nährstoffe sich erschöpfen, wird das Gebiet verlassen; daher erlaubt es die Wanderlandwirtschaft, daß die Böden und das Öko-System in seiner Gesamtheit sich erholen und erneuern.

DIE ZIVILISATIONEN DES AMAZONAS UND DIE TRADITIONELLEN ANBAUSYSTEME

Der Indio Amerikas besitzt eine Weltsicht, die im Inneren der Erde verwurzelt ist; das Tellurische ist ein reales Element, das in die Dynamik seines täglichen Lebens integriert ist. Daher klaffen seine religiösen Glaubensvorstellungen, die Produktionsbeziehungen, die Kunst und die ländlichen Bedingungen seines Wohnbereichs nicht auseinander. Während der kapitalistischen industriellen Gesellschaft die jüdisch-christliche Weltsicht zugrundeliegt, die die Entwicklung und den Fortschritt als einen heftigen Kampf des Menschen gegen die Natur begreift, so sind für den Indio Amerikas die Flüsse seine Brüder, das Land ist geheiligt, ist Teil seines Lebens und seiner kollektiven Erinnerung. Die Luft, die Bäume und die Tiere bilden in einer kosmischen Dimension eine Einheit. Ich gebe hier den Inhalt einer geradezu klassischen Rede eines indígena über Ökologie wieder: "...Die weiten und offenen Ebenen, die schönen Hügel und die Gewässer, die sich in komplizierten Meandermustern schlängeln, waren für uns nicht wild. Es war der weiße Mann, der die Natur als wild empfand, und nur für ihn war die Welt von wilden Tieren und wilden Horden infiziert. Für uns war die Erde süß, und wir lebten voll der Wohltaten des großen Mysteriums. Die Erde wurde mit der Ankunft des weißen Mannes feindlich, der aus dem Osten kam, um uns und unsere Familien, die wir so sehr lieben, mit unsinniger und brutaler Ungerechtigkeit zu unterdrücken...".[9]

GENOZID UND ÖKOZID IN AMAZONIEN

Amazonien und seine Bewohner, die indígenas, erleben Situationen von extremer Gefährlichkeit; dies ist auf die Intensität und die Richtung des gewaltsamen und zerstörerischen Modells der städtisch-industriellen Entwicklung zurückzuführen. Für

den Kapitalismus geht es darum, immer mehr zu produzieren, auch wenn diese Produktion die Vernichtung des Menschen und seiner Umwelt impliziert.
In der brasilianischen Region Amazoniens sind die Verwüstungen am offensichtlichsten. Das Vorgehen der transnationalen Gesellschaften droht - zusammen mit dem der 'Entwicklungs-Regierung' - in weniger als 30 Jahren diese Ökologie zu eliminieren. Bestandteil der Entwicklungspläne sind überlegt konzipierte Kolonisierungsprojekte. An diesen Projekten partizipieren in privilegierter Stellung europäische Siedler, deren ethnozentrische Mentalität es ihnen erlaubt, ihre Kolonisierungsaktion im Namen der Zivilisation und des Fortschritts zu rechtfertigen. Raul Genet, Ex-Sergant des französischen Heeres und heute Siedler in Amazonien, erklärt: "... Amazonien ist ein Land des weißen Mannes. Der Europäer ist hier der Chef...".
Zu Recht sagt Brian Moynahan, daß der Amazonas die letzte große Eroberung des weißen Mannes sein wird und daß im indo-hispanischen Amerika das Kolonisierungsunternehmen noch nicht beendet ist: Im Gegenteil hat es hier neue Formen angenommen und wird so an vielen Orten fortgesetzt.
Die Entwicklungspläne, die zum Ökozid führen, haben Ethnozid und Genozid zur Folge, da für die Siedler die Anwesenheit des Indio in diesem großen Gebiet nicht gerechtfertigt ist. So stellt der General Fernando Ramos Pereira, der Gouverneur des brasilianischen Bundesstaates Roraima fest: "... Ich bin der Ansicht, daß in einem Gebiet, das so reich an Gold, Diamanten und Uran ist, man sich nicht den Luxus erlauben kann, dieses Gebiet für ein halbes Dutzend von Indio-Stämmen zu erhalten, die die Entwicklung Brasiliens nur bremsen...".
Indios werden immer weiter zurückgedrängt. Man nimmt zu allen möglichen Mitteln Zuflucht, um sie nachgiebig zu machen und auszulöschen.
"...Man schenkt ihnen Umhänge, die mit Pocken infiziert sind und Zucker, der mit Arsen vergiftet ist; man schickt jemanden zu ihnen, der an Tuberkulose oder Masern erkrankt ist,

damit er einen ersten Kontakt herstellt...". [10)]
Lucian Bodard beschreibt in seinem Buch "Masacre de Indios en el Amazonas" den Prozeß der Ausrottung ganzer Stämme durch vergiftete Lebensmittel, arsenhaltige Bonbons für die Kinder, ungeheure Torturen, Versklavung der Überlebenden, sexuelle Perversionen, Prostituierung der Frauen, Wegnahme des Landes etc. [11)]

Brasilien ist das Land, das die entschiedendsten Aktionen unternimmt, um Amazonien zu erobern und die Indio-Bevölkerung auszurotten. Vom Jahr 1900 bis in die Gegenwart sterben mehr als 1 Million Indios aufgrund von Eingriffen seitens des Staates, der Siedler und der Missionare. Die Erbauung von Brasilia selbst stellt einen Schwur dar, den Fortschritt in allen seinen Formen, sowohl in seinen guten wie in seinen schlechten, zu erreichen. Ein Fortschritt, der immer Tod für die Indios bedeutet hat, wie Lucian Bodard sagt.

Wir kennen andererseits die umweltzerstörerische Aktion multinationaler Unternehmen, wie z. B. Volkswagen, das an Bedeutung zweitwichtigste ausländische Unternehmen in Brasilien, das große Landflächen erworben hat; ähnliches gilt für das Unternehmen Liquigas, das vom italienischen Kapital beherrscht wird.
Europäische, nordamerikanische und japanische Unternehmen benutzen Pestizide, die die Vögel töten und das Wasser infizieren und vergiften: So werden die Tiere und die natürlichen Ressourcen vernichtet, wie dies im brasilianischen Bundesstaat Espiritu Santo geschehen ist. Dort ist das, was einmal ein üppiger tropischer Wald war, aufgrund der Auswirkungen der Kolonisierung schnell zerstört worden.
Die Flüsse, die Wälder, die Fische, die Seen und Teiche, die Ländereien, dieses ganze ökologische Potential der Menschheit wird liquidiert....

(Der Autor setzt sich im wesentlichen in den folgenden Abschnitten seines Aufsatzes mit dem Wirken protestantischer Gruppen wie dem Instituto Lingüístico de Verano und den Nuevas Tribus, deren religiöser und ökonomischer Begründung und den Folgen für Amazonien auseinander.)

SCHLUSSFOLGERUNGEN

Ethnozid und Ökozid sind Handlungen, die zutiefst miteinander verbunden sind; im allgemeinen geht der Aktion des Ökozids die des Ethno-Genozids voraus; die Reihenfolge kann jedoch auch umgekehrt sein.
Die Durchsetzung von Entwicklungsplänen seitens der Regierungen der Länder des Amazonas-Beckens und die Festsetzung von europäischen Siedlern auf brasilianischem Gebiet zerstört die größte ökologische Reserve, über die der Planet verfügt.
Gleichzeitig stellt dies ein Attentat gegen das Leben der Eingeborenenstämme (pueblos indígenas) dar...

Anmerkungen:

1) Helen und Frank Schneider, "Explorando el Amazonas", National Geographic Society, Washington, D.C., Ed. Diana, México D.F. 1975.

2) Laurence S. Hamilton, J. Stevermark, J. Pierre Veillon und E. Mondolfi, "Conservación de los Bosques Húmedos en Venezuela", Sierra Club-Consejo de Bienestar Rural, S.9, Caracas, Juni 1976, Ministerio del Ambiente y Recursos Naturales Renovables (MARNR)(Ministerium für Umwelt und erneuerungsfähige natürliche Ressourcen), Dezember 1977.

3) Laurence S. Hamilton, J. Stevermark, J. Pierre Veillon und E. Mondolfi, a.a.O., S. 9.

4) Laurence S. Hamilton, J. Stevermark, J. Pierre Veillon und E. Mondolfi, a.a.O., S. 10.

5) Stefano Varese, "Ecología de la Selva Amazónica", S. 53, El Cid, Editor, Caracas, 1977.

6) Stefano Varese, a.a.O., S. 53.

7) Rafael Herrera (Leiter des Laboratoriums für Ökologie der Böden des IVIC), "El Amazonas no admite errores", El Nacional, 1980.

8) Stefano Varese, a.a.O., S. 53.

9) Der Indianer-Häuptling Luther Standing Bear - Sioux Orgala, Rede vor dem Präsidenten der Vereinigten Staaten im Jahre 1974.

10) Brian Moynahan, Revista Resumen, 10. 07. 1979.

11) Lucian Bodard, "Masacre de Indios", Originaltitel: "Le masacre des Indiens", S. 11, Spanische Ausgabe: Tiempo Nuevo, Caracas, 1970.

Héctor Martínez:

Die Plünderung und Zerstörung der Ökosysteme der
Peruanischen Selva

In: América Indígena. México D.F., Vol. 38, No. 1,
    (Januar-März 1978) S. 125 - 150.

Bis vor etwa 40.000 Jahren beruhte das Leben des Menschen auf dem Sammeln von Früchten und der Jagd; mit dem Heraufkommen des Neolithikums (jüngere Steinzeit) erfindet er die Landwirtschaft, indem er seit damals die unablässige Veränderung seiner Umgebung beginnt. Für eine äußerst lange Periode verfolgt er das Ziel, für seine Subsistenz sich mit Lebensmitteln zu versehen; mit der Entwicklung der Städte und dem Aufkommen der modernen Industrie verfolgt er das Ziel, sich durch den leichten und schnellen irrationalen Einsatz der natürlichen Ressourcen zu ernähren.

Und mit dem Einsatz chemischer Waffen, um die Stellung als Hegemonialmacht imperialistischen Typs aufrecht zu erhalten, nimmt er Zuflucht zum massiven Einsatz von Entlaubungsmitteln wie in Vietnam.

In Peru war die Selva ("Urwald") bis vor fast einem Jahrhundert praktisch unverändert geblieben, bis aufgrund der dringenden Bedürfnisse der metropolitanen Länder die Plünderung und die Zerstörung begann und vor etwa einem halben Jahrhundert große Bevölkerungsmassen aus den Anden aus verschiedenen Gründen beginnen, in diese Ressourcen einzudringen. Hierdurch wird die Umwandlung oder die Zerstörung der natürlichen Ökosysteme durch eine Wanderlandwirtschaft - mit schwerwiegenden Folgen - beschleunigt.

In den letzten Jahren mehren sich in der Welt Stimmen - zunächst vereinzelt, dann institutionalisiert -, die die Aufmerksamkeit auf die Gefahr der ökologischen Zerstörung durch die Vergiftung und schlechte Nutzung der Ressourcen, die in Millionen von Jahren entstanden sind, lenken. Im Lande selbst führt dies zu einer Haltung wachsender Vorsicht und Reflektion über das, was in den Wäldern Amazoniens geschehen ist; es werden einige Richtlinien und praktische Hinweise erarbeitet, um die totale Schädigung der Umwelt zu verhindern oder um wenigstens diesen Prozeß zu verzögern.

DIE REALITÄT DER ÖKOSYSTEME

Der Glaube an den Reichtum und die Unerschöpflichtkeit der Ressourcen der Selva ist nur ein Teil der Unkenntnis von Gelehrten und Laien. Die verborgene objektive Realität der Selva ist ihre Zerbrechlichkeit und Komplexität, die jedoch noch enthüllt werden muß. Aber gleichzeitig existiert noch eine andere Realität, nämlich die der Menschen, welche die Selva in jeder Hinsicht mystifiziert haben; dies führt sie - ausgehend von einer Reihe von falschen Vorstellungen - dazu, die Selva zu okkupieren und zu zerstören. Aber es ist nicht allein die Unkenntnis, die zu dieser Situation geführt hat, sondern das falsche Bewußtsein (mala conciencia) und die herrschende Habsucht, die das kapitalistische System im Menschen hervorbringt; dieses Verlangen führt ihn dazu, leichte und schnelle Gewinne ohne Rücksicht auf die Kosten erhalten zu wollen. In diesen Fällen geschieht das Vorgehen unter dem Diktat der Bedürfnisse der herrschenden Metropolländer oder aufgrund von Bedürfnissen, die aus einer Sicht im Lande selbst abgeleitet sind, die ökonomischen und sozialen Strukturen unverändert aufrecht zu erhalten.
Schließlich gibt es eine Reihe von Faktoren, die objektiv und unmittelbar erklären, warum die Ökosysteme umgewandelt oder zerstört werden - sei dies nun durch eine Besetzung des Landes oder durch eine Ausbeute der Bestandteile, die als nützlich für den Handel angesehen werden.

ZERBRECHLICHKEIT UND KOMPLEXITÄT

Peru verfügt über ein Staatsgebiet von 1.282.215 km²; es umfaßt drei Regionen, die sowohl topographisch, wie ökologisch, sozial und kulturell unterschiedlich sind: Die Küste (Costa), die Anden (Sierra) und der Urwald (Selva). Diese letztere Region, die auch Amazonien genannt wird, umfaßt ökologisch und aufgrund der Topographie, des

Klimas, der Böden und der Niederschläge zwei klar umgrenzte Biome: Die Ceja, Selva alta oder montaña ("Gebirge") und die Selva oder Selva baja. In diesem Aufsatz werden beide in allgemeiner Weise behandelt. Die Selva bildet eine Einheit von höchst komplexen Ökosystemen; es lassen sich etwa 30 'Flora-Gemeinschaften' unterscheiden. Im allgemeinen stellen sie sich als eine Reihe von Gemeinschaften von Organismen dar, die produzieren, konsumieren und zerfallen, die ihre Energie aus dem Boden ziehen. Die Erzeuger sind die Bäume und übrigen Pflanzen; die Verbraucher die Tiere und die Menschen und die Organismen der Zersetzung die Bakterien, die Pilze und Schwämme, die Termiten, Ameisen, Würmer, Spinnentiere und andere kleinere Lebewesen, die die tote Materie umwandeln und den Kohlenstoff, das Ozon und die sie enthaltenden Mineralien freisetzen, die auf diese Weise für ihre Wiederverwendung bereit sind (Romanini, 1976; 29).

Mit Ausnahme des angeschwemmten Landes sind die Böden im allgemeinen arm an Nährstoffen und übersäuert mit pH-Werten nahe um 5; außerdem sind die Humusschichten in den gebirgigen Teilen der Selva äußerst dünn; sie betragen nur zwischen 10 und 25 cm; dies ist darauf zurückzuführen, daß die hohen Temperaturen im Zusammenwirken mit der Feuchtigkeit die organische Materie zerstören, so daß die nährstoffhaltigen chemischen Elemente mit großer Leichtigkeit verschwinden, wenn sie nicht schnell genutzt werden. Diese Tatsachen erklären die große Zerbrechlichkeit der Ökosysteme und das Warum des Scheiterns des Ackerbaus und der Viehzucht, die auf Kosten (der Zerstörung) des Waldes eingeführt werden. Aber die wuchernde Vegetation, die man beobachtet, führt zu der Illusion, daß es sich hier um ein Gebiet handelt, das über reiche Böden verfügt; dabei bemerkt man nicht, daß man durch die Zerstörung der Wälder auch leicht die Böden verändert und zerstört und damit die biologischen Zusammenhänge. Darüber hinaus werden die von der Vegetation entblößten Böden eine leichte Beute der vertikalen, horizontalen und auf Abhängen wirkenden Erosion; dies bringt den Verlust der löslichen Mineralien mit sich, da einzig der dichte oder vernünftig genutzte Wald diese schützen kann.

Im Wald sind die biotischen Schichten eindeutig durch die Höhe der Vegetation bestimmt, wobei es einen markanten Kontrast zwischen den Baumkronen und dem Boden gibt. In der oberen und in der mittleren Schicht, die den Sonnenstrahlen ausgesetzt sind, finden wir die Vögel, die Affen, Raubvögel, Baumfrösche, Wespen und Bienen; in der unteren Schmetterlinge, Termiten, Vögel, Wespen und Bienen; auf der Ebene der Stauden, Sträucher und Gräser, Säugetiere und Reptilien und auf dem Boden Termiten und Ameisen, Käfer, Spinnentiere, Schnecken, Regenwürmer etc. (Brack, 1976; 286-292).

Eine jede dieser Tierarten hat ihre klar festgelegte 'Schicht'; daher werden beim Abholzen des Waldes diese Lebensgemeinschaften aufgebrochen, und langfristig wird die Veränderung oder die Zerstörung eines ganzen Ökosystems bewirkt. Die Interaktionen zwischen Tieren und Pflanzen sind vielfältig, aber bisher kaum bekannt. Die bestehenden Ökosysteme sind sicherlich im höchsten Maße zerbrechlich und in einigen ihrer Bestandteile nur wenig bekannt: Dies gilt für die Photosynthese, die Produktivität, verschiedene Interaktionen, die in der Reichhaltigkeit und Verschiedenartigkeit der Arten ihren Ausdruck finden; die Interaktionen sind dabei sehr ungleich - sowohl im Bereich der Flora wie der Fauna - aufgeteilt.

Als einen Teil dieser ökologischen Realität finden wir etwa 1.000 Indio-Gemeinschaften, die zu 64 ethnisch und sprachlich unterschiedlichen Volksgruppen gehören und die eine Gesamtbevölkerung aufweisen, die sich der Viertelmillionengrenze nähert; auch diese werden in dem Maße, wie die Eroberung oder Verwüstung ihrer Lebensbereiche voranschreitet, vertrieben oder gar vernichtet; in nicht wenigen Fällen ziehen sie sich bis zur 'letzten Grenze' zu-

rück, die ihnen verbleibt: In den Urwald, der für die
Fremden noch unzugänglich ist.

DIE BEDEUTUNG DER SELVA FÜR DAS LAND

Die Selva wird als eine Quelle ungeheurer, sich erneuernder Ressourcen gesehen, was Holz, Tiere und Fische betrifft, und auch als ein Gebiet, in dem es möglich ist, die landwirtschaftliche Nutzung bis zu nicht geahnten Grenzen voranzutreiben - also praktisch als ein Gebiet, das erobert wird und das sich möglicherweise in die zukünftige Vorratskammer des Landes verwandeln wird. Diese Stereotypen wirken in fataler Weise mit großer Kraft gegen die Aufrufe zur Klugheit und Vorsicht; sie dienen zur Beruhigung der Interessenverknüpfungen, die aus der erworbenen Kenntnis und aus der technologischen Erfahrung entstehen.
Die absolute Isoliertheit der Region in der Vergangenheit und die relative in der Gegenwart - in bezug auf das übrige Land - ist kein Hindernis gewesen, um die erneuerungsfähigen und nicht erneuerbaren Ressourcen (Kautschuk, Rinde der Euphorbiazeen (cascarilla), Hölzer, Tiere und Fische, Gold und Erdöl) - früher ebenso wie heute - systematisch auszubeuten. Aber diese Ausbeutung erfolgte ohne eine vollständige Besetzung oder eine Entwicklung des Gebietes; im Gegenteil verlieh sie dessen Wirtschaft einen extraktiv-merkantilistischen Charakter ohne Entwicklung der Produktivkräfte und verband diese Wirtschaft eng mit den Interessen ausländischer Märkte.
In der Gegenwart wird insbesondere der Teil der alta Selva einem von den Bevölkerungsüberschüssen der Andenregion getragenen Kolonisierungsprozeß unterworfen; angesichts der Verringerung der natürlichen Ressourcen durch das Bevölkerungswachstum und durch die Verschlechterung der Böden und angesichts des Fehlens von Arbeitsplätzen entscheidet sich diese Bevölkerung, unterstützt durch Wand-

lungsfaktoren, denen sie unterworfen ist, für die Migration. Die neuen 'Einfall-Straßen' (in die Selva) bilden die Voraussetzung für die Landnahme und für die Erstellung von Plänen einer gelenkten Besiedlung, die, verglichen mit ihrer Zielsetzung, nur armselige Ergebnisse erbringen (Martínez, 1976).
Die Indio-Stämme der Selva werden wegen der Art von Wirtschaft, die sie betreiben, und wegen ihrer Zerstreuung als für den allgemeinen Kontext des Landes bedeutungslos angesehen; jedoch werden sie eine ungewohnte Relevanz, insbesondere auf politischem Gebiet, erhalten.
In der Volkswirtschaft ist ihre geringe Integration offensichtlich; dies spiegelt sich sehr deutlich in der Tatsache wider, daß die Region nur etwa 2 % zur Erwirtschaftung des Brutto-Inlandproduktes beiträgt. Die kaum vorhandene Kontrolle über dieses Gebiet findet ihren Ausdruck in der allmählichen Besetzung der Grenzbereiche durch Bevölkerung, die aus den angrenzenden Ländern kommt. Aber wie dem auch immer sei: Die Selva ist einem Prozeß der Besetzung und Ausbeutung ihrer natürlichen Ressourcen unterworfen - und zwar unter unterschiedlichen Produktionssystemen, welche auf eine allgemeine Art und Weise die Ökosysteme zutiefst verändern oder zerstören werden.

EINIGE ERKLÄRUNGEN

Die Unterschiede zwischen den bestehenden Produktionssystemen sind ein Ergebnis von sozio-ökonomischen Faktoren oder finden eine Erklärung in deren Gesamtheit; diese Faktoren wirken getrennt oder gemeinsam, indem sie eine Konstellation mit ökologischen und technologischen Faktoren eingehen.
Der Bau von Durchgangsstraßen in der Selva - ohne die erforderlichen Untersuchungen für die territoriale Neuordnung oder ohne Pläne für die Nutzung der Ressourcen, da

es sich ja um neue Ländereien handelt -, provoziert die unbeschränkte Okkupation oder Aneignung durch die Siedler und Spekulanten. Die spontane Niederlassung oder gelenkte Kolonisierung durch große Migrantenströme, die weder über angemessene technologische Kenntnisse, noch über technische Hilfs- und Kreditmittel verfügen, führt zur Zerstörung der Flora durch Wander-Ackerbau und -Viehzucht. Die prekäre Situation menschlicher Ansiedlungen in bezug auf die grundlegenden Dienstleistungen und technische und finanzielle Hilfe führt ebenso wie die schlechten Lebensbedingungen zu hohen Indizes an Menschen, die wieder aus der Selva fliehen. In diesem Sinne besteht eine mangelhafte Vorsorge für den Menschen in seiner Eigenschaft als Akteur und Produzent von Reichtum; denn der Mensch wird eher als eine Investition für die Produktion angesehen, der man nicht die notwendigen Erleichterungen für die Verbesserung seiner Lebens- und Arbeitsbedingungen zur Verfügung stellen muß. Dies führt zu einer prekären Situation der dort tätigen landwirtschaftlichen Betriebe und trägt in gewissem Maße zur Verschlechterung der Böden bei.
Die Enklaven-Produktion, die erfolgt, um die Bedürfnisse anderer Regionen des Landes zu befriedigen oder in Abhängigkeit von auswärtigen Märkten oder mit beiden Zielrichtungen, ohne sich um die Erhaltung der Ressourcen zu sorgen oder eine Wiederinvestition des Nährwerts vorzunehmen, den sie selbst erzeugt haben, führt zu einer Erschöpfung der Ressourcen. Hierzu ist im allgemeinen die einseitige Ausrichtung der Aktivitäten hinzuzurechnen: Entweder Ackerbau, Viehzucht oder Holz, ohne jeden Sinn für eine Selbstversorgung mit grundlegenden Dingen, was zu einer wachsenden Abhängigkeit 'von außerhalb' der Region führt; auf diese Weise wird der zerstörerische Prozeß beschleunigt, da immer mehr erzeugt werden muß, um die zur Existenz erforderlichen Geldmittel erwerben zu können. Das Vorherrschen einerseits von vorkapitalistischen Produktionsbeziehungen und bezüglich der ursprünglichen Bewoh-

ner von kolonialen Beziehungen, bezogen auf den Rest der
Einwohner der Region - wobei diese Beziehungen in ein System extraktiv-merkantilistischen Typs eingebunden sind
- und andererseits die ausgeprägten Ausbeutungs- und Herrschaftsbeziehungen der Uferbewohner und der Stammesbevölkerung in bezug auf die Städte, die Händler und die Aufkäufer, (die ihren Ausdruck in den Preisen und in den Dingen
finden, die sie produzieren müssen), veranlassen dazu, immer mehr zu erzeugen, um auf diese Weise über die Dinge
weiterhin zu verfügen, die das System einführt und diversifiziert.
Im allgemeinen verhindern das Fehlen von eindeutigen politischen Maßnahmen bezüglich der Erhaltung und der rationalen Nutzung der Böden, Fauna und Flora der Selva oder
deren Nichterfüllung, die Nichtbeachtung der Schlußfolgerungen und Empfehlungen, zu denen die Untersuchungen und
die Kommissionen gelangen, die die Projekte einer gelenkten Kolonisierung bewerten, die regionale Zentralisation
und die unzureichende menschliche und materielle Ausstattung des Staatsapparates, daß systematisch und rational
auf die campesinos eingewirkt werden kann, damit diese in
Übereinstimmung mit den Erfordernissen handeln, die die
Erhaltung der Ökosysteme verlangt.
Zu dem Vorangehenden ist noch das Fehlen von Forschungs- und Experimentieraktivitäten hinzuzuzählen, die mit den
Bedürfnissen und Möglichkeiten der Region in Übereinstimmung stehen und nicht von den Nachfragen und Technologien von außen abhängig sind und die nicht eine ökonomische, technologische und kulturelle Abhängigkeit bloßlegen. Das Fehlen einer forstwirtschaftlichen Ausbildung,
der Demonstration und Verbreitung der Kenntnisse über die
Formen ökologischer Zerstörung, Aktivitäten, die auf die
Erhaltung und angemessene Nutzung der Ressourcen, auf die
Diversifizierung der wirtschaftlichen Aktivitäten und auf
die Selbstversorgung mit grundlegenden Dingen abzielen und
das Vorurteil gegenüber der eingeborenen, ursprünglich

dort ansässigen Bevölkerung, die ein Kennenlernen und eine Nutzung ihrer jahrtausendealten Erkenntnisse und Erfahrungen hinsichtlich der Erhaltung und Erneuerung der natürlichen Ressourcen und der umfassenden Nutzung derselben für weitgefaßte Zielsetzungen verhindert, tragen dazu bei, daß es fast unmöglich ist, den Menschen, die in die Region kommen, Ratschläge und Kenntnisse anzubieten, die zur Erhaltung der Ökosysteme, in denen sie handeln werden, beitragen würden.

DIE PLÜNDERUNG UND DIE ZERSTÖRUNG DER RESSOURCEN

Der Beginn der irreversiblen Veränderungen oder der Zerstörung der Ökosysteme der Selva ist sicherlich neueren Datums - kaum wenig älter als ein Jahrhundert; denn vorher beeinträchtigten weder die spanischen Eroberer noch die ihnen nachfolgenden Missionare die Ökosysteme im geringsten. Die Selva mit ihren Krankheiten, ihren Gefahren und ihrem ungünstigen Klima für die Fremden machte ihnen den Aufenthalt dort unerträglich. Höchstens nahmen sie etwas Gold und etwas cascarilla mit.
Aber der Einfluß und die Bedürfnisse der modernen Industrie und die Expansion des Kapitalismus schufen die Bedingungen, um neue Methoden - bisweilen brutale - auszuprobieren, um die Reichtümer, die sie haben wollten, auszuplündern. Es begann mit dem Kautschuk; später folgten die Hölzer, die Felle und die Häute, die Harze und der Barbasco *; und schließlich würde der Hunger nach Land, verursacht durch die Bevölkerungsüberschüsse in den Anden, der Beginn der vielleicht nicht aufzuhaltenden Zerstörung der Selva sein.

DIE KAUTSCHUKGEWINNUNG

Die Kautschukgewinnung mit dem Ziel seiner wirtschaftlichen Nutzung, insbesondere in den Autoindustrien der europäischen Länder und der Vereinigten Staaten, ist ohne jeden Zweifel der Beginn einer ganzen Reihe von Akten, die die peruanische Selva schädigen und deren Ökosysteme verändern.
Die Kautschukgewinnung erweist sich als eine wahrhafte Zerstörung dieses Rohstoffs, da die caucheros (Kautschuksammler), - anstatt bei der Gewinnung des Kautschuks rational vorzugehen, wie dies auf den Plantagen geschieht - getrieben von dem Verlangen, Reichtümer in möglichst kurzer Zeit zu sammeln, die Bäume nicht "molken", sondern sie einschlugen oder tiefgreifenden und andauernden Aderlässen unterzogen, bis die Pflanzen vertrockneten und starben, da sie den notwendigen Lebenssaft nicht mehr erhielten.
Man kann unmöglich feststellen, wieviel tausend Bäume durch diese Vorgehensweise vernichtet wurden. Die zur Verfügung stehenden Informationen decken nur Teilbereiche und sind widersprüchlich; sie sprechen aber von einem sich steigernden Rhythmus der Kautschukausbeute bis annähernd 1918, als die südamerikanischen Vorräte aufhören, für die industrialisierten Länder Bedeutung zu haben, da in dieser Zeit die Plantagen in Ceylon, Singapur und Malaysia die Produktion aufnehmen (wo die Kautschukpflanze im Jahre 1860 von den Engländern eingeführt worden war). Auf diese Weise beginnt der Niedergang Amazoniens, besonders einiger der Städte, die unter dem Einfluß des Kautschuks entstanden und gewachsen waren, wie Iquitos und Manaos (Brasilien). Der Kautschuk wird von 1862 an bearbeitet und der jebe (besondere Kautschukart in Chile, Ecuador und Peru) seit 1885; beide Erzeugnisse treten bald schon in einen raschen Rhythmus ihrer Förderung ein, wie man der Tabelle 1 entnehmen kann; man wird bemerken, daß in fast einem Jahrzehnt (1862 - 1870) nur etwa 127 Tonnen gewonnen

wurden, um dann nach 1881 in eine Phase der Steigerung der Förderung einzutreten; in der Periode der größten Steigerung, dem Jahrzehnt 1900 - 1910, werden mehr als 8.700 Metertonnen (toneladas métricas) Kautschuk und fast 11.000 jebe ausgeführt. In ungefähr 40 Jahren wurden durch den Hafen von Iquitos ungefähr 27.000 Metertonnen Kautschuk und 21.000 jebe umgeschlagen. Hierbei ist nicht berücksichtigt, was in Puno, Cuszco und Madre de Dios, departamentos, die ebenfalls für die Kautschukgewinnung Bedeutung hatten - erzeugt wurde.

Aus dieser langen Periode der Plünderung dieses Rohstoffes zog die Region nur geringen Vorteil - mit Ausnahme einiger weniger Händler und Exporteure, die einen vorübergehenden wirtschaftlichen Aufschwung erlebten; denn die erhaltenen Gewinne vergeudeten sie bald, überwiegend für importierte Güter von kurzer Dauer. Der Tod tausender von Männern und Jugendlichen, die mit der Illusion in die Selva gingen, dort schnell ihr Glück machen zu können, ist vielleicht der am meisten ins Auge springende Ausdruck dieser Periode. Und dies, ohne die eingeborene Bevölkerung zu berücksichtigen, die geradezu dezimiert wurde.

Hierzu schreibt C. Hardenburg in einem Artikel, der im Jahre 1909 veröffentlicht wurde: "Man ließ die friedlichen Indios Kautschuk sammeln, ohne sie dafür in irgendeiner Weise zu bezahlen, ohne sie zu verpflegen oder zu bekleiden; man nahm ihnen ihre Frauen, man beschimpfte und ermordete sie. Die Indios wurden ausgepeitscht, bis die Knochen zum Vorschein kamen, wenn sie nicht die festgesetzte Kautschukmenge brachten oder wenn sie zu fliehen versuchten. Man ließ sie an ihren von Würmern infizierten Wunden sterben und ihre Körper wurden dazu benutzt, die Hunde der Vermittler und Makler zu füttern. Die Auspeitschung der Männer, der Frauen und Kinder war die geringste der Torturen, die eingesetzt wurden. Die Indios wurden durch Raubtierfallen verstümmelt; man zerstückelte sie mit Macheten; man kreuzigte sie mit dem Kopf nach unten; man vierteilte sie;

sie dienten als Zielscheibe, um sich bei Schießübungen zu zerstreuen, und man tauchte sie in Petroleum und verbrannte sie lebend, und zwar sowohl die Männer wie die Frauen." (Zitiert nach Murdock, 1956: 373).
Diese Episode, die am besten als der Skandal von Putumayo bekannt ist, wurde später bestätigt; es wurde darüber hinaus die Schlußfolgerung gezogen, daß zwischen 1900 und 1912 die Erzeugung von 4.000 Tonnen Kautschuk in dem Gebiet 30.000 indígenas (Indios) das Leben kostete. (a.a.O.) Leider handelt es sich hierbei nicht um ein einzelnes Geschehen; vielmehr wiederholte es sich während der ganzen Zeit; so wurden 1964 die Matses von peruanischen Flugzeugen bombadiert (Romanoff, 1977: 104).
Nach Abschluß dieser leidvollen Zeit würde mit der Gewinnung anderer Ressourcen begonnen werden. Die Ausbeutung und Ausfuhr von Edelhölzern begann 1918 mit der Niederlassung der nordamerikanischen Gesellschaft "Astoria", die von Fellen und Häuten und exotischen Tieren 1928, die des barbasco 1931, die des chicle (Kaugummi) oder der caspi-Milch 1935, die des Erdöls von Ganso Azul 1938. Die Erzeugung erfolgte überwiegend für das Ausland; für den Export bediente man sich des Amazonas. Erst seit 1943 erhalten die Ressourcen eine Bedeutung für den peruanischen Binnenmarkt, als die Straße nach Pucallpa fertiggestellt wird.
Im Jahre 1977 beginnt nach langen Vorarbeiten eine neue Periode der Gewinnung eines Rohstoffes; man beginnt mit der Erdölförderung, die nach offiziellen Angaben nur bis 1985 dauern wird, wenn nicht weitere Reserven gefunden werden.

DIE HOLZGEWINNUNG

Von den insgesamt 79.683.000 ha Holzreserven des Landes liegen 92 % (73.644.000 ha) in der Selva; von diesen werden 94 % von produktiven Wäldern gebildet, die unterschiedliche Hölzer oder einheitliche Baumsorten erzeugen oder

Schutzwälder sind. (Malleux Orjeda, 1975. 122). Diese
Wälder sind, was die Ausbeute ihrer wertvollsten Arten betrifft, einem sich steigernden Rhythmus unterworfen; es
handelte sich hierbei nur um 20 Hölzer (DGFF, 1977: 113);
sie werden zu ausschließlich kommerziellen Zwecken von einer kleinen Gruppe von Händlern und Industriellen ausgebeutet, die über das Kapital verfügen, das zur Gewinnung
dieser Hölzer und zu deren industrieller Nutzung und Kommerzialisierung notwendig ist, die keinerlei Rücksicht
auf die Erhaltung dieser Ressourcen oder gar auf deren Ersetzung nehmen.

Diesen Rhythmus der Holzgewinnung kann man klar in der Tabelle 2 und in der Grafik 1 sehen, wobei man feststellen
wird, daß man in der Gegenwart mehr als 1 1/2 Millionen m³
Rundholz für Verarbeitungszwecke gewinnt; dies bedeutet,
daß ungefähr 800.000 ha diesem Prozeß unterworfen werden,
da man schätzt, daß 1 - 2 m³/pro ha/pro Jahr an Arten für
den Handel gewonnen werden.

Zu dieser Holzgewinnung zu Zwecken der Verarbeitung von
verschiedenen Arten von Holz muß man die Hölzer hinzuzählen, die für den direkten Gebrauch und Verbrauch genutzt
werden, wie das Brennholz und das Holz für den Bau auf dem
Land und für die Umwandlung in Holzkohle und in pulpa
(Mark, Fruchtfleisch für die chemische Industrie); dies
würde bedeuten, daß gegenwärtig ungefähr 4.770.000 m³
Rundhölzer, was annähernd 1.600 ha entspricht., abgeholzt
werden.

Durch diese Holzgewinnung wird der Wald sicherlich nicht
zerstört, da die Holzentnahme selektiv erfolgt und einzig
die für den Handel wertvollen Arten erfaßt, also kaum 20
von insgesamt mehr oder weniger 3.000 Holzarten. Aber Holzentnahme bedeutet eine Verarmung des Waldes, da einzig die
weniger wertvollen oder für den zufälligen Gebrauch bestimmten Arten übrig bleiben. Dies hält Entwicklungsmöglichkeiten für eine Bevölkerung offen, die später sich mit neuen Zielsetzungen und Praktiken der Okkupation und Nutzung

der Selva dort niederläßt. Jetzt ist einfach die Plünderung dieser Ressourcen - dies umso mehr, da praktisch keine Handlungspläne weder für eine Wiederaufforstung mit den entnommenen Arten noch für deren Ersetzung durch andere bestehen. Dies gilt auch für quasi intensive Holzgewinnung zu Zwecken der Nutzung bei der Fabrikation von pulpa (Pulpe) (Pucallpa) und von Preßholz (Oxapampa und Tingo María).

DAS EXPERIMENT MIT DER TIERWELT

Die Plünderung der Ressourcen wird am deutlichsten in der Fauna und zwar zu Lande wie im Wasser. Denn die Tendenz zum Export und das Gewinnstreben führen dazu, die wegen ihrer Felle oder Häute oder für ihren Gebrauch im Labor, zum Schmuck oder für zoologische Zwecke wertvollen Tiere sich zu nehmen.
Tiere mit wertvollen Fellen (wie der Jaguar (Panthera onca), der Fischotter (Lontra logicaudis), der tigrillo (Felis pardalis), die Bergkatze (Felis colocolo) und der Brillenbär (Tremarctos ornatus) und Tiere, die wegen ihrer Häute wertvoll sind, wie die schwarze Eidechse (Melanosuctos niger), die weiße Eidechse (Caimán chrops), der lobo de rio (Pteronura brasiliensis) und der Tapir (Tapirus pinchaquea) sind praktisch fast ganz aus der Selva verschwunden oder sind auf dem Wege, vollständig ausgerottet zu werden, obwohl ihre Ausfuhr seit 1973 verboten ist.
Die für ihre Konservierung nur gesalzenen Häute und Felle sind in steigendem Umfang insbesondere in 3 Länder ausgeführt worden: In die Vereinigten Staaten, nach Deutschland und England. Zu den Häuten und Fellen von Tieren muß noch der Export von lebenden Tieren zu den anderen aufgezeigten Zwecken hinzugerechnet werden. In nur 10 Jahren sind offiziell nicht weniger als 7.250.000 Einheiten aus dem Lande gebracht worden, wie die Tabelle 3 und die Grafik 2 zeigen. Aber es steht außer Zweifel, daß diese Zahlen in Wirklichkeit sehr viel höher liegen; wir müssen nämlich die man-

gelhaften Grenzkontrollen und die Existenz eines breitgestützten Schmuggels berücksichtigen. Was diesen Export betrifft, so spricht man sehr gern - wie auch in bezug auf andere Ressourcen - von der wirtschaftlichen Bedeutung der Selva und ihrer Leistungsfähigkeit. Wenn dies so ist, so haben wir unsere Ressourcen "verschleudert", da wir im Durchschnitt weniger als 200 soles pro "Einheit" erhalten haben - 1.100 soles für jedes Fell eines Säugetieres und 63 für jede Haut derselben Gattung, 585 für jede Haut eines Reptils und 158 soles für jedes lebende Tier, wie dies die Tabelle 3 zeigt. Erschwerend kommt hinzu, daß diejenigen, die diese Stücke erbeuten, geradezu lächerliche Summen erhalten und überwiegend die Händler und Exporteure Vorteile erzielen. Darüber hinaus gehört die Jagd zu kommerziellen Zwecken zu den zerstörerischsten Dingen, die man sich vorstellen kann: Die Jagd wird zu jeder Jahreszeit betrieben; nicht einmal die schwangeren Tiere werden geschont; nicht einmal das Fleisch wird genutzt - und das in einem Land, in dem die Versorgung mit Proteinen tierischer Herkunft gering ist. Zu dieser Jagd mit kommerzieller Zielsetzung muß man noch die hinzurechnen, die aus Gründen der Versorgung mit Lebensmitteln durchgeführt wird und zwar in dem Maße, wie die Massen der Siedler vorrücken und die städtischen Siedlungen anwachsen. Hierbei werden tausende von huanganas (Tayassu pecari), sajinos (Tayassu tajacu), sachavacas (Tapirus terrestris), Hirsche (Mazama americana), ronsocos (Hidrochoerus hidrochaeris), motelos (Geochelone spp.), taricayas (Podochemys durmieriliana) und andere Tiere mehr vernichtet.

Auch diese Tiere werden ohne irgendwelche Vorsichtsmaßnahmen und ohne Schonzeit gejagt. Daher sahen wir im Jahre 1975 in Puerto Angamos auf dem Fluß Yavarí tausende von taricayas, die in der Schonzeit gejagt worden waren und zwar genau in dem Augenblick, als sie an Land kamen, um ihre Eier am Strand abzulegen; sie dienten als Nahrung für

die Gruppe von Menschen, die sich dort befand, und einige wurden nach Iquitos im Linienflugzeug oder in nichtkommerziellen Flügen gebracht.
Die zerstörerische Haltung richtet sich auch gegen die Fauna im Wasser. Denn in dem Maße, wie die städtische Bevölkerung wächst, sind tausende von Fischen mit Dynamit, dem barbasco, den Pestiziden und - in den letzten Jahren - den Schleppnetzen aus rein kommerzieller Gier gejagt worden. Dabei wurden weder die Laichzeiten der Fische noch die Lage der Orte beachtet, an denen der Fischfang ausgeübt wird. Damit wird der außerordentliche Fischreichtum zu Ende gehen. Daher befindet sich der paiche (Arapaima gigas), der bekannteste und am meisten geschätzte Fisch der Selva, in der Phase seiner Ausrottung. Dieser Prozeß wird sich mit dem Einsatz der modernen Schiffe beschleunigen, die man zur Zeit ausrüstet.

DIE WANDERLANDWIRTSCHAFT

Die Zerstörung der natürlichen Wälder als Ergebnis der Wanderlandwirtschaft, die sich grundlegend von der Landwirtschaft unterscheidet, die die Indio-Stämme der Gegend praktizieren, hat weitreichende Auswirkungen. Denn es genügt, darauf hinzuweisen, daß im Verlauf von etwa 50 Jahren ungefähr 4 Millionen und mehr ha abgeholzt worden sind - abgerundet 100.000 ha durchschnittlich im Jahr. Aber diese Zerstörung weist einen exponentiellen Rhythmus auf mit einem jährlichen Anstieg um 12 %. Man schätzt, daß im Jahre 1975 150.000 ha pro Jahr gerodet wurden (Malleux Orjeda, 1975: 109). Dies würde für die Zeit von 1975 bis 1999 eine Zerstörung von ungefähr 20 Millionen ha bedeuten (Tabelle 4 und Grafik 3), d. h. einen Anstieg um 429 % in 25 Jahren, verglichen mit den 50 vorangegangenen Jahren; dies würde insgesamt bedeuten, daß in einer kurzen Periode von 75 Jahren nur ein Drittel der forstwirtschaftlichen Leistungsfähigkeit der Selva erhalten sein wird. Im Jahre

2000 würde man jährlich mehr als 2 1/2 Millionen ha roden. In der Gegenwart findet die Zerstörung der natürlichen Wälder wesentlich im Biom der Alto-Selva statt; sie ist ein Ergebnis des " Hungers nach Land", unter dem die verarmte Bevölkerung der Anden aufgrund der Bevölkerungsvermehrung, der Verschlechterung der Böden und des Fehlens von Beschäftigungsmöglichkeiten außerhalb der land- und viehwirtschaftlichen Aktivitäten leidet. Das bedeutet, daß es sich in diesem Fall um Plünderer handelt, die diesem Lebensraum fremd sind und die ihre Operationen mit der Rodung und dem Niederbrennen des Waldes beginnen, ohne auch nur eine Vorstellung davon zu haben, daß sie auf diese Weise den 'Zyklus einer Wanderlandwirtschaft' beginnen (Watters, 1971: 11); sie glauben vielmehr, daß sie eine 'Landwirtschaft vom permanenten Typ', wie in ihren Herkunftsorten, beginnen. Aber schon nach einigen wenigen Jahren stellen sie fest, daß die Erde schon nicht mehr so wie vorher Erträge abwirft, da sie ihre Fruchtbarkeit verloren hat oder weil Unkräuter und Gestrüpp das Land überwuchern, gegen die man unmöglich ankämpfen kann. Angesichts dieser Situation wird der Siedler, wenn er nur wenig Land hat, fortfahren, dieses zu bebauen, bis er es vollständig erschöpft hat. Wennmöglich wird er neue Räume des Waldes 'eröffnen', womit das Land sich mittels eines regressiven Prozesses, der mit dem "empurmamiento" beginnt, erholen kann. Oder er wird sich an einen anderen Ort begeben, um dort sein zerstörerisches Werk von neuem zu beginnen. Dieser Typ von Landwirt ist - im Unterschied zum eingeborenen Indio - vollständig an die Marktwirtschaft angebunden; er sucht folglich Erzeugnisse anzubauen, die ihm Geld bringen; so pflanzt er im wesentlichen Kaffee und Obstbäume, die ihrerseits rein von Unkraut und Gestrüpp gehalten werden müssen. Daher lassen die Regengüsse und die Veränderung des Ökosystems das Land in einigen wenigen Jahren verwüsten; dies ist auf die Unkenntnis

dieses Landwirts hinsichtlich der Techniken des Umgangs mit den Böden und deren Erhaltung zurückzuführen. Zeugen dieses Zerstörungswerks sind die Täler des Chanchamayo el Perené und Satipo (Junín), La Convención und Lares und San Francisco und Pichari (Cuzco), Oxapampa (Pasco), Tingo María (Huánuco) und viele andere Orte mehr, in denen der Wald praktisch aus großen Flächen verschwunden ist. Häufig kommt es zu Erdrutschen, wobei bisweilen ganze Abhänge mit den in der Nähe befindlichen Wäldern verloren gehen, die folglich für jegliche Art von Nutzung unbrauchbar werden. Es ist gut möglich, daß man niemals mehr das Gleichgewicht zwischen den ökologischen Bedingungen der natürlichen Vegetation herstellen kann. Denn der Wald (monte) kann sich nicht von selbst wiederherstellen und die Böden vieler Berghänge werden ganz geschädigt und zwar als Folge der Auswirkungen durch Erosion von Wasser und Wind. Damit beginnt ein beschleunigter Zyklus der Versteppung. In nicht wenigen Fällen haben die Ländereien ihre Ertragsfähigkeit verloren; sie können jedoch noch als Weiden genutzt werden; damit findet der endgültige Ruin der Böden ihren Abschluß. Denn in diesem Fall lassen die Rinder sie entblößt von jeglicher Grasdecke zurück und mit ihren Klauen vermischen sie die Böden mit der unter diesen liegenden Tonschicht.
Dieser Typ von Wanderlandwirtschaft, wie er von den Kolonisten aus den Anden betrieben wird, zerstört nicht nur den Wald, sondern er nutzt ihnen nicht einmal in angemessener Weise. Denn da das Ziel dieser Siedler die landwirtschaftliche Tätigkeit ist, wird das gefällte Holz kaum genutzt, und man schätzt, daß kaum 1 m³ pro ha der Vermarktung zugeführt wird und eine ähnlich kleine Menge zum Wohnungsbau, als Brennholz und für Umzäunungen verwendet wird. D. h.: Zwischen 2 und 3 m³ pro ha im Jahr von durchschnittlich 25 m³, die schätzungsweise diese Wälder enthalten.

DIE KOLONISIERUNGS- UND ENTWICKLUNGSPROJEKTE

Die Aktionen zur gelenkten Kolonisierung der Selva - die auf eine Veringerung des Bevölkerungsdrucks auf das Land im Anden-Gebiet abzielen und auf eine Änderung der Migrationsströme, die aus dieser Region in die Küstenstädte fließen und auch ein Vorrücken der Grenze der Landwirtschaft beabsichtigen - bringen die Praktiken der Wanderlandwirtschaft, der Verwüstung der Ressourcen der Fauna und die schlechte Nutzung der Holzreserven mit sich. Die Situation wird bisweilen noch durch den Einsatz von Maschinen zum Zwecke der Nivellierung und Säuberung der abgeholzten Gebiete verschärft, ohne daß man genaue Kenntnisse über eine solche Praxis hätte. All dies brachte letztlich keinen größeren Vorteil für die von diesen Projekten Betroffenen, die vielleicht nicht einmal ihren Lebensstandard haben halten können, den sie in ihren Herkunftsorten hatten. Damit kommt die permanente Frustration und die Desertion, die darauf zurückzuführen sind, daß Erzeugnisse, die sie anbauen und die wesentlich für den Markt bestimmt sind, sich nicht rentieren und daß die Viehzucht erst verschiedene Jahre nach ihrer Einführung Früchte bringen kann; außerdem scheint die Viehzucht ebenso wenig rentabel zu sein und zwar weder innerhalb des von Technikern empfohlenen 'technologischen Pakets', noch innerhalb dessen, was die Siedler selbst auf der Grundlage ihrer früheren Erfahrung an die neuen Verhältnisse anzupassen suchen. Das Scheitern dieser Kolonisierungsversuche kann zweifellos in Tingo María-Tocache-Campanilla, Jenaro Herrera, Marichín-Río Yavarí, Pichari und Saispampa gesehen werden (Martínez, 1976).
Die staatlichen Viehzuchtprojekte - wie das von San Jorge und Tournavista (Pucallpa) - zerstören ebenfalls die Wälder, um dort Weiden anzulegen, welche ständig durch andere ersetzt werden müssen, da eine Vermischung der Bodenschichten stattfindet. Auf diese Weise verwandelt sich

die Viehzucht in der Praxis auch in eine solche vom Typ
der Wanderlandwirtschaft, die immer mehr und mehr Raum
für den Unterhalt einer begrenzten Zahl von Rindern benötigt, welche mit ihren Klauen schnell die Böden schädigen.
Hinzu kommt noch, daß die ausgedehnten brachliegenden Flächen nicht das anfängliche ökologische Gleichgewicht wieder herzustellen in der Lage sind. Offensichtlich sind
die Muster, denen man bei der Einführung dieser Weiden
folgt, eher für gemäßigte Klimazonen geeignet.
Gegenwärtig werden zwei große Ackerbau- und Viehzucht-Projekte in der Selva durchgeführt: Das "Proyecto Ganadero
en el Huallaga Central", das besser als "Azúcar Selva"
("Selva- Zucker") bekannt ist, und das "Proyecto Desarrollo
Agro pecuario del Huallaga Central-Alto Mayo" - beide im
Regierungsbezirk San Cartín. Das erste dient dazu, eine
Zuckerrohr-Plantage mit industrieller Zielsetzung und einer Ausdehnung von 14.000 ha auf dem linken Ufer des Flusses Huallaga in der Nähe des Flusses Sisa einzurichten,
das von der "Central de Cooperativas Agrarias de Producción
Azucarera del Perú" (Zentrale der zuckerproduzierenden
Agrargenossenschaften Perus) gefördert wird. Das zweite
Projekt wird in Alto Mayo durchgeführt; es werden hier
12.000 ha Weideland und Länder für den Anbau von Nahrungsmitteln und für die industrielle Erzeugung eingerichtet;
hierbei werden Maschinen für die Abholzung und für die
Vorbereitung der Böden eingesetzt. Die Gesamtkosten werden auf 28 Millionen Dollar geschätzt. Dieses Projekt wird
von der Cooperación Técnica Internacional Holandesa gefördert, die besser als Coperholta bekannt ist; diese
hatte sich früher mit der Entwicklung des Tabakanbaus
der Zone beschäftigt.
Diese beiden Projekte werden zweifellos große Veränderungen in den Ökosystemen des Gebietes einführen, wenn wir
die einseitige Orientierung der geplanten Aktivitäten berücksichtigen, die im Widerspruch zu der großen Vielfalt
steht, die die Selva charakterisiert.

Schließlich ist darauf hinzuweisen, daß die massive Zerstörung gewisser wertvoller Pflanzenarten, die systematische Ausbeute der Holzarten und die massenhafte Verwüstung der Wälder zu Zwecken eines Wanderackerbaus und einer Wanderviehzucht nicht nur das Gleichgewicht der Ökosysteme zerbrechen, sondern auch sekundäre Auswirkungen haben, wie das Auffüllen der Flußbetten durch erosionierte Böden und das Abrutschen großer Landflächen und die Verringerung der Wassermenge der Flüsse, die auf die größere Verdampfung und den Verlust der kleinen Nebenflüsse aufgrund der Elektrizitätsgewinnung durch Wasserkraft zurückzuführen ist, die an einigen der Flüsse in ihren höher gelegenen Teilen erfolgt.

NEUE HALTUNGEN

Die Einsicht, daß die Biosphäre das wertvollste Gut darstellt, das der Mensch besitzt und daß seine Torheiten die Biosphäre unumkehrbaren Veränderungen unterwerfen und der Mensch dadurch seine eigene Existenz bedroht, fand ihren Ausdruck in internationalen, kontinentalen und nationalen Zusammenkünften, wie z.B. in der Internationalen Konferenz über die Ressourcen der Biosphäre, zu der die UNESCO (Paris 1968) aufgerufen hatte, in der Konferenz der Vereinten Nationen über die Umwelt (Stockholm 1972), die Internationale Zusammenkunft über Produktionssysteme für die feuchten Tropen' (Reunión Internacional sobre Sistemas de Producción para el Trópico Húmedo) (Lima 1974) und in dem 'Forum über die Entwicklung der Peruanischen Selva' (Fórum sobre Desarrollo de la Selva Peruana) (Lima 1973), die unter der Schirmherrschaft der staatlichen Agrarwissenschaftlichen Universität (Universidad Nacional Agraria) stattfand und führt in Verbindung mit den Erkenntnissen und den Erfahrungen, die man an Ort und Stelle sammelt, zur langsamen Übernahme und Anwendung einer Reihe von neuen Haltungen, die darauf zielen, den Prozeß der Zerstörung der Ökosysteme der Selva zu verringern oder ihn zum mindesten zu verzögern.

DIE WEISHEIT DER NATIVOS (INDIOS DER SELVA)

Durch die Vermittlung der Anthropologen (Conklin, Meggers, Varese u.a.), der Sozialgeographen (Watters u.a.) und einiger "Ökologen" entdeckt man, daß die in den Wäldern lebenden Indiostämme in tausenden von Jahren der Interaktion mit dem Wald gelernt hatten, in vollkommener Harmonie mit der Umwelt zu leben. Ihr Typ von Landwirtschaft ist auch eine Wanderlandwirtschaft und scheinbar ungeordnet; durch lange Rotationszeiten wird den Böden erlaubt, sich zu erholen und dem Wald, sich neu zu bilden; die Jagd findet nur in Übereinstimmung mit ihren Bedürfnissen und unter Beachtung strenger Normen hinsichtlich des Raums, der Größe und des Geschlechts der Tiere und der Jahreszeit statt. Diese Verhaltensweise erlaubte es diesen Indiostämmen, sich in einem - im Gegensatz zu den allgemeinen Vorstellungen - relativ kleinen Gebiet zu entwickeln. Auch die Jagd fand gleichermaßen unter strengen Regeln statt; sie erlaubte es ihnen, dauernd über Nahrungsmittel verfügen zu können. Und die Nutzung des Waldes gestattete ihnen, Früchte, Gummi und Harze und andere Dinge zur Verfügung zu haben, um ihre Selbstversorgungsbedürfnisse zu decken. In gleicher Weise hatten die "riberenos" ("Uferbewohner"), die Erben derer, die in die Selva in verschiedenen Etappen ihrer flüchtigen Okkupation eingedrungen waren, insbesondere in der Periode des Kautschuks und der shiringa **, gelernt, die Selva zu nutzen, ohne sie zu zerstören; sie organisierten ziemlich stabile und funktionale menschliche Ansiedlungen und praktizierten eine dauerhafte und jährlich wiederkehrende, ziemlich intensive Landwirtschaft auf den angeschwemmten Böden; sie entwickelten eine Viehzucht im kleinen Stil, die keine großen offenen Flächen benötigte und eine einfache Vogelzucht, die sich fast ausschließlich

auf das stützte, was der Wald hergab; sie jagten und fischten, um Nahrungsmittel zu erhalten. Gelegentlich verkauften sie gemeinsam eine kleine Menge Holz, um Geld für die Bedürfnisse zu erhalten, die ihre Umgebung nicht befriedigen konnte.
Diese seit Generationen bestehenden Lebensformen der alten Einwohner der Selva werden gewaltsam durch den Einfluß derjenigen, die nach leichtem Reichtum suchen, auf den Kopf gestellt; dies geschieht durch die Einführung dauernder Ungleichgewichte in die Ökosysteme. Die Kolonisatoren, die von den verarmten Andenhängen in wachsender Zahl herabkommen, sind daran interessiert, einen Ackerbau und eine Viehzucht zu errichten, um ihre Geldbedürfnisse in einer Welt zu befriedigen, die sich immer mehr dem Konsum zuwendet. Aber wie dem auch sei, die "Wiederentdeckung" all dieser Kenntnisse und Erfahrungen durch jene und das Bewußtwerden der Realität durch die, welche ein Interesse daran haben, die Selva zu erhalten oder zu entwickeln, führen dazu, diese Kenntnisse in Verbindung mit dem zu setzen, was die moderne Technologie lehrt, um ein gewisses Gleichgewicht der natürlichen ökologischen Systeme aufrecht zu erhalten.

DIE NATIONALEN 'RESERVEN', NATIONALPARKS UND 'STAATSFORSTE'

Als eine - sicherlich noch schwache - Antwort auf die Zerstörungsgier und die private Nutzung der Ressourcen der Selva sind seit 1963 einige 'Nationale Reserven', Parks und Wälder eingerichtet worden, die in der Tabelle 5 vorgestellt werden.
Die Nationalparks sind zum Schutz der natürlichen Gemeinschaften der Flora und Fauna des Waldes und der landschaftlichen Schönheiten, die sie enthalten, eingerichtet worden; ein Eingreifen durch den Menschen soll nicht erfolgen.
Die Nationalen Reserven ihrerseits dienen dem Schutz der

Tierarten des Waldes, deren Erhaltung im nationalen Interesse liegt und deren wirtschaftliche Nutzung dem Staat vorbehalten ist.

'Staatsforste'sind solche Wälder, die für die dauernde Produktion von Holz und anderen forstwirtschaftlichen Erzeugnissen und Produkten der Wald-Fauna für geeignet erklärt worden sind; sie sind der direkten und ausschließlichen Nutzung durch den Staat vorbehalten.

Wenn die Zerstörung der Wälder, so wie sie gegenwärtig stattfindet, fortgesetzt wird, so werden diese Reste der Wälder Amazoniens als Relikte eines menschlichen Tuns übrig bleiben - eines Menschen, der die eigene Umwelt zerstört, die ihn trägt.

DIE FORSCHUNG

Die Feststellung der Forstspezialisten, daß ihre Kenntnisse in bezug auf die Handhabung des Waldes, die Erhaltung der Ökosysteme, die Nutzung der Holzarten und die rationalsten Formen beschränkt sind, und die Überzeugung, daß einzig die Forschung ihnen angemessenere und sicherere Kenntnisse und rationalere Methoden der Nutzung des Waldes als einer Gesamtheit geben kann, führt dazu, mittels der 'Generaldirektion für Forsten und Tierwelt' (Dirección General de Forestal y Fauna) des Landwirtschaftsministeriums zu diesen Zwecken die Gründung von spezialisierten Einheiten zu planen - wie die, die sich allmählich in Pucallpa entwickelt: Das Centro de Investigación y Capacitación Forestal (Zentrum für Forschung und Ausbildung im Forstbereich) (Cicafor).

Ihre mittel- und langfristigen Erfolge werden zweifellos eine angemessene Planung des Gebrauchs, der Erhaltung und der Nutzung der Waldressourcen und deren ständige wirtschaftliche Entwicklung in Übereinstimmung mit den Böden, dem Wasser, der Atmosphäre und den Lebensressourcen erlauben. Andererseits ist zu hoffen, daß ihre Forschungsergebnisse dazu beitragen werden, dieser neuen - 'ecodesarrollo' ('öko-Entwicklung') genannten Disziplin eine Grundlage zu geben.

DIE GESETZLICHEN RAHMENBEDINGUNGEN

Die gesetzlichen Vorschriften über die Eingeborenen-Gemeinschaften (comunidades nativas) und über die Förderung des Ackerbaus und der Viehzucht der Selva-Regionen und das Zurückweichen der Selva (Decreto Ley - 'Rechtsverordnung' - 20.653 / 18. Juni 1974) und über den Forst und die Fauna des Waldes (Decreto Ley 21.147 / 13. Mai 1975), greifen eine Reihe von Erfahrungen, die in dieser Hinsicht gemacht wurden, auf und kristallisieren einige der Sorgen der bewußtesten Menschen im Lande und zeigen die Vorgehensweisen für zukünftige Handlungen in der Selva auf. Diese Gesetzesvorschriften bilden den grundlegenden legalen Rahmen für jegliche Aktivität in der Selva, auch wenn nicht vergessen werden darf, daß sie nur in dem Maße für die Lösung einiger der kritischsten Punkte der Problematik der Selva nützlich sein werden, wie sie angewandt werden.
Jedenfalls wird in diesen gesetzlichen Bestimmungen zum ersten Mal die juristische Existenz der dort lebenden Indiostämme anerkannt. Es werden hier die Rechte bezüglich Eigentum am Land, dessen Nutzung und der Arbeit auf dem Land normiert. Es werden Projekte für eine ländliche Besiedlung als grundlegende Form der Okkupation und Nutzung der Ressourcen aufgestellt. Es werden die Wälder und die Gebiete, die erhalten werden und diejenigen, die wirtschaftlich genutzt werden, festgelegt. Die Wiederaufforstung wird als Gegengewicht zur Holzgewinnung normiert. Es wird die im Hinblick auf die Umwandlung und Vermarktung der Erzeugnisse zu verfolgende Politik aufgezeigt. Modelle der Förderung und der Besteuerung werden festgelegt. Schließlich enthalten die Gesetze auch Bestimmungen über die notwendigen Kontrollen und über die Forstverwaltung.

DIE 'INTEGRALEN LÄNDLICHEN SIEDLUNGEN' -
ASENTAMIENTOS RURALES INTEGRALES

Die wachsende Kenntnis hinsichtlich der Zerbrechlichkeit und Komplexität der Ökosysteme der Selva und die Feststellung, daß eine Reihe von Vorstellungen, die bei der Okkupation und Nutzung der Ressourcen geherrscht haben, falsch waren, führte dazu, die 'integralen ländlichen Siedlungen' als Formen einer optimalen Nutzung der erneuerbaren Ressourcen zu konzipieren, und zwar durch die Integration der Aktivitäten in der Forstwirtschaft, im Ackerbau, in der Viehzucht, im Fischfang, im Bereich der Tiere des Waldes, des Tourismus und der Erholung in Formen gemeinschaftlichen Eigentums, indem das Gleichgewicht und die Produktivität der Ökosysteme in Gebieten aufrechterhalten wird, die ökologisch sich als geeignet für die kontinuierliche Erzeugung von Reichtümern erweisen, wobei man jene unberücksichtigt läßt, die hinsichtlich dieser Ziele ungeeignet sind. All dies hat aus einer Perspektive einer 'horizontalen Integration' zu geschehen, um schließlich zu einer 'vertikalen Integration' der Aktivitäten in dem Maße zu gelangen, wie die Bedingungen und die Bedürfnisse dies ermöglichen. Diese vertikale Integration berücksichtigt die Aspekte der Verarbeitung, der Vermarktung und des Transportes der Erzeugnisse, um zu verhindern, daß die in den Produktionsprozeß eingesetzten Elemente von den Reichtümern entblößt werden, die sie selbst erhalten (Maas 1974; Dourojeanni, 1976: 86-92).
Diese neue Konzeption für die Entwicklung der Selva greift einige der Schlußfolgerungen, die auf internationalen Kongressen dargelegt wurden und die katastrophalen Erfahrungen der Okkupation und Nutzung der Ressourcen der Selva auf. Sie berücksichtigt die Zerbrechlichkeit und Komplexität der Ökosysteme. Aber wir glauben, daß der wichtigste Teil dieses 'Katalogs' der Versuch ist, die tausendjährigen Kenntnisse der Indio-Volksstämme hinsichtlich des be-

sonderen Typs von Wanderlandwirtschaft aufzugreifen, den
sie praktizieren und der nicht den Wald zerstört, sondern
der ihnen vielmehr gestattet, in vollständiger biotischer
Harmonie mit ihrer Umwelt zu leben.

* Barbasco:
Das Dicionário Aurelio, Rio de Janeiro, definiert barbasco
folgendermaßen:
(De verbasco) 1. Designacāo comum a diversas plantas das
familias das compostas e das escrofulariáceas, gênero
Pterocaulon e Verbascum. 2. Bras. MG. V. verbasco.

** shiringa:
Es handelt sich hier wohl um einen Druckfehler. Gemeint
ist nach unserer Auffassung 'seringal' (portugiesisch) =
Kautschuk - Gummipflanzung.

CUADRO 1

Exportación de caucho y jebe por el Puerto de Iquitos (TM)

Años	Caucho	Jebe
1862-70	127	—
1871-75		
1876-80		
1881-85	1,782	126
1886-90	3,937	1,576
1891-95	5,624	531
1896-00	3,286	4,201
1901-05	3,575	3,589
1906-10	8,719	10,928
Total	27,050	20,951

FUENTE: Bedoya, Manuel: Anuario de Iquitos (Cit. Flores Marín, 1977: 52-53], (La información para 1910 corresponde a Bonilla, 1974-78; no incluye la correspondiente a jefe para el mismo año).

CUADRO 2

Producción de madera rolliza por productos forestales
(miles metros cúbicos)

Años	Para madera elaborada*	Para pulpa	Para leña	P.ra carbón	Uso Direc. Const. Rur.	Total	Valor (Mill. soles)
1968	578	—	2,081	28	269	2,956	746
1969	570	10	2,154	65	280	3,079	833
1970	676	20	2,225	52	297	3,270	1,044
1971	825	40	2,297	34	320	3,516	1,250
1972	842	54	2,369	31	330	3,626	1,284
1973	877	40	2,437	24	338	3,716	1,984
1974	1,004	32	2,508	25	357	3,926	2,509
1975	1,078	22	2,580	19	370	4,069	2,875
1976	1,630	35	2,655	19	434	4,773	4,038
Total	8,080	253	21,306	297	2,995	32,931	—
(Valor)	6,848	29	7,221	105	2,360	16,563	16,563

* Madera aserrada, laminada, contrachapeada y aglomerada y parquet.
FUENTE: DGFF, 1977: 101, 105 y 107.

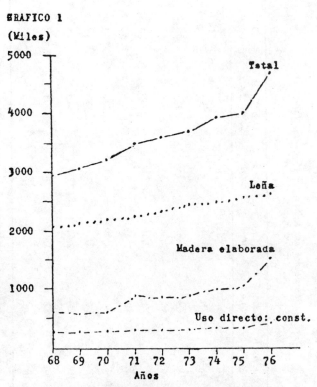

PRODUCCION DE MADERA ROLLIZA POR PRODUCTOS
(Miles de metros cúbicos)

CUADRO 3

Exportación de pieles y cueros y animales vivos
(miles de unidades)

Años	Pieles Mamíf.	Cueros Mamíf.	Cueros reptiles	Animales vivos*	Total
1965	51	422		63	536
1966	57	579	21	7	664
1967	52	470	19	107	648
1968	55	456	73	242	826
1969	51	501	52	394	998
1970	81	487	37	421	1,026
1971	43	284	58	385	770
1972	36	489	98	158	781
1973	38	267	92	107	504
1974	11	400	86	23	520
Total	475	4,355	536	1,907	7,273
(Valor Mill. soles)	522	275	114	303	1,414
(Valor Prom. soles/Unid.)	1,100	63	585	158	200

* Mamíferos, aves, reptiles, batracios y peces decorativos.
FUENTE: DGFF, 1977: 55-56.

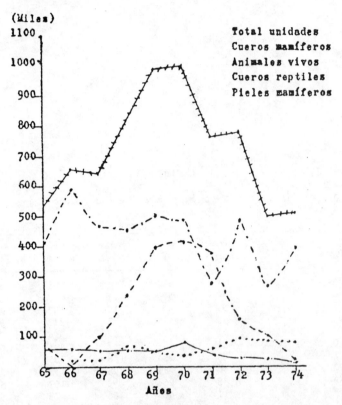

EXPORTACION DE PIELES Y CUEROS Y ANIMALES VIVOS

Cuadro 4

Desbroce del bosque con fines de agricultura migratoria

Periodo	Extensión	(Has)	
1925-74	4.500,000	———	4.500,000
1975-79	952,918		
1980-84	1.641,231		
1985-89	2.868,192		
1990-94	5.006,383		
1995-99	8.822,834	———	19.291,558
Total	23.791,558		23.791,558

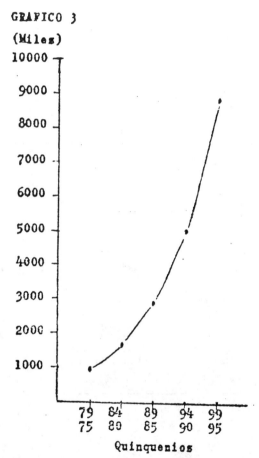

DESTRUCCION DE BOSQUE NATURALES POR AGRICULTURA MIGRATORIA (Miles/Has)

CUADRO 5

Unidades de conservación y de explotación estatal

Unidades	Departamento	Extensión
Parques nacionales (proyectos)		2.235,900
Loreto	Loreto	2.000,000
Cutivireni	Junín	235,900
Parques nacionales		1.550,806
Tingo María	Huánuco	18,000
Manu	Madre de Dios	1.532,806
Reservas nacionales		1.387,500
Samiría-Río Pacaya	Loreto	1.387,500
Bosques nacionales		5.813,400
Pastaza-Morona-Marañón	San Martín	375,000
Diavo-Cordillera Azul	San Martín-Loreto	2.084,500
Mariscal Cáceres	San Martín	337,000
Apurimac	Junín-Cuzco	2.071,700
Manu	Madre de Dios	300,200
Alexander von Humboldt	Loreto-Huánuco	645,000
Total	—	9.600,106

FUENTE: DGFF, 1977: 71, 72 y 97.

Literaturverzeichnis:

BERESFORD-PEIRSE, HENRY,
1968, El Hombre, los alimentos y el hombre, Rom, FAO

BONILLA, HERACLIO,
1974 El caucho y la economía del oriente peruano, Historia y Cultura, No. 8, S. 69-80, Lima, INC.

BRACK EGGS, ANTONIO,
1976, El ambiente en que vivimos,
Lima, Editorial Salesiana.

CALDER, RITCHIE,
1970, La herencia del hombre, Barcelona, Plaza y Janes.

GOMWONER, BARRY,
1970, Ciencia y supervivencia, Barcelona, Plaza y Janes.

DGFF,
1977, Vademecum forestal, Lima, Ministerio Agricultura, (hektographiert).

DOUROJEANNI, MARC J.,
1976, Una nueva estrategia para el desarrollo de la Amazonia peruana, Seminario FAO/SIDA sobre ocupación forestal en América Latina, S. 75-94, Rom, FAO.

FLORES MARIN, JOSE A.,
1977, La explotación del caucho en el Perú, Lima, Seminario de Historia Rural Andina, UNMSM, (hektographiert).

GUERASIMOV, I. et al.,
1976, El hombre, la sociedad y el medio ambiente, Moskau, Editorial Progreso.

HAUKES, JACQUETTA, WOOLLY, LEONARD,
1966, Historia de la humanidad, desarrollo cultural y
científico, Buenos Aires, Editorial Sudamericana-UNESCO.

IICA-OEA,
1974, Reunión Internacional sobre Sistemas de Producción
para el Trópica Americano, (sistemas de uso de la tierra),
Informes y Conferencias, Lima, IICA, Ministerio Agricultura.

LLOBERA, JOSE RAMON,
1973, Las sociedades primitivas, Barcelona, Salvat Editores.

MAASS, ALFREDO,
1974, Colonización integral, Modelo de un nuevo tipo de
colonización incluyendo varios sistemas de uso de la
tierra, Reunión Interna sobre Sistemas de Producción
para el Trópico Americano, Lima, IICA-DGFF.

MALLEUX ORJEDA, JORGE,
1975, Mapa forestal del Perú, (memoria descriptiva),
Lima, UNA.

MARTINEZ, HECTOR,
1976, Las colonizaciones selváticas dirigidas en el
Perú, (Versión preliminar), Lima, CEPD, (hektographiert).

MEGGERS, BETTY J.,
1976, Amazonia, Hombre y cultura en un paraíso ilusorio,
México, Siglo XXI.

MOSCOSO CONDE, JOSE,
1977, La selva como ecosistema, in: Panorama Amazónico,
1. Jhrg., No. 1, S. 11-20, Lima, SEAS, UNMSN, (hektographiert).

MURDOCK, G. P.,
1956, Los witotos del noroeste del Amazonas, Nuestros contemporáneos primitivos, S. 355-373, México, FCE.

MURO, C., JOSÉ DEL CARMEN,
1973, Potencialidad agrícola de los suelos de la selva, Fórum sobre desarrollo de la selva peruana, VA, Lima, UNA.

PONCE DEL PRADO, CARLOS,
1973, La fauna silvestre, fuente de riqueza para la selva peruana, Fórum sobre desarrollo de la selva peruana, VIC, Lima.

ROMANINI, CLAUDIO,
1976, Ecotécnicas para el trópico húmedo, México, CIRED-CECODES.

ROMANOFF, STEVEN,
1977, Informe sobre el uso de la tierra por los matses en la selva baja peruana, Amazonia peruana, Vol. I, NO. 1, S. 97-130, CAAAP.

UDALL, STEWART L.,
1965, Herencia en peligro, México, Editorial Roble.

WATTERS, R. F.,
1971, La agricultura migratoria en América Latina, Rom, FAO.

Aníbal Patiño R.

Umweltbelastungen: Untersuchung eines Falles in
Kolumbien

In: América Indígena. México D.F., Vol. 38, No. 1,
    (Januar-März 1978) S. 151 - 164

Gegen Ende des Jahres 1973 schloß ich während einer Studienreise im Gebiet des Flusses Vinagre Freundschaft mit indio-campesinos ('indianischen Bauern') des Resguardo de Puracé (Schutzgebiet von Puracé)(Cauca), die mir die Probleme erklärten, die das Bergbauunternehmen Industrias Puracé, das am Fuße des westlichen Abhangs des Vulkans gleichen Namens gelegen ist, ihren Ackerbau- und Weideflächen, ihren Wasserquellen und der Gesundheit der Bewohner der Region verursacht. Wenig später ließen sie mir die Abschrift eines Memorandums zukommen, das der Cabildo ('Gemeinderat') von Puracé an den Geschäftsführer des Bergbauunternehmens geschickt hatte. In diesem Brief wird detailliert das Bild der Schäden bei Umwelt und Menschen dargelegt; sie hatten diese Schäden aufgelistet und stellten gewisse Forderungen auf. In einem Abschnitt des Briefes führen sie das Folgende aus:

"Vor 28 Jahren begannen Industrias Puracé mit dem Betrieb, und unsere comunidad ('Gemeinschaft') hatte zum Unternehmen die besten Beziehungen, da wir es als Motor des Fortschritts und des Wohlstands der Einwohner der Region angesehen haben. Seit einiger Zeit jedoch sind wir immer mehr überzeugt, daß die Schwefelproduktion - statt uns Vorteile zu bringen - sich in eine außerordentliche Quelle der Vergiftung verwandelt, die langsam aber sicher alles, was sich um sie herum befindet, zerstören wird - von den Pflanzen und Tieren bis hin zu den Menschen selbst, die in seiner Nähe wohnen.
Die schwefelhaltigen Gase führen zur fortschreitenden Unfruchtbarkeit der Ländereien unseres Reservats, was für uns, die wir alle indios und campesinos sind, einer Verurteilung zum Hunger oder zur Emigration auf der Suche nach einer unsicheren Zukunft gleichkommt.
Die Gewässer und das Wasser sind mit dem Betrieb des Bergwerks immer mehr vergiftet worden und es sind - soweit wir wissen - keinerlei Maßnahmen ergriffen worden, um ge-

gen diese für die ganze Region so schädlichen Auswirkungen
anzugehen. Für die comunidades wird das Fehlen von Trinkwasser kritisch, da die Immissionen von Industrias Puracé
jeden Tag die Vergiftung der Wasserläufe erhöhen und das
Unternehmen sich darüber hinaus der noch verbleibenden bemächtigt hat, wie dies vor kurzem mit drei Trinkwasserquellen geschehen ist.
Das Dargelegte müßte Grund genug sein, damit das INDERENA
intervenieren würde, dem wir schon wiederholte Male unsere
Anklagen vorgetragen haben. Aber diese Institution, die
schnell dabei ist, wenn es darum geht, arme campesinos
und Siedler zu unterdrücken, zieht es vor - wenn es sich
um Kapitalisten oder Grundeigentümer handelt -, sich auf
deren Seite zu schlagen und hat folglich in diesem Fall
sich nicht gerührt.
Aber wir sind nicht bereit, passiv unserer eigenen Ausrottung zu assistieren. Wir wissen, daß viele indio-Gemeinschaften (comunidades indígenas) angesichts der Wunder
der "Zivilisation", die ihnen auferlegt worden ist, verschwunden sind. Aber wir wissen auch, daß heutzutage die
Völker nicht mehr diesen Typ eines sterilen und unmenschlichen Fortschritts akzeptieren.
Wir wissen ebenfalls, daß es keine theoretischen Gründe
gibt, die die fortschreitende Zerstörung der Umwelt und
die sich steigernde Schädigung des menschlichen Lebens in
den industriellen Gebieten unvermeidlich machen. Es gibt
aber ökonomische Gründe, da in diesem Fall Industrias
Puracé nicht bereit ist, auch nur einen einzigen centavo
ihrer Gewinne zu opfern, um die 'natürliche und menschliche Umwelt' zu erhalten, von deren Nutzung sie lebt, und
daher wird unser Schicksal sich zweifellos von Tag zu Tag
verschlimmern."
Meine Studien, die sich bis dahin auf die bloße Analyse
der Vergiftung des Wassers beschränkt hatten, erlangten
aufgrund dieses Kontaktes mit den campesinos eine neue
Perspektive.

Ich entschloß mich daher, eine Untersuchung vorzunehmen, um die Behauptungen der indios zu überprüfen, denen ich versprach, daß ich - in dem Falle, daß sich ihre Behauptungen in allen ihren Aspekten als gesichert herausstellen sollten - die Ergebnisse verbreiten und eine Kampagne in der öffentlichkeit in Gang setzen würde, um das Problem bekannt zu machen und von den Behörden schnelle und gerechte Lösungen zu erhalten. Einige Kollegen von der Universität von Cauca und von der Nationaluniversität von Palmira, ebenso wie auch Studenten dieser Universitäten, gesellten sich zu dieser Studiengruppe. Ihre Mitarbeit ist äußerst wertvoll gewesen.

Für die Dauer von acht Monaten haben wir die Region besucht und mit ihren Bewohnern gesprochen, die meisten der betroffenen Parzellen inspiziert und Wasser- und Bodenproben und auch einige Abfälle des Schwefelminerals gesammelt. Bei einigen Gelegenheiten konnten wir auf die Hilfe von Bodenspezialisten des ICA und von Experten der Universidad del Valle und der C.V.C. bei der Analyse des Wassers zählen. Die Analysen der Laboruntersuchungen und unsere direkten Beobachtungen im Gelände bestätigen in allen Aspekten die Klagen der indios.

Der auf diesen Seiten enthaltene Bericht versucht nicht, eine vollständige Bewertung eines aufgrund seiner Besonderheit komplexen Problems zu sein. Es wird erforderlich sein, weiterhin Informationen und Dokumente zu sammeln und einige Aspekte der Umweltschädigung und -zerstörung auf eine ausgefeiltere Art zu quantifizieren.

In einer zweiten Phase unserer Arbeit werden wir versuchen, die physiologischen Auswirkungen zu messen, die gewisse potentiell toxische Substanzen für die Gesundheit der Minenarbeiter, für die Gesundheit der Einwohner des Ortes und für die Pflanzen und Tiere haben können, die der Vergiftung der Atmosphäre und des Wassers ausgesetzt sind.

VON PURACE VOR DEM AUSBAU DES BERGBAUS

Nach den Berichten der alten Bewohner war vor etwa 30 Jahren das Gebiet, das nahe den Hängen des Puracé liegt, durch eine hügelige Topographie mit sanften Hängen gekennzeichnet, zwischen denen es kleine Ebenen gab, die von Schluchten von einiger Tiefe durchzogen waren. Die Region war zum großen Teil mit natürlicher Vegetation bedeckt, die hier und dort durch landwirtschaftlich genutzte Parzellen oder Weiden unterbrochen war. Unter den Bäumen, die dort zu Haus waren, ragten der encenillo (Weinmannia sp. Cuniniácea), der manzano o cerote (Prunus sp. Rosácea), der copé o mandur (Clusia sp.?, Rapanea sp.?),die jigua (Nectandra sp. Laurácea) und der motilón hervor. Eine vielfältige Fauna lebte in enger Verbindung mit der Baum- und Buschvegetation.

Die Böden waren fruchtbar und erbrachten sehr gute Ernten. Bis 1966 betrug nach einem Bericht des Gobernador des Cabildo an das Ministerio de Gobierno ('Innenministerium') "die Kartoffelerzeugung 500 t jährlich; ebenso hoch wurde die Weizenproduktion eingeschätzt". Ein anderer Bericht vom Januar 1972 weist die folgenden Daten auf: "Über den Eigenkonsum hinaus schicken wir zu verschiedenen Dörfern der departamentos von Cauca, von Valle und Huila Kartoffeln, Zwiebeln, ollucos, Knoblauch, Kohl, alverja (grüne Bohnen), Weizen, Gartenerzeugnisse, Früchte und Blumen". Man muß wissen, daß die Kartoffeln von damals, die roja puracena genannt wurden und aus denen die Sorte ICA-Puracé gezüchtet wurde, in Popayán wegen ihrer Größe und Qualität sehr geschätzt waren. Zwei oder drei Kartoffelsträucher ergaben bis zu einer arrobe (11,5 kg) Kartoffeln. Für den Weizen gab es eine Steinmühle, um die Erzeugung des Gebietes zu nutzen. Jedoch war die Viehzucht der produktivste Wirtschaftszweig, wie dies der zitierte Bericht bestätigt: "Unser produktivstes Gewerbe ist die Viehzucht, die den lokalen Markt und die Industrias Puracé mit Fleisch ver-

sorgt und auch Vieh nach anderen Orten verschickt. Was
die Milch betrifft, so liefern wir täglich - abgesehen
vom eigenen Konsum - etwa 800 Liter an das Unternehmen
ICOLAC und ebenso viele an die Industrias Puracé ".
Außerdem gab es eine beträchtliche Menge Pferde und Schafe.
Bisweilen verursachten die Ausbrüche des nahe gelegenen
Vulkans Schäden bei der Saat. Aber dies kam nur sporadisch
vor und war auch nicht von großer Bedeutung, da die Asche
und die Gase in eine große Höhe geschleudert und von den
Winden zum Valle de Puhenza getrieben wurden.
Was die Oberflächengewässer betrifft, die in der Region
sehr zahlreich sind, bestand natürlich eine gewisse Vergiftung durch Säure, die von den Hängen des Vulkans stammte. Aber die Mehrheit der Gewässer war von annehmbarer
Qualität, und zwar sowohl für den menschlichen wie für den
tierischen Konsum. Das Wasser des Flusses Vinagre war -
obwohl säurehaltig - so rein, daß es die Farben auf dem
Grund widerspiegelte, die bisweilen von Algen stammten,
die auf den Steinen oder auf verschiedenen bunten Mineralien unterschiedlicher Art saßen. Die zwei Wasserfälle,
die der San Francisco Fluß bei der Ortschaft Puracé bildet, waren von unbeschreiblicher Schönheit und viele Touristen reisten in dieses Gebiet, um sich der Thermalbäder
und der landschaftlichen Schönheiten zu erfreuen.
Wir können zusammenfassend sagen, daß vom land-, vieh-
und forstwirtschaflichen Gesichtspunkt die comunidad von
Puracé nicht nur sich selbst versorgen konnte, sondern
daß sie Überschüsse produzierte, um die Bedürfnisse von
Popayán und anderen Verbrauchszentren zu befriedigen.
Die bei der Viehwirtschaft angewandten Techniken waren
einfach, aber effizient. Sie befanden sich in Harmonie
mit der umgebenden Natur und mit den kulturellen Werten,
die ihren Bewohnern eigen waren. Die Landwirte benutzten
keine Insektizide und die forstwirtschaftliche Nutzung
hatte es nicht nötig, zerstörerisch zu wirken. Dies ist
nicht erstaunlich, wenn man berücksichtigt, daß der wahre

campesino, der authentische, besonders derjenige, der indianischer Abstammung ist, so lebt, daß er physisch und kulturell von seiner Umwelt durchdrungen ist; er versteht sie und respektiert sie im Unterschied zum zufälligen und gelegentlichen Nutzer des Bodens oder des Waldes oder dem landwirtschaftlichen Unternehmer, den nur der Drang nach außerordentlichen Gewinnen bewegt.
Diese Situation blieb bis vor etwa fünfzehn Jahren erhalten, als die Steigerung der Bergwerksausbeutung begann, empfindlich das ökologische und kulturelle Gleichgewicht zu verändern.
Einige der Auswirkungen der Schädigungen und Vergiftungen der Umwelt wurden immer sichtbarer, während andere subtiler und 'hinterlistiger' waren.

EINFLUSS DER INDUSTRIAS PURACE, S.A. AUF DIE ÖKOLOGIE

Es muß angemerkt werden, daß die Gründung des jetzigen Bergwerkunternehmens, dessen Kapital heute mehrheitlich nordamerikanisch ist, ihren legalen Ursprung in der Epoche hatte, in der die Aktivität des Vulkans abnahm (1946).
Es sei daran erinnert, daß der letzte gewaltsame Ausbruch 1949 stattfand. Die Vergiftung der Atmosphäre, die früher auf natürliche Weise und nur sporadisch erfolgte, ist durch eine permanente Emission von schwefelhaltigen Gasen ersetzt worden, die beim Prozeß der Raffinierung des Minerals entstehen.
Industrias Puracé S.A. ist das einzige Unternehmen in Kolumbien, das den Schwefel wirtschaftlich ausbeutet. Von der Gesamtheit der Ländereien, die dem Unternehmen im Wege staatlicher Konzession innerhalb der Grenzen des 'Reservats von Puracé' zur Verfügung gestellt wurden, werden zur Zeit ungefähr 20 ha genutzt. Das Material wird in den Bergwerksstollen mit Dynamit abgesprengt, zu Zerkleinerungsanlagen transportiert und dann zu großen autoclaves (Schmelzöfen) transportiert, wo es mit überhitz-

tem Dampf und unter Druck geschmolzen wird. Der Schwefelgehalt des Minerals variiert zwischen 30 und 60 Prozent. Der aus dem Mineral im Wege der Raffinade gewonnene Schwefel weist einen Reinheitsgrad von 99,8 Prozent auf. Der Schwefel wird an Fabriken geliefert, die schwefelhaltige Säure herstellen, und an Industrien in den wichtigsten Städten des Landes. Die Tagesproduktion übersteigt fünf Tonnen, deren Verkauf für das Unternehmen Einkünfte von mehr als fünf Millionen Pesos monatlich bedeuten.
Die Fabrik ist am Fuß des westlichen Abhangs des Vulkans am Ufer des Flusses Vinagre gelegen, der dort entspringt und der in westlicher Richtung verläuft, bis er in den San Francisco Fluß einmündet, der seinerseits ein Nebenfluß des Cauca ist. Alle zehn Minuten verbreitet sich beim Entladen der Schmelzöfen eine dichte Wolke aus toxischen Gasen, die die Winde mit sich fortreißen und in der Umgebung verteilen. Im 10 km Luftlinie von der Fabrik entfernten Dorf Puracé ist der charakteristische Schwefelgeruch eindeutig wahrnehmbar.
Diese Gaswolke, die von Wasserdämpfen gebildet wird, die mit den Schwefeloxyden vermischt sind, die in der feuchten Atmosphäre eine Reihe von Säuren bilden, die Derivate dieses Elements sind, läßt die Vegetation welk werden oder verbrennt die, die sie auf ihrem Weg antrifft. Diesen tödlichen Effekt kann man feststellen, wenn man die nahen Hügel auf dem linken Ufer des Vinagre innerhalb eines Radius von 2 km westlich der Fabrik betrachtet. Es ist dort eine quasi-Mondlandschaft entstanden, eine chemische Wüste, in der nur einige tote Strohbüsche und einige mortino-Sträucher vegetieren, die hartnäckig am Leben hängen. Als Beweis der ursprünglichen Berufung dieses Gebietes zur landwirtschaftlichen Nutzung kann man hier die Spuren der Furchen der letzten Kartoffelaussaaten sehen.
Die Regenfälle und auch der Sprühregen, der in der Region "páramo" genannt wird, tragen dazu bei, daß der säurehaltige Nebel auf die Saat und auf die Sprößlinge nieder-

fällt und langsam die Böden sauer werden läßt.
Die Auswirkungen der schwefelhaltigen Dämpfe werden gravierend verstärkt, wenn Brände in den Bergwerksstollen ausbrechen; dies ist seit 1972 zweimal vorgekommen. Im Februar dieses Jahres entstand ein Brand von großen Ausmaßen, der zweieinhalb Monate dauerte und zwei Bergleuten das Leben kostete. Ein großer Teil der Saat auf den Feldern von Puracé und Coconuco wurde zerstört. Einige Lebewesen erkrankten und andere mußten aus der Zone entfernt werden.
Vor zehn Tagen brach ein weiterer Brand von geringerer Ausdehnung als der vorangehende aus, der in dem Augenblick, in dem dieser Bericht geschrieben wird, noch nicht gelöscht ist und der für die campesinos den gleichen Typ von Schäden hervorruft.
Industrias Puracé verursacht auch eine intensive Vergiftung des Wassers - und zwar nicht nur im Fluß Vinagre -, den das Unternehmen in einen Wasserlauf verwandelt hat, der von Schwefelschlamm weiß gefärbt ist; vielmehr hat die Schwefelerzeugung auch Einfluß auf viele unterirdische Wasserläufe, die - sauer geworden - fließen und in den niedrig gelegenen Ländereien an die Oberfläche zu gelangen suchen, die dadurch unfruchtbar wird.
Die Vergiftungsfront des Vinagre erreicht auch den San Francisco Fluß und über diesen den Cauca. Die europäischen Reisenden, die diese Region besuchten, schätzten, daß die Säure sich etwa fünf Meilen in den Flüssen Vinagre und San Francisco ausdehnte. Heute sind sie nur noch Ableitungen für Industrieabfälle. Man begreift dies leicht, wenn man berücksichtigt, daß die festen Rückstände, die bei der Raffinade des Schwefels übrigbleiben (der sog. "ripio") in den Vinagre in Mengen geschüttet wird, die dreihundert Tonnen täglich erreichen. Dieser Abfall enthält einen hohen Anteil schwefelhaltiger Säure, die sich in dem Wasserlauf auflöst, dessen pH-Wert um 2,0 herum schwankt.

So intensiv ist die Wasserverschmutzung, daß für die
Wasserleitung von Popayán vor einigen Jahren das Wasser
des Flusses Cauca nicht mehr benutzt werden durfte, und
zwar aufgrund der Probleme, die die Korrosion verursachte.
Die Stadtwerke sahen sich gezwungen, kostenintensive Investitionen zu tätigen, um den Fluß Piedras als Versorgungsquelle nutzen zu können.
Vor Erweiterung des Bergwerkunternehmens breitete sich
der Ausstoß von Säure vom Francisco Fluß in den Cauca
über 30 km flußabwärts aus. Gegenwärtig erreicht die
'Verschmutzungs-Front' eine Länge von etwa 90 km, obwohl
der Fluß eine Zunahme der mitgeführten Wassermenge in seinem Verlauf erreicht. Der Prozeß des Sauerwerdens des Wassers nimmt an Intensität in dem Maße zu, in dem die Schwefelerzeugung zunimmt. Mit den Erweiterungsplänen der Industrias Puracé entstehen ernste Probleme für die Zukunft
des Staudamms von La Salvajina, dessen Betonmauern und Metallteile den Einwirkungen der Säure ausgesetzt sein werden.
Eine besondere Erwähnung verdient der Weg, der auf einer
Länge von etwa 7 km die Industrieanlage mit der Straße
von Cauca nach Huila verbindet. Obwohl das Bergwerksunternehmen weiß, daß der Abfall eine ständige Quelle für
die Vergiftung mit Säure ist, hat es seit langem die genannte Straße mit Abfall aufgefüllt. Bei jedem Regenfall
oder "páramo" wird dieser Abfall ausgewaschen, und das
Wasser fließt in die Ländereien, die unterhalb der Straße
gelegen sind; die Weiden verbrennen, und die Böden werden
unfruchtbar. Mehr als 100 ha sind jetzt schon aufgrund
dieser Ursache kahl - ohne daß die Beschwerden der campesinos irgend etwas bewirkt hätten.

CHEMISCHE ANALYSEN DER BÖDEN UND DES WASSERS

Dank der Mitarbeit der Laboratorien von ICA - Palmira und der Ingeniería Sanitaria de la Universidad del Valle war es möglich, Analysen von Böden und Wasserproben von verschiedenen Orten des untersuchten Gebietes zu bekommen. Die Daten über die Böden sind als Anhang beigefügt.

Aus dem von Dr. Alonso Ramírez V., dem Leiter der Abteilung 'Böden' des ICA - Palmira, erhaltenen Bericht geben wir das Folgende wieder:
"Ich füge die Ergebnisse von sieben 'Profilen' (horizontalen a, b, c) bei, die wir bei unserem gemeinsamen Besuch in der Region von Puracé Anfang April dieses Jahres entnommen haben.
Der überragende Aspekt bei den analysierten Proben stellt die umfangreiche Breite an pH-Werten dar: von 1,7 für die Probe Nr. 8 (Aguacaliente) bis zu 6,0 für die Probe, die dem in einem vom Einflußbereich des Bergweks entfernten Gebiet entnommen wurde. Parallel zum niedrigen pH-Wert findet sich jedoch ein größerer Anteil an Aluminium. Ein normaler Boden soll nicht mehr als 1,0 mg (miliequivalentes) pro 10 gr Boden aufweisen. Mit Ausnahme eines relativ hohen Gehaltes an Sulfaten, den die Probe aufweist, die aus dem Graben entnommen wurde, in den das durch die Auffüllung der Straße vergiftete Wasser fließt, ist der Gehalt der Böden an salzsäurehaltigen Salzen normal. Es scheint, daß es keine Kumulierung dieser Art von Salzen in den untersuchten Bodenprofilen gibt. Vom Gesichtspunkt der landwirtschaftlichen Erzeugung aus scheint das größte Problem für diese Böden in den niedrigen pH-Werten und in den entsprechend hohen Aluminium-Gehalten zu liegen. Ich bin der Ansicht, daß bei diesen Faktoren die Forschung über die Verschlechterung dieser Böden ansetzen muß."

Die Ergebnisse der Wasserproben sind der Tabelle 1 im Anhang zu diesem Aufsatz zu entnehmen.
Es ist auch von großem Interesse die Analyse des wässrigen Extrakts des Schwefelabfalls. Diese Analyse ergab die aus der Tabelle 2 ersichtlichen Ergebnisse.
Aus der Gesamtheit dieser Analysen läßt sich das Folgende ableiten:
a) Das Gebiet mit der größten Vergiftung und Unfruchtbarkeit der Böden befindet sich auf dem linken Ufer des Vinagre Flusses. Dieses Gebiet ist dem Einfluß der Gas- und Dampfwolken ausgesetzt, die aus den autoclaves und von den gelegentlichen Bränden stammen. Daß diese Böden zur Wüste werden, ist durch bloße Inaugenscheinnahme zu erkennen; dieser Befund wird durch die Analyse bestätigt, die einen hohen Säuregehalt und erhöhte Aluminium- und Sulfat-Ion-Werte aufweist.
b) An zweiter Stelle sind die Böden zu nennen, die westlich der Zufahrtstraße zum Bergwerk gelegen sind. Sie sind durch die Auswaschungen des Abfalls, mit dem die Straße aufgefüllt ist und die ein permanentes Säurebad auslösen, betroffen.
c) Der Säuregehalt der Oberflächenwasser nimmt in dem Maße ab, wie sich die Wasserläufe von der Bergwerkszone entfernen. Jedoch schafft das an die Oberfläche Treten einiger unterirdischer Wasserläufe in niedrig gelegenen Ländereien Probleme des Sauerwerdens von Böden, die von dem Bergwerk entfernt liegen.

SOZIO-ÖKONOMISCHE AUSWIRKUNGEN

Wir haben gesehen, wie - bevor die Bergwerksförderung den gegenwärtigen Stand erreichte - die Region das für die Subsistenz ihrer Bewohner und für die Versorgung eines Marktes und benachbarter Verbrauchszentren Notwendige erzeugte. Jede indio-Familie konnte ihre eigenen Bedürfnisse selbst befriedigen. Die Arbeiten in der Landwirtschaft

und in der Viehzucht beschäftigten die ganze Bevölkerung;
es waren nur wenige, die von anderen als Tagelöhner abhängig waren. Die Arbeit in der Gemeinschaft, die fest in
der kulturellen Tradition der Gruppen der indígenas verwurzelt war, trug dazu bei, die Netze zwischen den Mitgliedern der parcialidad (indianische Gemeinschaft "Großfamilie") zu stärken.
Mit der Errichtung des Bergbauunternehmens begann die entlohnte Arbeit, und viele indígenas wurden von der Illusion
größerer Einkünfte angezogen. Mit dem Bevölkerungsanstieg
wurden die Landparzellen unzureichend, und die Jüngeren
zogen es vor, in der Fabrik zu arbeiten; hierdurch verloren sie nach und nach ihre Berufung zur Landwirtschaft.
Auf diese Weise begann ein Prozeß der Proletarisierung,
in dem der indígena schließlich seine kulturelle Identität verlieren wird.

Die Steigerung der Schwefelerzeugung hatte zur Folge, daß
die Ackerbau- und Viehzuchtproduktion sich aufgrund der
wachsenden Vergiftung verringerte. Die traditionellen Anbauerzeugnisse begannen abzunehmen. Zunächst war der Weizen betroffen, der offensichtlich besonders säureempfindlich ist. Die Erzeugung dieses Getreides nahm bis zu einem solchen Punkt ab, daß die vorhandene Mühle geschlossen werden mußte. Es folgten dann die ollucos (kartoffelähnliche Frucht), die Bohnen, die Kohlsorten und die Zwiebeln. Gegenwärtig läßt sich die Zahl der Parzellen, die
in einem Umkreis von 10 km um das Bergwerk herum bebaut
werden, an den Fingern einer Hand aufzählen.
Die Kartoffel von Puracé, die früher robust und appetitlich war, ist jetzt nicht wiederzuerkennen. Sie ist zu
einer kleinen Knolle von schlechtem Geschmack geworden,
die nur schwer zu verwerten ist. Zuvor war die Kartoffel
hervorragend und es bestand nicht die Notwendigkeit, Dünger oder Insektizide zu verwenden. Heute sind die campesinos zu Sklaven chemischer Düngemittel und des D.D.T. ge-

worden; und trotzdem sind die Ernten ärmlich und decken kaum die Kosten. Im Winter macht das säurehaltige Wasser die Böden unfruchtbar, während im Sommer der Wind Staub und Pulver des Abfalls bringt, der die Saaten bedeckt. Das fortschreitende Sauerwerden der Böden hat die Landarbeiter arbeitslos werden lassen. Die Region erzeugt nicht mehr genügend Lebensmittel, und bei nicht wenigen Gelegenheiten haben die Bewohner von Puracé sich gezwungen gesehen, nach Popayán zu fahren, um Kartoffeln und andere Erzeugnisse zu kaufen. Im kurzen Zeitraum von nur einer Generation ist diese Region von einem Exporteur zu einem Importeur von Lebensmitteln geworden - und dies aufgrund eines Bergwerkunternehmens, das ökologisch destruktiv und arbeitsmäßig schädlich ist. Das als Lohn gezahlte Geld kompensiert nicht einmal entfernt die Zerstörung der natürlichen Umwelt und der ökologischen und kulturellen Werte der Bevölkerung.

Die Lebensbedingungen der dreihundert Arbeiter des Unternehmens sind hart und gefahrvoll, besonders für jene, die in den Stollen und in der Fabrik arbeiten, in der die autoclaves stehen. Unter Tage müssen die Arbeiter bisweilen eine extreme Kälte und andere Male Temperaturen über 32 Grad ertragen. Sie atmen die Feuchtigkeit und die Gase, die aus den Kipploren und den Verladern entweichen und die mit dem Pulver des Minerals vermischt sind, das die Maschinen verbreiten, die dieses zerkleinern. Um in den oberen Teil der 'Höfe' zu gelangen, müssen die Arbeiter mit einem Gewicht von mehr als zwei arrobes (23 kg) auf dem Rücken auf manilas (Strickleitern?) emporsteigen, da die Anlage keine plumas (Förderbänder?) oder Treppen besitzt. Unfälle kommen häufig vor; man verfügt jedoch nicht über eine Ambulanz. Eine Arbeitssicherheitsvorrichtung ist fast nicht existent, und die hygienischen Bedingungen sind derart, daß noch nicht einmal Latrinen in den Stollen eingebaut sind.

HALTUNG DES UNTERNEHMENS UND DER BEHÖRDEN

Es ist klar, daß Industrias Puracé ein Unternehmen ist, das unter absoluter Mißachtung der natürlichen Umgebung und des Menschen agiert. Aber darüber hinaus hat dieses Unternehmen verschiedene Jahre hindurch die Ansprüche der campesinos auf eine Entschädigung wegen der an dem Eigentum des Resguardo erlittenen Schäden abgelehnt. Nichts haben die Anfragen und Anklagen, die bei der Gobernación del Cauca ('Regierungspräsident Cauca') und beim Ministerio de Gobierno ('Innenministerium') erhoben wurden, genützt. Das Unternehmen scheint über den Gesetzen Kolumbiens zu stehen. Denn wenn auch die Gesetzgebung demjenigen, der ein Bergwerk betreibt, Dienstbarkeiten (Wegerecht, Wasserversorgung etc.) konzediert, die die Grundstücke der Gemeinde belasten, so normiert doch das Gesetzbuch andererseits, daß "der Bergbaubetreiber verpflichtet ist, eine Entschädigung für die Nachteile zu zahlen, die er bei der Errichtung und der Ausübung der Dienstbarkeiten verursacht" (Art. 219, Dekret No. 1275 aus dem Jahre 1970). Weder für die Grundstücke, die aufgrund der toxischen Nebel, die ihren Ursprung in der Fabrik haben, zur Wüste geworden sind, noch für die Ländereien, die durch das säurehaltige Wasser, das aus dem Abfall auf der Zufahrtstraße zur Mine stammt, unfruchtbar geworden sind, noch für die aufgrund der Gase beim Brand 1972 verdorrten Saaten oder für das erkrankte Vieh ist bis jetzt eine gerechte Kompensation geleistet worden.
Nach den Gesetzen über die Resguardos indígenas ('indio-Schutzgebiete bzw. Reservate') gehört das Land der comunidad ('Gemeinschaft') und kann daher nicht verkauft werden. Deshalb weigern sich die campesinos, über ihre Parzellen, die ihnen ihr Cabildo zugewiesen hat, zu verhandeln - und dies trotz der Versuche des Unternehmens, sie 'legal' von diesem Land zu entfernen. Obwohl diese Ländereien zu unproduktiven Wüsten geworden sind, gehören die-

se Länder weiterhin den indígenas, und diese klammern sich an sie mit der Kraft ihrer jahrhundertealten Traditionen.

Angesichts dieser monströsen Verweigerung von Gerechtigkeit bleiben die Behörden des departamento ('Regierungsbezirk') und des Staates unbeeindruckt. Obwohl es ihre Aufgabe ist, "das Leben, die Ehre und die Güter der Mitglieder der Gemeinschaft zu schützen ", scheinen sie zu akzeptieren, daß die indígenas nicht kolumbianische Staatsbürger mit den gleichen Rechten wie die Aktionäre des Bergbauunternehmens sind. (Die Gleichheit besteht zum mindesten in der Theorie.).

Indem die Behörden durch Handlungen oder Unterlassungen die Angriffe der Industriefirma bemänteln, identifizieren sie sich mit deren Verhalten und stellen sich in den Dienst ihrer Interessen.

So erweist es sich als paradox, daß 3 km von dem Industrieunternehmen und von der Wüste entfernt, die dieses hervorgebracht hat, ein Touristenzentrum durch den INDERENA mit einem Kostenaufwand von 3 Millionen Pesos im Nationalpark von Puracé erbaut worden ist. Die Aufmerksamkeit der Wächter und Inspektoren ist den Touristen gewidmet, während man nichts von der vergiftenden Lepra wissen will, die ein wenig weiter wie eine unsichtbare Lava herabsteigt und die Ländereien, das Wasser, die Flora, die Fauna und die Menschen selbst vernichtet.

Weder der ICA noch der INCORA, noch die Secretaría de Agricultura del Cauca wissen, daß im Gebiet von Puracé und Coconuco nicht weniger als 500 ha, die früher für den Anbau landwirtschaftlicher Erzeugnisse oder als Weideland genutzt wurden, aufgrund eines industriellen Projektes geschädigt worden sind, das nur dessen mächtigen Aktionären Vorteile bringt. Dieses Schweigen ist zutiefst signifikant.

SUCHE NACH LÖSUNGEN

Wir gehen davon aus, daß der Schwefel ein Rohstoff ist, der für die industrielle und landwirtschaftliche Entwicklung des Landes wesentlich ist, und daß die Nachfrage nach Schwefel daher notwendigerweise steigen wird. Deshalb muß die Schwefelförderung von Puracé als eine Basis-Industrie angesehen werden.
Als Basis-Industrie muß sie allen Kolumbianern gehören - einschließlich der campesinos, in deren Resguardo die Lagerstätten sich befinden. Als erste Konsequenz schlagen wir vor, daß man den Prozeß einleitet, der zur Verstaatlichung des Bergbauunternehmens führt; Aktionär des Unternehmens wird aus eigenem Recht der Resguardo von Puracé sein. Nur so wird diese Industrie als eine Quelle des kollektiven Reichtums und nicht als Instrument der Ausbeutung und Verarmung, das im Dienst des ausländischen Kapitals steht, eingesetzt werden können.
Bis die Verstaatlichung durchgeführt sein wird, muß Industrias Puracé von den Behörden mit Strafe bedroht werden, damit das Unternehmen seine Methoden der Produktion und der Abfallbeseitigung in einer Weise technisch so gestaltet, daß der ökologische Schaden minimal ist. Das Bergbau-Gesetzbuch (Código de Minas) muß geändert werden, um dieses Gesetzbuch in ein Werkzeug gegen die Umweltvergiftung zu verwandeln. Gegenwärtig dient es als Freibeuterbrief, um die Zerstörung der Umwelt zu rechtfertigen.
Die Arbeiter des Bergbauunternehmens müssen bessere Lebens- und Arbeitsbedingungen fordern. Es ist notwendig, Maßnahmen der industriellen Sicherheit und des Umweltschutzes in den Bergwerksstollen und in den Einrichtungen der Fabrik zu fordern. Die medizinischen Dienstleistungen und die Ambulanz müssen wesentlich verbessert und auf die Familienangehörigen der Bergleute ausgedehnt werden.
Als unmittelbare Maßnahme wird die Betonierung der Zufahrtstraße zum Bergwerk gefordert. Für die Zukunft darf

man die Benutzung von Abfall als Straßenbaumaterial nicht erlauben.
Die Bergbaugesellschaft muß - sobald wie möglich - alle campesinos entschädigen, die durch die Vergiftung der Atmosphäre und des Wassers betroffen sind und für die sie verantwortlich ist. Der Staat wird von Amts wegen und durch seine Beamten die Eröffnung dieses Prozesses fordern, damit bald Gerechtigkeit geschehe. Für die Zeit, die die Ländereien unproduktiv bleiben werden, wird jeder der Geschädigten von dem Unternehmen eine monatliche Rente erhalten, die dem monatlichen Ertrag von fincas ('Grundstücken') gleicher Größe in dem Gebiet entspricht, die nicht betroffen sind.
Das Unternehmen muß den Cabildo und den Gobernador des Resguardo rechtzeitig vorher über neue Arbeiten unterrichten, die man auf dem Territorium der Parcialidad auszuführen beabsichtigt. Eine Kommission, der Mitglieder des Cabildo und der Bergbaugesellschaft angehören, muß jedes Jahr die Trinkwasserquellen überprüfen, um diese für die campesino-Bevölkerung lebenswichtige Leistung sicherzustellen.
Alle Verhandlungen müssen durch die nach dem Gesetz zuständigen Behörden des Resguardo geführt werden; hierbei sind die Vorschriften des Gesetzes 89 aus dem Jahre 1890 über die Parcialidades indígenas zu berücksichtigen.
Die Behörden der Resguardos von Puracé und Coconuco und ihre jeweiligen comunidades müssen eine Überwachungskommission ernennen, die beauftragt wird, die Erfüllung der vorgenannten Maßnahmen und auch andere, die beantragt werden, zu überprüfen. Diese Überwachungskommissionen werden Unterstützung und Rat seitens der 'Eco-desarrollo'- ('Öko-Entwicklung') Studiengruppen der Universitäten des Cauca, des Valle und von Palmira erhalten.
Dieser Bericht wurde als Referat auf dem Zweiten Nationalen Ökologie-Seminar (Segundo Seminario Nacional de Ecología) vorgetragen, das in Bogotá in der Zeit vom 25. bis 28. Juli 1974 stattfand.

Muestra	pH	Conduct. Espec.	Turbiedad	Acidez total	Cloruros	Sulfatos
1. Río Vinagre, 1 km abajo de la mina	2.0	7,609.0	1,700	4,060.0	450	KDK 2,600
2. Acequia en predio Buena vista, a 3 km de la mina	3.3	336.9	—	—	—	290
3. Fuente de agua para consumo humano, a 7 km mina	6.4	—	—	—	—	18.0

pH	2.1
Aluminio	17.7 m.e.*
Cloruros	2.5 m.e.*
Sulfatos	112.5 m.e.*
Conductancia específica	20.0 Mhos-cm

* m.e. = miliequivalentes por 100 gramos.

ANÁLISIS DE SUELOS (ANEXOS)

Muestra	Identificación		pH	Al	Cl	SO4	C.e.	Procedencia
1	1,a	0-20	4.4	4.9	0.72	1.18	0.24	Potrero cercano al páramo, Carret. al Huila.
	1,b	20-30	4.6	5.2	0.15	0.60	0.10	
1	2,a	0-20	4.5	6.6	0.12	0.48	0.15	Parcela Modesto Charo, sobre Carret. al Huila, a 10 km de la mina.
	2,b	20-30	4.6	5.3	0.12	0.29	0.10	
	2,c	30-50	4.9	3.2	0.20	0.27	0.08	
3	3,a	0-20	5.1	1.3	0.17	0.99	0.23	Predio sobre carretera acceso a mina, parte alta.
	3,b	20-30	5.0	2.2	0.22	0.83	0.19	
	3,c	30-50	5.1	2.2	0.17	0.52	0.12	
4	4,a	0-20	4.2	4.5	0.12	2.70	0.44	Predio Buenavista, por debajo carretera acceso a la mina.
	4,b	20-30	4.1	4.2	0.17	23.17	0.50	
	4,c	30-50	4.1	3.6	0.17	3.2	0.57	
	4,c	30-50	4.1	3.6	0.17	3.02	0.57	
6	6,a	0-20	4.7	1.0	0.20	0.03	0.13	Predio Buenavista, a 3 km de la mina, debajo carretera a mina.
	6,b	20-30	4.6	1.7	0.17	0.03	.0.20	
	6,c	30-50	4.6	2.7	0.05	0.42	0.13	
7	7,a	0-20	3.7	6.9	0.10	1.92	0.30	Predio a 2 km de la mina.
	7,b	20-30	3.7	8.1	0.02	2.29	0.42	
	7,c	30-50	4.0	4.3	0.05	5.72	0.52	

Ruben Gazzoli:

Die Umweltprobleme in Lateinamerika - Eine Annäherung

In: Revista Interamericana de Planificación.
México. 14 (1980) 53 : 34 - 50.

DIE UMWELTPROBLEME IN LATEINAMERIKA - EINE ANNÄHERUNG

In dem vorliegenden Artikel werden zum Teil einige der
Fallstudien dargestellt, die als Teil einer Untersuchung
über die 'städtische Umwelt' in Lateinamerika [1] von einem
Forscher-Team des CEUR [2] im Jahre 1975 durchgeführt wurden. Wenn auch schon eine beträchtliche Zeitspanne seit
der Durchführung dieser Untersuchung vergangen ist, so
ist doch der größte Teil der Informationen, die in diesem Artikel enthalten sind, noch gültig, da in der Mehrheit der untersuchten Länder und Städte nur wenige Maßnahmen durchgeführt worden sind, die darauf abzielten,
die hier beschriebenen Situationen zu verbessern. Man
könnte behaupten, daß mit Ausnahme Brasiliens, wo konkrete
Aktionen initiiert worden sind, um Verschmutzungs- und Vergiftungsprobleme zu verhindern, es in den untersuchten
Ländern wahrscheinlich so ist, daß die Situation sich
noch verschlimmert hat.
Die genannte Untersuchung könnte als eine explorative definiert werden, da durch sie versucht wurde, erste Erkenntnisse über die Umweltsituation in den Städten der Region
zu erhalten.
Um diese Situation zu instrumentalisieren, war es erforderlich, von Konzepten und Definitionen auszugehen, die
notwendigerweise einen provisorischen Charakter hatten.
Das Kriterium war, eindeutig nur die wesentlichen Konzepte
festzulegen und die Herausbildung der übrigen während des
Forschungsprozesses selbst zu ermöglichen. Dies war sehr
wichtig, da - wir betonen dies noch einmal - das Ziel der
Untersuchung in der empirischen Erkenntnis der 'physischen'
Situation der städtischen Umwelt bestand, soweit diese die
Lebensformen der Menschen bedingt, die in diesen Räumen
wohnen.

Die Fälle, die im folgenden dargelegt werden, sind einerseits die von zwei Ländern, die sehr unterschiedliche Probleme aufweisen, welche ihrem derzeitigen Entwicklungsstand entsprechen: Brasilien mit einem hohen Entwicklungsgrad seiner Industrie und mit einer starken Einkommenskonzentration in einer Bevölkerungsschicht, die folglich auch ein erhöhtes Konsumniveau aufweist; und andererseits Bolivien, dessen grundlegende wirtschaftliche Aktivitäten die land- und viehwirtschaftliche Erzeugung und der Bergbau sind und dessen Bruttosozialprodukt pro Einwohner, eines der niedrigsten Lateinamerikas ist und das eine Einkommenskonzentration aufweist, die noch akzentuierter als die in Brasilien ist, und wo die außerordentlich kleine Gruppe mit hohen Einkünften keinerlei signifikante Auswirkungen auf die Umwelt hat, da das niedrige Konsumniveau bestimmend ist.

An diesen Fällen werden allgemeine Probleme aufgezeigt, die für einen räumlichen Bereich von einer größeren Breite gelten, als das der städtische Bereich ist, und die es präzis ermöglichen, das Gewicht der städtischen Umweltprobleme in den unterschiedlichen Realitäten zu relativieren, die die analysierten Länder bieten.

Die beiden anderen 'Fälle', die untersucht werden, sind die von zwei städtischen Zentren: La Paz (Bolivien) und Resistencia (Argentinien); diese beiden Fälle entsprechen ganz besonders den in diesem Artikel angegangenen Problematiken. In beiden Fällen beziehen wir uns nicht bloß auf die jeweilige Stadt selbst innerhalb ihrer verwaltungsmäßig-politischen Grenzen, sondern auf den 'städtischen Gürtel', auf die "Aglomeration".

BRASILIEN

Die wichtigsten Ursachen für die Verschmutzung und Vergiftung des Wassers in diesem Land sind die aus den Haushalten und aus der Industrie stammenden Abwässer. Das Feh-

len von Kanalisationssystemen und von adäquaten Kläranlagen schaffen die Bedingungen dafür, daß eine Vergiftung der Wasservorräte stattfinden kann.
Die Abwässer aus der Industrie bilden in den wichtigen Städten Brasiliens ein wachsendes Problem, da keinerlei Kontrolle über eine große Zahl von Industrien ausgeübt wird, deren flüssige Abfälle die Gewässer vergiften, in die sie eingeleitet werden.
Das signifikanteste Beispiel für ein Zusammenwirken beider Typen von Vergiftungen - Abwässer aus Haushalten und Industrien - findet man im Gebiet des Flusses Paraiba do Sul, wo die größte Megalopolis Lateinamerikas und wahrscheinlich eine der größten der Welt angesiedelt ist: sie umfaßt die Städte Sao Paulo, Santos und Rio de Janeiro und weist eine Bevölkerung von fast zwanzig Millionen Einwohnern auf. Dort konzentriert sich 70 % der industriellen Erzeugung (52 % des Stahls, 100 % der Autoindustrie); es werden hier 50 % der Elektrizität, die in brasilianischen Haushalten verbraucht werden, konsumiert.
Ohne die Metropolen Sao Paulo und Rio de Janeiro durchquert zu haben, nimmt der erwähnte Fluß während der 1.600 km seines Laufs Abwässer menschlicher und industrieller Herkunft auf. "Diese Situation verschlimmert sich; dieser Prozeß erlaubte Fachleuten die Prognose, daß der Fluß innerhalb eines Zeitraumes von fünf Jahren sterben wird. Im Gebiet von Sao Paulo (600 km des Flußlaufs) nimmt der Paraiba Abwässer in einem Umfang auf, der einer Stadt von 800.000 Einwohnern entspricht und außerdem Abfälle, die oftmals säurehaltig und toxisch sind, von 2.900 Industrien, die den Fluß mit 33.000 kg Oxygen täglich belasten; diese Menge entspricht dem 'Ausstoß' einer Stadt von 700.000 Einwohnern. Der größte Teil der Städte, die an den Ufern des Flusses gelegen sind, entnehmen dem Fluß vergiftetes Wasser, das sie nach einer ersten Behandlung benutzen, um die Bedürfnisse der Bevölkerung zu befriedigen. Diese Städte entleeren ein wenig weiter flußabwärts ihre Abwäs-

ser wiederum in den Fluß; dadurch tragen sie zur Vergiftung und Verschmutzung des Wassers bei, das die Bevölkerung flußabwärts verwenden muß." [3]

In Sao Paulo ist die Situation in gleicher Weise alarmierend. Die zwei Kläranlagen, die sich dort befinden, bearbeiten nur 10 % der Abwässer des Munizips. "Der Rest wird 'in natura' in die Flüsse Pinheiro und Tiete eingeleitet, die ihrerseits in einem großen Reservoir zusammenfließen, das im Süden der Stadt gelegen ist und als Pillings-Staubecken bekannt ist. Während der Regenzeiten steigt der Wasserstand im Staubecken und bewirkt, daß die Abwässer aus den Kloaken sich über eine große Fläche verteilen und zahlreiche private Zisternen verseuchen, die ungefähr 50 % der Bevölkerung der Stadt mit Wasser versorgen. Der Pillings-Stausee ist jetzt so intensiv vergiftet, daß alle Ströme, die durch ihn hindurchgehen, ebenfalls vergiftet sind. Diese im höchsten Maße vergifteten Abwässer werden ihrerseits ins Meer eingeleitet, was wiederum zu einer Verseuchung der Strände von Santos führt." [4]

In den Fluß Tiete werden ebenfalls die Industrieabwässer des Industriegürtels von Sao Paulo eingeleitet, insbesondere Merkur, Salze, Blei und 'Schaumsäulen', die aus Rückständen von Reinigungsmitteln gebildet werden. Dieser Schaum schadet den landwirtschaftlichen Erzeugnissen und gefährdet das Leben der Tiere auf den Feldern, die in der Nähe der Hauptstadt des Staates Sao Paulo gelegen sind. [5]

Weitere wichtige Beispiele für eine starke Vergiftung des Wassers in Rio de Janeiro sind die Meeresstrände (Ramos, Copacabana, Leme, Ipanema, Leblon); die Lagune Rodrigo de Freita und die Bucht von Guanabara; in Belo Horizonte enthält der Kanal des Flusses Arrudes in der Trockenperiode 60 % Abwässer aus Kloaken, ohne irgendwelche Behandlung; die Flüsse Capibaribe und Tejipié in Recife; in Espíri-

tu Santo der Hafen von Tubarao; in Porto Alegre der Fluß
Gauiba - im allgemeinen bedienen alle Flüsse die an ihnen
gelegenen Städte 'prekär' mit Wasser; städtische Abwässer-
systeme - sowohl für Haushalts- wie Industrieabwässer -
sind entweder gar nicht vorhanden oder äußerst mangelhaft.

Das Fehlen einer Versorgung mit Trinkwasser zwingt geradezu die Bevölkerung mit geringem Einkommen dazu, sich mit
verschmutztem und vergiftetem Wasser zu versorgen. Die
Auswirkungen auf die Gesundheit dieser Bevölkerungsschicht
äußert sich in hohen Sterblichkeitsraten, die durch "En-
teritis und andere Durchfallerkrankungen hervorgerufen
werden." Es besteht eine eindeutige Korrelation zwischen
einem Defizit der Trinkwasserversorgung und der Höhe der
Sterblichkeitsrate. Die letzte erreicht 138 pro Tausend
in der Nordost-Region Brasiliens.

Die Verschmutzung und Vergiftung der Luft in den großen
städtisch-industriellen Zentren Brasiliens ist auf drei
Faktoren zurückzuführen:
1. Die Industrien benutzen Energie, die durch das Verbrennen von Erdöl oder Kohle gewonnen wird.
In Brasilien gibt es ungefähr 900.000 Industriebetriebe,
von denen ungefähr 5.500 85 % der gesamten Fabrikerzeu-
gung herstellen.
2. Die Kraftfahrzeuge stoßen toxische Abgase und schwarzen
Rauch aus.
In Brasilien sind ungefähr 7 Millionen Kraftfahrzeuge in
Betrieb.
3. Die Verbrennungsanlagen für Abfälle, die Verbrennungsanlagen der Industrien, die Heizungen der Appartement-Ge-
bäude und der Stadtverwaltungen:
Das Land verfügt über 15 städtische Verbrennungsanlagen
und über 16 Anlagen zur Abfallbeseitigung. [6] Einige wenige Städte haben die Methode des 'relleno sanitario' (Müll-
deponie) in die Praxis umgesetzt, während andere die Ab-

fälle industriell nutzen. Andererseits war bis vor wenigen Jahren das Verbrennen der Abfälle in den Appartmenthäusern obligatorisch, und es durfte kein Gebäude ab einer gewissen Größenordnung bezogen werden, das nicht eine eigene Verbrennungsanlage gehabt hätte.

Sao Paulo weist den höchsten Verschmutzungsgrad der Luft in Lateinamerika auf. Die Rekorde der Luftverschmutzung in Sao Paulo werden fast Woche für Woche überboten; sie bilden so eine schwere Bedrohung für die annähernd zehn Millionen Einwohner der Stadt. Tatsächlich gehen "durch das Einatmen die giftigen Gase und Partikel direkt in das Blut, wobei sie vom Hämoglobin (Farbstoff der roten Blutkörperchen) absorbiert werden und folglich eine Reduzierung des Anteils dieses Elements im Blut zum Nachteil eines normalen Funktionierens des Gehirns und des Herzens hervorgerufen wird. Neben diesen Problemen erzeugt der hohe Anteil an Vergiftungen, die der paulista (Einwohner von Sao Paulo) einatmet, Schädigungen des Atmungsapparats, besonders in der Kehle und kann zum vorzeitigen Alterungsprozeß führen. Die Vergiftungen der Luft können auch zu einer Steigerung der Sterblichkeitsraten führen...." [7] Der Grund dafür, daß in Sao Paulo die höchsten Werte für eine Vergiftung festgestellt werden, liegt darin, daß sich dort eine große Zahl von Industrien und Kraftfahrzeugen konzentrieren.

Die 33.000 Industrieanlagen, die im Gebiet von Sao Paulo arbeiten, liegen zum größten Teil in der Nähe der Wohngebiete; sie widmen sich hauptsächlich metallverarbeitenden, elektrischen, chemischen und mechanischen Sektoren und stoßen fortwährend gefährlichste Giftstoffe aus - "Von Zusammensetzungen aus Schwefel und Stickstoff bis hin zu löslichen Dämpfen, explosiven Gasen und stickstoffhaltigen Sulfaten. Nur dreihundert dieser Industrien verfügen über

Schutzvorrichtungen, wobei man die Zahl derer, die tatsächlich funktionieren, auf zwei Dutzend schätzt. Darüber hinaus sind im Munizip von Sao Paulo ungefähr 1.200.000 Fahrzeuge in Betrieb - der größte Automobil-Park des Landes. Weiterhin arbeiten hier drei Müllverbrennungsanlagen mit einer Gesamtkapazität von 800 t täglich. Außerdem ist eine thermoelektrische Anlage mit einer Leistung von 450.000 Kilowatt in Betrieb." [8]

Bis hier sind die Umweltprobleme beschrieben worden, die im regionalen Maßstab zum Ausdruck kommen. Wie wir gesehen haben, hatten diese Probleme ihren Ursprung in den Produktivprozessen und/oder den Prozessen der Reproduktion der Bevölkerung, wobei beide Prozesse auf einer Infrastruktur unzureichender oder gar nicht existierender Dienstleistungen entwickelt wurden. Die erste der aufgezeigten Ursachen erzeugt Probleme von Vergiftung und Verschmutzung, die denen ähnlich sind, die in den Zentralländern stattfinden.
Die zweite der Ursachen ist eine Besonderheit der Region und spiegelt die ökonomische Unfähigkeit des Staates wider, die Bedingungen zu schaffen, die der beschleunigte Prozeß der Urbanisierung erfordert, der in der Region stattfindet. Zu diesen Ursachen muß noch die Auswirkung hinzugefügt werden, die auf die Umwelt die eingeschränkten Konsummöglichkeiten eines beträchtlichen Teils der Bevölkerung hat. Diese Ursachen sind ihrerseits die Folge des in den Ländern der Region Lateinamerika herrschenden sozio-politischen Modells, da es dieses ist, das die Formen der Aneignung und Nutzung der Umwelt festlegt.

Ein Bereich, in dem klar die Auswirkungen der eingeschränkten ökonomischen Kapazitäten der Volksschichten manifest werden, ist der Wohnungsbereich. Die Ziffern des "Defizits" spiegeln die Unfähigkeit dieser Schichten wider, angemessene Wohnungen zu erhalten; in Wirklichkeit sind, was un-

ter der Kategorie 'Wohnungs-Defizit' quantifiziert wird,
eine Menge Wohnungen von schlechter Qualität, die den Bestand bilden. Daher wird dieser Bereich als ein Teil des
Themenfeldes 'städtische Umwelt' angesehen. Denn die Wohnverhältnisse tragen zu den Lebensbedingungen ihrer Bewohner und zur Herausbildung der städtischen Umwelt wesentlich bei. Dies letzte wird besonders deutlich, wenn man
feststellt, daß im allgemeinen diese unangemessenen Wohnungen in Zusammenballungen vorzufinden sind und Armenviertel bilden (barrios pobres, villas miseria, tugurios etc.).

In Brasilien begann man, eine klare Sicht in bezug auf die
Dimensionen des Problems zu bekommen, dem man entgegentreten mußte, um den raschen Anstieg des Wohnungsdefizits
in den Griff zu bekommen und einer Lösung zuzuführen; dies
war zu Beginn der sechziger Jahre. Obwohl dieses Defizit
nur schwer zu quantifizieren war, gaben die Regierungsbehörden in Anbetracht der Bedingungen des Immobilienmarktes zu, daß eine unbefriedigte und klar erkennbare Nachfrage nach Wohnungen vorhanden war; diese Nachfrage wurde
wesentlich durch eine beträchtliche Zahl von Wohnungen
von niedrigem Standard repräsentiert; sie ging von den
Bevölkerungsschichten mit den geringsten Einkommen aus. [9]

Die von den Vereinten Nationen im Jahre 1961 für die Periode 1960 bis 1975 durchgeführte Schätzung gelangte zu
dem Ergebnis, daß das Wohnungsdefizit auf 11 Millionen
Einheiten ansteigen würde. [10] Andere Schätzungen gelangten zu 7 oder 8 Millionen Wohnungseinheiten. [11] Von dieser letzten Ziffer gingen die staatlichen Behörden aus;
diese stützte sich auf die Erhebungen der Volkszählung
von 1960. Die Bevölkerungsschicht, bei der der Wohnungsmangel sich als besonders gravierend darstellte, war diejenige, die ein Einkommen zwischen einem und drei Mindestlöhnen erhielt; ihr Defizit wurde auf 3.700.000 Wohnungseinheiten geschätzt. Die zweitgrößte Gruppe war die Be-

völkerungsschicht, die weniger als einen Mindestlohn monatlich zur Verfügung hatte - mit einem Wohnungsdefizit, das auf 2.300.000 Einheiten geschätzt wurde. [12]
Nach diesen Defizitberechnungen mußten zwischen 1960 und 1975 zwischen 740.000 und 1.000.000 Wohnungseinheiten gebaut werden, um das Wohnungsproblem so zu lösen, daß "jeder Familie die eigene Wohnung gegeben wurde".
Der größte Fehlbestand wurde in den großen städtischen Zentren festgestellt; hier schätzte man ein Defizit von 6.000.000 Einheiten, da dort der Bevölkerungsanstieg höher als 5 % jährlich war. [13] Es wurde darauf hingewiesen, daß die Wohnungsknappheit am gravierendsten in den Metropolen war [14] und daß die Wohnungsknappheit dort mit sehr viel größerer Schnelligkeit zunahm. Andererseits "erzeugte die Migration von den ländlichen Gebieten in die städtischen Zentren - auf der Suche nach besseren Möglichkeiten und Löhnen in die Zentren von größerer wirtschaftlicher Bedeutung - das Problem des 'favelado'(Bewohner einer Elendssiedlung am Stadtrand), das die defizitären Bedingungen im Lande hinsichtlich Wohnungen, sanitären Einrichtungen und sozialer Wohlfahrt im großen Umfang erschwerte. [15]
Darüber hinaus erzeugte der entstehende soziale Rahmen der Stadt Spannungen - hauptsächlich in den 'vorstädtischen Wohngebieten', in denen "das Problem alarmierende Symptome annahm und alle Ebenen der Regierung zu beschäftigen begann". [16]
Im Jahre 1970 betrug der Bestand an städtischen und vorstädtischen Wohnungen annähernd 10 Millionen Einheiten. Von diesen waren 56 % an das öffentliche Wasserversorgungsnetz angeschlossen; gleichzeitig ging man davon aus, daß nur 40 % der städtischen Gesamtbevölkerung in angemessener Weise mit Wasser versorgt wurde. Die Zahl der Wohnungen, die mit Wasser aus Brunnen oder mit aufgefangenem Regenwasser versorgt wurden, betrug 24 % der Gesamtheit aller Wohnungen, während die Wohnungen, die über gar kein

Wasser verfügten, ein Fünftel aller Wohnungen ausmachten. Im Jahre 1970 verfügten nur 30 % der Wohnungen in den Städten über einen Anschluß an die Kanalisation. Von den anderen Wohnungen benutzten 80 % individuelle Systeme zur Beseitigung der Exkremente, während 20 % gar keine Möglichkeit zu deren Beseitigung hatten. Andererseits bedeutete das Vorhandensein eines allgemeinen Systems der Kanalisation nicht, daß es angemessene Anlagen für die Behandlung dieser Abwässer gab. [17] Viele der Systeme zu deren Behandlung verwandeln sich in Konzentrate von Vergiftungen jeglicher Art, und die gesammelten Abwässer (aguas servidas) werden in die Flüsse, in die Seen und in den Ozean nach einer einfachen Behandlung oder ohne eine solche eingeleitet. Auf diese Weise wird das Problem der Wasserverschmutzung und -vergiftung verschärft, und das trägt dazu bei, daß die Kindersterblichkeitsrate hoch ist, und dazu, daß die Leistungen der Arbeitskräfte aufgrund von Erkrankungen, die ihre Ursache in diesem Wasser haben, herabgesetzt werden. [18] Ein weiteres ernstes Problem stellt in der Mehrheit der großen brasilianischen Metropolen das Vorhandensein von heimlichen Kloakennetzen dar, die oft mit den Regenabwässersystemen verbunden werden und dadurch schwerwiegende Probleme, besonders in Zeiten starker Regenfälle, hervorrufen. Dies ist der Fall in Sao Paulo, wo "zur Zeit 30 % der Wohnungen an das offizielle Kloakennetz angeschlossen sind, während 70 % der Wohnungen in der Stadt verborgene, private Anschlüsse an die Regenabwasserkanalisation haben". [19]

Die Beschreibung hat zum Ziel, auf gewisse Charakteristika der Umwelt hinzuweisen, die dazu tendieren, in den städtischen Gebieten Brasiliens dominant zu werden; und es scheint nicht, daß diese Probleme kurz- oder mittelfristig überwunden werden können. Wenn der gegenwärtige Rhythmus des Wachstums der städtischen Zentren beibehalten wird, so wird die Investitionssumme, die erforderlich sein wird, um die aufgezeigten Umweltprobleme zu lösen, so hoch sein, daß das Modell wirtschaftlichen Wachstums gefährdet würde, das in diesem Land herrscht.

BOLIVIEN

Im Falle Boliviens ist die Wohnungssituation einer der signifikantesten Indikatoren für die Umweltschädigung. Der bestimmende Faktor ist - worauf schon hingewiesen wurde - die ökonomische Unfähigkeit umfangreicher sozialer Schichten, Zugang zu einer angemessenen Wohnung zu finden. Hierzu muß man das relativ schnelle Bevölkerungswachstum der städtischen Zentren hinzurechnen, das durch die Migrationen und das Fehlen einer effektiven Wohnungspolitik seitens des Staates hervorgerufen wird.
Die genannten Faktoren haben zur Folge, daß das Gesamtwohnungsdefizit, das auf 350.000 Einheiten im Jahre 1975 geschätzt wird, quantitativ gesehen in den städtischen Gebieten gravierender als in den ländlichen ist. Dies wird in einer hohen Belegungszahl für die bestehenden Wohnungen in den Städten manifest. Tatsächlich wurde die Bewohnerzahl pro Wohnung - der einzige verfügbare Indikator - im Jahre 1974 auf annähernd 7 Personen pro Wohnungseinheit geschätzt. [20]
Nach einem 'Bericht' [21] müßte man in den nächsten fünf Jahren 211.646 Einheiten insgesamt bauen, um die in den städtischen Zentren bestehende kritische Wohnungssituation zu überwinden; dies bedeutet eine Zahl, die über dem gegenwärtigen Wohnungs-'Stock' in den Städten liegt. [22]
In den ländlichen Gebieten ist die Wohnungssituation ebenfalls kritisch. In der genannten Arbeit gelangt man zu der Schlußfolgerung, daß fast alle Wohnungen auf dem Land durch neue ersetzt werden müßten. Daher ist die geschätzte Zahl der fehlenden Wohnungen kaum niedriger als der Bestand; dieser setzt sich zu 83 % aus inadäquaten Wohnungen zusammen, die ersetzt werden müssen.

Zusammenfassend: Wenn man die Wohnungssituation auf dem Land und in den Städten betrachtet, so schätzt man, daß 654.097 Wohnungseinheiten in den nächsten fünf Jahren gebaut werden müssen, um das derzeitige Wohnungsdefizit zu überwinden. Diese Ziffer erscheint sehr hoch, wenn man sie mit den 350.000 Einheiten vergleicht, die als Defizit von einigen Beamten angegeben werden, deren Bewertung der gegenwärtigen Situation auf diesem Sektor möglicherweise realistischer ist. Aber auch wenn man diese letzte Zahl als repräsentativ für das Wohnungsdefizit ansieht, so würde dessen mittelfristige Überwindung eine wirtschaftliche Anstrengung erfordern, die die Möglichkeiten der bolivianischen Wirtschaft übersteigt.

Die Wohnungssituation wird durch das Fehlen einer Trink- oder Abwasserversorgung oder deren unzureichender Qualität verschärft. Das Ministerium für Städtebau und Wohnungswesen (Ministerio de Urbanismo y Vivienda) weist in einem Bericht darauf hin, daß "statistische Daten des Ministeriums für Soziale Vorsorge und Öffentliche Gesundheit (Ministerio de Previsión Social y Salud Pública) zeigen, daß die übertragbaren Krankheiten innerhalb der Todesursachen in Bolivien sehr hohe Werte erreichen, wobei ein hoher Prozentsatz den Krankheiten zuzuschreiben ist, die ihren Ursprung im Wasser haben, und zwar aufgrund der Defizite der sanitären Einrichtungen. Wir fügen hinzu, daß die Bevölkerung im allgemeinen es nicht geschafft hat, die grundlegenden sanitären und hygienischen Probleme in angemessener Weise zu lösen". [23)]

Tatsächlich verfügen annähernd 54 % der städtischen Gesamtbevölkerung Boliviens über Trinkwasser; von diesem Prozentsatz versorgen sich etwa 25 % durch den sog. "leichten Zugang" ("acceso fácil"); dieses Trinkwasser-Versorgungssystem besteht in einem Netz öffentlicher Wasserbassins, die in einer Maximalentfernung von 250 m zu den Wohnungen gelegen sind. Der Rest der Bevölkerung versorgt sich mit eigenen Mitteln aus den verschiedensten natürlichen Quel-

len.
Was den Anschluß an das Kanalsystem betrifft, so wird die städtische Bevölkerung nur zu ungefähr 23 % angeschlossen. Dieser Prozentsatz umfaßt ausschließlich die Bewohner von Hauptstädten von departamentos (Regierungsbezirken); in den kleineren Ortschaften existiert eine solche Dienstleistung nicht.
In den ländlichen Gebieten verfügen nur 4 % der Bevölkerung über Trinkwasser und ein ähnlich geringer Prozentsatz über Systeme zur Beseitigung der Exkremente. Eine Abfallbeseitigung (Müllabfuhr) findet nur in zehn Städten des Landes statt. Die Abfälle werden im allgemeinen ausserhalb des Stadtgebiets deponiert und bilden dort wahre Müllberge.
Betrachten wir jetzt kurz die Probleme der Luft- und Wasserverschmutzung und -vergiftung in Bolivien. Ganz allgemein kann gesagt werden, daß die Luftqualität in den städtischen Zentren des Landes noch nicht durch die Immissionen, wie sie bei der Produktion oder dem Verkehr entstehen, beeinträchtigt worden ist.
Die einzigen Probleme einer Luftvergiftung finden sich im Gebiet der Bergwerke, und sie erreichen eine nationale Dimension durch die Bedeutung dieser wirtschaftlichen Aktivität für das Land.
Man schätzt, daß gegenwärtig 55.000 Arbeiter in den Bergwerken arbeiten, von denen 75 % dem Risiko einer Silikose-Erkrankung (Steinstaublunge) ausgesetzt sind, d.h. daß bei ihnen die Neigung besteht, sich die Silikose-Erkrankung oder eine Silikose-Tuberkulose zuzuziehen, [24] die die schwerwiegendste Krankheit im Bergbau darstellt. Tatsächlich ist die Silikose eine Krankheit, die unheilbar und irreversibel ist, progressiv fortschreitet und zur Invalidität führt. In Bolivien ist die Zahl der Krankheitsfälle proportional viel größer als in anderen Bergbauländern, weil die Mehrheit der Minen in Höhen über 3.500 m liegt. "Der Luftdruck wird so sehr herabgesetzt, daß die Perso-

nen, die hier leben, mehr Liter Luft einatmen müssen, um
die gleiche Menge Sauerstoff zu erhalten und zu verbrauchen. Folglich atmen die Bergleute eine große Menge silikosehaltigen Staubs ein." [25]
Das Auftreten von Silikose und Silikose-Tuberkulose-Erkrankungen unter den Bergleuten, die in den Bergbauunternehmen arbeiten, ist sehr hoch (23,2 und 2,1 %). [26] Dies kann zum großen Teil durch die Auswirkungen der Höhe [27] und durch die Charakteristika der beim Produktionsprozeß benutzten Technologie erklärt werden. Hinsichtlich der Vergiftungen und Verschmutzungen, die die Fabriken hervorrufen, die die Mineralien konzentrieren, entstehen sie durch die Einleitung des in der Industrie benutzten Wassers in die Flüsse und Bäche, die zur Bildung künstlicher Teiche führen. Wenn auch dieser Typ von Faktoren, der zu einer Vergiftung führt, relativ neuen Datums ist, so kann er - wenn keine Maßnahmen einer angemessenen Politik zur Kontrolle ergriffen werden - schon kurzfristig weitreichende Folgen haben; denn sowohl der beschleunigte Urbanisierungsprozeß, der in Bolivien beginnt, wie auch das Vorhandensein von großen Fabriken zur Konzentration des Erzes werden schnell diesen Typ von verschmutzten und vergifteten Abwässern vermehren.
Was die Oberflächengewässer betrifft, so hat das Fehlen einer Politik, die darauf gerichtet ist, ihre Qualität zu erhalten, in den letzten Jahren zum Entstehen und zur Entwicklung spezifischer Vergiftungsprozesse geführt, die ihren Ursprung in dem Abfluß der Kloaken-Abwässer und/oder in Schmelzprozessen des Erzes haben.
Ein Beispiel für den ersten Typ von Vergiftung ist der Fluß Coqueyapu, der die Stadt La Paz durchquert und der in seinem Lauf die Abwässer aus den Haushalten und den Industrien aufnimmt und in ein enges Tal einmündet. Dieses Tal hat seit undenklichen Zeiten wegen des Reichtums seiner Böden landwirtschaftlichen Zwecken gedient. Mit dem ständigen Bevölkerungswachstum steigert sich auch die Ver-

giftung des Flußwassers in einem parallelen Prozeß; weitere Abwässer werden in den Fluß eingeleitet, die schwarzes Wasser mit sich führen, das aus anderen Gebieten stammt; und so findet eine Vergiftung der angebauten landwirtschaftlichen Produkte statt.

DER 'FALL' DER STADT LA PAZ, BOLIVIEN

Die Stadt La Paz, die auf einer mittleren Höhe von 3.500 m über dem Meeresspiegel gelegen ist, befindet sich im Tal des Coqueyapu-Flusses. In seiner dominierenden Nordwest-Südost-Richtung stellt dieses Tal einen Abhang in der Weise dar, daß der Höhenunterschied zwischen der nördlichen Zone der Stadt und den 'Entwicklungsgebieten' im Süden mehr als 1000 m beträgt; dies hat große Kontraste hinsichtlich der klimatischen und ökologischen Charakteristika beider Räume zur Folge. Die Existenz von noch ausgeprägteren Hängen in der Querrichtung bedingt schon von Anfang an die Besonderheit der 'Geometrie', an die der Mensch sich anpaßte, als er eine Stadt auf diesem Gelände anlegte. Tatsächlich sah sich die 'Besetzung des Territoriums' auf jene Räume beschränkt, deren Hänge die Bewegung von Menschen und Verkehrsmitteln ermöglichten.
Andererseits konnte das regelmäßige Schachbrettmuster nur in jenen Gebieten beibehalten werden, die dies aufgrund des Typs und der Größe ihrer Hänge gestatteten; hingegen mußte der Entwurf an den Orten, wo die Schluchten besonders ausgeprägt waren und in beiden Richtungen verliefen, sich nach dem Verlauf des weniger steilen Abhangs ausrichten; dadurch nahm der Bauplan eine ziemlich unregelmäßige Form an.
Der Wachstumsprozeß von La Paz hatte seinen Ursprung in der Zentralzone des Tals. Später dehnte sich der städtische 'Flecken' weiter nach Südosten aus und besetzte die Wasserläufe, die zum Coqueyapu führten und folgte dem natürlichen Gefälle auf der Suche nach besseren klimatischen

Bedingungen, die ja von der Höhenlage abhängen. Schon in den letzten Jahren wurden als Teil einer geplanten Aktion die Ländereien, die im Nordwesten der Stadt in einer Art kleiner Hochebene gelegen sind, die sich 400 m über dem Niveau der ursprünglichen Trasse der Stadt erhebt, urbanisiert. In dieser Zone, die Alto de La Paz ('Ober-La Paz') genannt wird, wollte man ursprünglich den Industrie-Sektor und einen Wohnbereich neben dem internationalen Flughafen anlegen. Jedoch haben sowohl die Höhenlage als auch die strengen klimatischen Bedingungen ernsthafte Schwierigkeiten für die Entwicklung menschlichen Lebens an diesem Ort geschaffen. Diese Tatsache hat - zusammen mit dem offensichtlichen Widerspruch, den das Vorhandensein von Wohngebieten in der Nähe des Flughafens bedeutet - daran denken lassen, daß dieses Gebiet langsamer wachsen wird als die übrigen. Man darf annehmen, daß die vergleichsweise geringere Nachfrage nach Land und das folglich niedrigere Preisniveau dieses Gebiet zu einem "geeigneteren" Siedlungsraum für die Bevölkerungsschichten mit niedrigem Einkommen machen.

Die Nutzung des städtischen Bodens in La Paz bringt eindeutig die wesentlichen Charakteristika der ökonomischen Struktur zum Ausdruck, d.h. die nur beschränkte Manufakturtätigkeit, die beträchtliche, zentrale Aktivität im Dienstleistungsbereich und das im Durchschnitt niedrige Konsumniveau der Bevölkerung. Wenn man die Muster der Ansiedlung der wirtschaftlichen Aktivitäten analysiert, kann man das Folgende feststellen:

- Es gibt zwei Gebiete von beschränkten Ausmaßen, in denen die industrielle Aktivität vorherrschend ist; beide Gebiete sind an der Peripherie des Zentrums der Stadt gelegen: im Nordosten in Alto de La Paz und im Südwesten der Stadt. Die dort angesiedelten Betriebe gehören zur Nahrungs- und Getränkeindustrie und zur metallverarbeitenden Industrie. Es handelt sich im allgemeinen um Unternehmen mittlerer Größe.

Es gibt einen 'Focus', in dem sich die Handels- und Verwaltungsaktivitäten, wie auch der Tourismus konzentrieren. Die Charakteristika dieses 'Brennpunkts' sind die schlechte Qualität der gehandelten Waren und die geringe Ausdehnung des Gebietes, das ungefähr zehn Häuserblocks umfaßt.
- Das übrige Gebiet der Stadt ist durch die Dominanz der Bodennutzung für Wohnzwecke und durch die Präsenz von Handel und Dienstleistungen charakterisiert, die nur die täglichen Bedürfnisse der Bewohner decken. Im allgemeinen gibt es eine niedrige Bebauungsdichte. Dies ist darauf zurückzuführen, daß bis vor etwa fünfzehn Jahren nur Einzelwohnungen oder Wohnhäuser mit nicht mehr als drei Stockwerken gebaut wurden. Erst in den letzten Jahren hat man einen Prozeß der Sanierung in den Innenstadtbereichen begonnen, der zu einer progressiven Steigerung der Zahl der Wohngebäude geführt hat, die für mehrere Familien mit mehreren Stockwerken gebaut werden und dadurch zu einer größeren Bevölkerungsdichte führen.
- Die Wohnungssituation in La Paz erscheint als eine klare Manifestation dafür, daß ein bedeutender Sektor der Bevölkerung nur über eine reduzierte ökonomische Kapazität verfügt.

Hinsichtlich der Größe und des Typs sind die Wohnungen vorherrschend, die nur aus einem oder zwei Zimmern bestehen (54,8 %). Der Rest der Bevölkerung wohnt in größeren individuellen Häusern oder Wohnungen (20,5 %) oder departamentos (Wohnungen, Appartments). Wenn man berücksichtigt, daß die Durchschnittsfamilie aus 5 Personen besteht, so kann man sich eine annähernde Vorstellung davon machen, welcher Grad an Überbelegung in der großen Mehrheit der Wohnungen existiert. Innerhalb dieses Wohnungstyps bestehen bei fast allen Wohnungen die Wände aus Luftziegel und der Fußboden aus Erde, Zement oder Holz. In einigen der Stadtviertel, die in der von CEUR durchgeführten Untersuchung analysiert wurden, wie in denen von El Alto und Manaypata, stellen die Häuser mit einem Boden aus Erde ungefähr die Hälfte aller Häuser. Andererseits sind hier die Systeme der Beleuchtung und Belüftung sehr unzureichend: eine von je sechs Wohnungen verfügt über gar kein Fenster, d.h. daß nur durch die Tür Luft und Licht ins Innere gelangen. Die Wohnungen, die ein oder zwei Fenster haben, stellen nur 17 % der Häuser. Als Beispiel für die Wohnungssituation - was die Versorgung mit Wasser betrifft - kann der folgende Text zitiert werden: "Nur ein Drittel der Bevölkerung des Gebietes verfügt über fließendes Wasser im Haus, wobei die Unterschiede in den Pfarreien sehr signifikant sind: von 83,3 % in San Pedro bis zu 0,5 % in Santa Maria de los Angeles. Fast alle Familien, die kein Wasser im Haus haben, holen dies aus den öffentlichen Wasserbecken. Dies stellt nicht nur eine große Unbequemlichkeit dar, sondern ist auch vom hygienischen Gesichtspunkt aus anzugreifen, insbesondere wenn man den geringen Wohnraum mit berücksichtigt... Was Duschen betrifft, so ist die Situation noch delikater: nur eine von zehn Familien besitzt eine Dusche...." [28]

Was die Eliminierung der Exkremente betrifft, so ist festzustellen, daß nur drei von zehn Familien über eine solche Möglichkeit verfügen; dadurch wird das Gravierende der Situation offenkundig.

Die bisher vorgenommene Beschreibung entspricht dem allgemeinen Alltag der Schichten mit niedrigen Einkommen in La Paz. Aber innerhalb dieser 'Welt' existieren Differenzierungen, von denen einige aufgezeigt werden müssen, damit man erkennen kann, welches die schlechtesten Lebensbedingungen sind, die es in dieser Stadt gibt. Zu diesem Zweck stützen wir uns auf eine Untersuchung [29] von zwei marginalen Stadtteilen (barrios marginales): Villa Copacabana - im Osten der Stadt gelegen mit 5.800 Einwohnern - und Chamoco Chico im Westen mit 1.525 Einwohnern. Was die allgemeinen Umweltcharakteristika dieser Stadtteile betrifft, so werden sie in der genannten Arbeit folgender-

maßen beschrieben: "Im allgemeinen haben alle 'villas adobe' keine Trinkwasserversorgung durch ein Leitungsnetz, das direkt die Wohnungen versorgt; das flüssige Element wird durch 'Bassins mit Wasserhahn' ('pilas con grifo') verteilt, wobei dies das einzige Mittel zur dauerhaften Versorgung ist. In einigen Fällen versorgt man sich auch mit gesammeltem Regenwasser. Ein Kanalisationssystem ist praktisch nicht vorhanden.
"Stattdessen hat man versucht, öffentliche Latrinen zu errichten, deren unzweckmäßige Bauweise sie in kurzer Zeit in Infektionsherde verwandelte. Aus diesem Grund hat man aufgehört, sie zu dem Zweck zu benutzen, zu dem sie errichtet worden waren. Neuerdings benutzt man die Bergschluchten und Flüßchen, die sich so in übel riechende Gebiete verwandeln. Man muß noch hinzufügen, daß weder ein System zum Sammeln der Abfälle, noch zur Reinigung der Straßen besteht; aus diesem Grund wird auch der Müll an diese Orte gebracht, wodurch deren Charakter als Orte der Vergiftung ansteigt.
Nur dort, wo der Abhang eine Zufahrt von Fahrzeugen erlaubt, existiert ein 'Hauptweg' von einer gewissen Breite, der das Zentrum des Stadtteils durchquert, das im allgemeinen - ebenso wie das übrige Stadtviertel - in schlechtem Zustand ist, und zwar wegen des Nichtvorhandenseins einer Kanalisation, die das Oberflächenwasser sammelt, und wegen des Fehlens einer Pflasterung.
Die anderen Straßen variieren in ihrer Breite zwischen drei und acht Metern, und ihre Abschüssigkeit verhindert den Verkehr von Fahrzeugen.
Da andererseits die Straßen als Aborte benutzt werden, fallen sie durch den schlechten Geruch auf."

Was die Eigenschaften der Wohnungen betrifft, so zeigt die Untersuchung auf, daß diese Wohnungen denen ähnlich sind, wie sie für andere Stadtteile beschrieben wurden - nur daß hier häufiger der adobe-Typ von Häusern anzutreffen ist.

Die vorangehende, knappe Beschreibung gewisser Wesenszüge dieser beiden Stadteile wird es ermöglichen, das negative Extrem innerhalb des Umweltspektrums der gesamten Aglomeration zu bewerten.
65 % der Gesamtbevölkerung von La Paz (665.000 Einwohner im Jahre 1975) verfügen über Trinkwasser. [30] Von diesen 65 % versorgt sich ein Fünftel, (64.000 Personen) aus dem sog. "acceso fácil"-System. Die nicht mit Trinkwasser versorgte Bevölkerung (230.000 Einwohner), d.h. 35 % der Gesamtbevölkerung, versorgt sich individuell mit Wasser, indem sie auf natürliche Quellen wie Bäche, Brunnen etc. zurückgreift.
Die 'Gestalt' des Gebietes, auf dem die Stadt gelegen ist, hat zur Folge, daß die Regenfälle eine sehr bedeutende Auswirkung haben, weshalb ein städtisches Kanalisationssystem für Regenwasser sich als eine drängende Notwendigkeit darstellt. Bedauerlicherweise hat der obsolete Zustand des Systems zur Folge, daß alle Straßen als Abwässerkanäle dienen - mit all den Unzuträglichkeiten für eine normale Entwicklung der (wirtschaftlichen) Aktivitäten. Andererseits verursachen die Wassermassen, die über die Abhänge ins Tal strömen, Erdrutsche, die die auf diesen befindlichen Häuser mit sich fortreißen - Wohnungen, die im allgemeinen marginalen Gruppen gehören, die diese Ländereien illegal besetzen.
Die aufgezeigten Defizite erstrecken sich auch auf das Kloaken-Abwassersystem. Dieses versorgt nur ungefähr 30 % (ungefähr 200.000 Einwohner) der Gesamtbevölkerung von La Paz. Zu dem Problem, das sich aus diesem enormen Defizit ergibt, ist noch das Problem der Antiquiertheit des Netzes und das seiner unzureichenden Wartung hinzuzufügen. Dies führt zum dauernden 'Filtern' der 'aguas servidas', was wiederum zu gesundheitlichen Beeinträchtigungen und gravierenden Vergiftungsproblemen führt.
Außerdem wird die Vergiftung durch die Existenz einer direkten Verbindung des Kloakensystem mit dem Fluß Coqueyapu

erschwert, dessen Wasser - worauf schon hingewiesen wurde - für die Bewässerung der stadtnahen landwirtschaftlichen Gebiete benutzt wird.
Die Bevölkerung, die nicht an das Kloakensystem angeschlossen ist - ungefähr 465.000 Personen - löst das Problem der Beseitigung der Exkremente individuell durch Vorgehensweisen, die zu ihren unterschiedlichen ökonomischen Möglichkeiten in Beziehung stehen - ebenso wie zu den kulturellen Mustern: Einerseits benutzt die marginale Bevölkerung, die in den peripheren Stadtteilen wohnt, im allgemeinen Lösungen, die völlig inadäquat sind und die sich langfristig in eine ernsthafte Bedrohung für die öffentliche Hygiene verwandeln. Die große Mehrheit dieser Bevölkerung baut nicht einmal eigene Toiletten oder Latrinen; jedoch sind die Lebensbedingungen dieser 214.000 Personen sehr unterschiedlich - je nach den Pfarreien, in denen sie wohnen. Es ist möglich, daß jene Gebiete, die ein schlimmeres Aussehen präsentieren, die Bevölkerung mit den geringeren Einkommen beherbergen, eine Bevölkerung, die auch Migranten einschließt, die zu den ethnischen Gruppen der indígenas (indios), zu "primitiven" Kulturen gehören. Andererseits nehmen die sozialen Gruppen mit mittleren und hohen Einkommen, die nicht an das öffentliche Netz angeschlossen sind, zu individuellen Methoden Zuflucht, die die hygienischen Bedingungen der Umwelt erhalten. Im allgemeinen benutzen sie Sickergruben mit septischen Kammern - ein System, das keine Umweltprobleme verursacht, da die Wohnungsdichte in den Gebieten, die von diesen Gruppen bewohnt werden, relativ niedrig ist.
Die grundlegenden Elemente, die sich zu den negativen Wesenszügen der Umwelt in La Paz verbinden, sind einesteils die extreme Armut großer städtischer Bevölkerungsschichten und andererseits die kulturellen Muster eines guten Teils dieser Bevölkerung, die weit davon entfernt ist, die typischen Normen des modernen Alltagslebens in der Stadt internalisiert zu haben und statt dessen ihre urprüngliche Kultur in vielen Aspekten beibehält.

DER 'FALL' DER STADT RESISTENCIA; ARGENTINIEN

Land und Wohnung sind zwei Begriffe, die immer klar miteinander in Verbindung stehen. Und es ist die gesellschaftliche 'Handhabung des Bodens', die die Bedingungen für die Ansiedlung der verschiedenen Schichten der Bevölkerung im Raum festlegt und folglich die Gestaltung der Stadt bestimmt.
Im Fall der Aglomeration Gran Resistencia wird dies offensichtlich. Die Spekulation - genährt durch das Fehlen staatlicher Kontrollen - hat zwischen den Jahren 1963 und 1968 zur 'Einverleibung' einer in Parzellen vermessenen Gesamtfläche von 800 ha geführt. Diese Menge an Land würde es ermöglichen, das Bevölkerungswachstum der Stadt in den folgenden Jahren zu absorbieren, wenn man die Beibehaltung der Wachstumsrate der Bevölkerung der Periode 1960 bis 1970 zugrundelegt. [31] Als Folge dieser 'Einverleibung' von Land in das städtische Gebiet findet man eine weite Streuung der Gebäude und eine geringe Besiedlungsdichte. In dieser Hinsicht kann man beobachten, daß gegen 1970 nur 2 % der Häuserblocks eine mittlere Bevölkerungsdichte aufwies, die höher als 270 Bewohner pro ha lag; 35 % hatten Bevölkerungsdichten zwischen 100 und 200 Personen pro ha und 65 % wiesen nicht einmal 100 Einwohner pro ha auf.
Dieser hohe Grad von Bevölkerungsverteilung, wie er insbesondere in diesen letztgenannten Dichten zum Ausdruck kommt, verhindert die Einführung von Dienstleistungen für die Bewohner, da diese eine sehr hohe Investition pro Benutzer erfordern würden. Dies findet seinen Ausdruck darin, daß 70 % der Bevölkerung dieser Aglomeration nicht über einen Wasser- oder Kanalisationsanschluß verfügen. Nur 10 % der Wohnblocks besitzen eine vollständige Infrastruktur. [32] (fließendes Wasser, Kanalisation, Pflasterung und Straßendecke und elektrisches Licht). Diese Wohnungen befinden sich im Zentrum, wo die wichtigsten wirtschaftlichen Aktivitäten der städtischen Aglomeration

stattfinden und wo auch die Bevölkerungsschichten mit den höchsten Einkommen wohnen.
Die Schichten mit den hohen und mittleren Einkommen verfügen über individuelle Häuser oder Appartment-Wohnungen, deren Wohnqualität als 'gut' angesehen werden kann. Nur wenig mehr als die Hälfte des Wohnungsbestandes weist solche Qualitäten auf. Der Rest setzt sich aus Wohnungen von schlechter Qualität zusammen, die "selbst erbaut" sind. [33)]
Ungefähr die Hälfte dieser Wohnungen, d.h. annähernd der vierte Teil des Wohnungsbestandes, ist aus Materialien von sehr schlechter Qualität auf fremdem Gebiet erbaut worden; sie bilden 'klassische' Zusammenballungen: die "villas miserias" (Elendsviertel).
In diesen Elendsvierteln steht im Durchschnitt jedem Einwohner eine Fläche von nur 5 m² zur Verfügung, während im Zentrum der Stadt die Durchschnittsfläche 15 m² beträgt. Der erste der angegebenen Werte spiegelt indirekt die Überbelegung wider und bestätigt so die durch Augenscheinnahme zu treffende Feststellung, die man in einigen Elendsvierteln machen kann, daß gewöhnlich Familien von acht bis zehn Personen in einem einzigen Raum wohnen.
Wenn man den Wohnungsbestand nach der Qualität der Materialien, aus denen die Wände, die Fußböden und das Dach hergestellt sind, klassifiziert, so kommt man zu dem Ergebnis, daß nur 57 % als 'annehmbar' eingestuft werden können. Diese Relation zeigt einen schlechten Zustand der Wohnungen an.
Die Wohnungen der Bevölkerungsschichten mit hohen und mittleren Einkommen sind im allgemeinen angemessen, obwohl auch sie nicht eine Ausstattung bieten, die sich an die klimatischen Besonderheiten und die am Ort vorhandenen Materialien anpaßt, sondern Modelle reproduziert, die anderen geographischen und kulturellen Gegebenheiten entsprechen.
Die "selbst erbauten" Häuser (viviendas "autoconstruídas"), die einzeln auf Grundstücken stehen, unterschei-

den sich nicht wesentlich, was ihren Bauplan betrifft, von denen, die man in den Elendsvierteln beobachtet, obgleich sie gewisse Unterschiede in bezug auf die Qualität der benutzten Materialien aufweisen und bessere Beleuchtungs- und Belüftungsmöglichkeiten haben. Dies ist auf die besondere 'Organisationsform' zurückzuführen, da nämlich im Falle der Häuser, die auf einzelnen Grundstücken erbaut wurden, um diese Wohnungen herum ein Freiraum besteht, während im Falle der 'villas' der wenige Raum zwischen den Häusern solche Möglichkeiten nicht zuläßt. Es muß noch ergänzt werden, daß diese Häuser nur eine Öffnung haben, die mit einem Segeltuch verhängt ist oder eine Tür, die dem Zugang, der Belüftung und Beleuchtung dient.
Die Mehrheit dieser Häuser besteht nur aus einem Zimmer, in dem alle Funktionen (Kochen, Essen, Schlafen) ausgeübt werden müssen. Die Aborte befinden sich außerhalb der Wohnungen. Auch das Waschen wird im allgemeinen außerhalb der Häuser in nahe gelegenen Wasserbassins durchgeführt.
Ein anderer Wesenszug, der diese Häuser von den schon geschilderten Wohnungstypen unterscheidet, besteht darin, daß diese Häuser gewöhnlich einen Fußboden aus Erde haben. Die hier beschriebene Wohnungssituation wird sich aufgrund der unzureichenden Grundausstattung der Wohnungen verschlechtern. Nach den Daten der Volkszählung von 1960 verfügen nur 38 % der Wohnungen über geruchlose 'Badezimmer', 49 % haben zwar Aborte, verfügen aber nicht über diese zusätzliche Einrichtung. Die restlichen 13 % besitzen keinen Abort. Die Charakteristika der Aborte ohne Entlüftung bestehen darin, daß sie von den Häusern getrennt liegen, aus unzureichendem Material errichtet sind und aus einem Schacht von nur geringer Tiefe bestehen.
Was die Kochgelegenheiten bzw. Küchen betrifft, so läßt sich darauf verweisen, daß die Häuser für die Elendsviertel typisch sind, die über keinen besonderen Raum verfügen, der für diese Funktion bestimmt ist. Um zu kochen,

benutzen die Bewohner im allgemeinen einen Kerosin-Kocher
oder ein Kohleöfchen, das in dem einzigen Raum der Hütte
steht.
Die Beschreibung der Ausstattung des Wohnungsbestandes und
der Infrastruktur, die diese Häuser ihren Bewohnern zur
Verfügung stellen, soll durch eine Betrachtung der grundlegenden sanitären Dienstleistungen vervollständigt werden:
Das Trinkwassernetz erreicht nur einen Teil der Stadt Resistencia; es hat eine Ausdehnung von 1.300 cuadras (Karrees nach dem Schachbrettmuster spanischer Städte). Die
Wasserentnahme erfolgt aus einem Arm des Paraná-Flusses,
der hier nur einen geringen Grad von Verschmutzung bzw.
Vergiftung aufweist. Trotzdem schätzt man, daß in Zukunft kritische Situationen eintreten könnten, die durch
die Ansiedlung neuer Industrien in diesem Gebiet hervorgerufen werden, deren Abwässer dazu beitragen, den gegenwärtigen Vergiftungsgrad zu erhöhen.
Die Wasserqualität ist - nachdem das Wasser behandelt worden ist - annehmbar, auch wenn der hohe Eisengehalt das
Waschen mit diesem Wasser erschwert.
Die Bevölkerung der Elendsviertel der Stadt Resistencia
selbst und des Vororts Puerto Vilelas, versorgt sich mit
Brunnenwasser aus 120 öffentlichen Zapfstellen. Die Qualität des Wassers ist akzeptabel, und OSN (Obras Sanitarias de la Nación) kontrolliert die Qualität fortwährend,
und zwar wegen der Nachbarschaft dieser Brunnen zu Quellen der Vergiftung. Die Zahl und der Zustand dieser Zapfstellen zwingt einen Teil der Bevölkerung dazu, sich direkt aus Quellen mit Oberflächenwasser zu versorgen.
Ein anderer Teil der Bevölkerung versorgt sich selbst
mit Wasser, das mit Pumpen aus unterirdischen Adern heraufgeholt wird. Man nimmt an, daß zu dieser Art von Versorgung die Mehrheit der Einwohner von selbstbauten Einzelhäusern greifen. Die mechanische Ausrüstung, die benutzt wird, um das Wasser aus der Erde zu holen, läßt ver-

muten, daß man bei einer beträchtlichen Zahl von Wohnungen das Wasser aus Hohlräumen nahe der Erdoberfläche entnimmt, die mit Leichtigkeit durch aguas servidas verunreinigt und vergiftet werden.
Das System zur Beseitigung der Exkremente und der Abwässer, ebenso wie das zur endgültigen Lagerung der festen Abfälle erzeugt - wie wir später sehen werden - eine hohe biologische Vergiftung der grundwasserführenden Schichten, aus denen das Wasser entnommen wird, mit dem große Bevölkerungsschichten versorgt werden.
Die in den Laboratorien, die vom Staatssekretariat für öffentliches Gesundheitswesen (Subsecretaría de Salud Pública) abhängen, durchgeführten Analysen zeigen, daß die erste Schicht verseucht ist. Das Fehlen von Mitteln, um die Analysen fortführen zu können, hat es bisher verhindert, den Vergiftungsgrad der zweiten Schicht festzustellen.
Ein zahlenmäßig bedeutender Teil der Bevölkerung der Agglomeration bedient sich nach Angaben von Informanten des Wassers aus den Flüssen und Seen für den eigenen Bedarf; dies gilt besonders für die 'Vorstädte' Barranqueras und Puerto Vilelas. Die biologische und chemische Vergiftung der Mehrheit dieser Wasserquellen ist alarmierend. Einerseits sind diese Versorgungsquellen Auffangbecken für feste Abfälle, Exkremente und nicht biologisch auflösbare Waschmittel; andererseits dienen sie dazu, gewisse Schichten der Bevölkerung mit Wasser zu versorgen. Die hohen Temperaturen, die für das Klima dieser Gegend charakteristisch sind, wirken sich in einem doppelten Sinne aus: Einesteils führen sie zu einer schnellen Fermentierung der in das Wasser geschütteten Abfälle, und andererseits führen diese hohen Temperaturen dazu, daß die Menschen mehr Wasser als in anderen Gebieten des Landes verbrauchen. Wie man sehen kann, steigern diese beiden Effekte die Gefahrensituation, was sich z.B. in der hohen Kindersterblichkeit manifestiert, die vor allem durch Magen-

und Darmerkrankungen hervorgerufen wird. Diese Sterblichkeit - die Provinz hat die höchste Sterberate des Landes - weist Werte auf, die sich nach den verschiedenen Gebieten der Agglomeration unterscheiden.
Die Verseuchung betrifft nicht nur die Oberflächenwasser - worauf schon hingewiesen wurde -, sondern auch die Nutzung des Wassers zu Freizeitzwecken. Dies sieht man deutlich im Falle des Río Negro ('Schwarzer Fluß'), der im Norden dieses Gebietes gelegen ist und von der Bevölkerung zu Freizeit- und Erholungszwecken genutzt wird. [34] Das Wasser dieses Flusses ist durch Pestizide und Düngemittel mit einer hohen D.D.T.-Konzentration vergiftet, die auf den Baumwollplantagen eingesetzt werden. Hierzu muß man noch die Vergiftung hinzurechnen, die die Abwässer der nahe an diesem Gebiet gelegenen Industrien verursachen; unter diesen Industrien befinden sich eine Anlage zur Erzeugung von Gerbsäure und eine Kühlanlage. Techniker vom Staatlichen Gesundheitsdienst (Obras Sanitarias de la Nación: OSN) bestätigen, was in der Kontrollarbeit über die Verunreinigung der Wasserressourcen ausgeführt ist, daß das Wasser des Río Negro nicht die Qualität bietet, die für die Ausübung von Wassersport zu fordern ist und noch viel weniger eine solche Qualität, daß man in diesem Wasser schwimmen sollte. [35] Offensichtlich ist dieses Wasser weder für die Bewässerung der Felder noch als Trinkwasser für die Tiere geeignet.
Das Netz der Kloaken erstreckt sich nur auf einen Teil des Stadtzentrums selbst von Resistencia, ein Gebiet, in dem nur 15 % der Bevölkerung wohnte. Der obsolete Zustand dieses Netzes hat Emissionen ins Grundwasser zur Folge. Dasselbe geschieht mit der Kläranlage, von der aus die Bestandteile fast ohne jegliche Veränderung in den Fluß eingeleitet werden. Die 'Endstation' der größten Kloake befindet sich über dem Flüßchen Barranqueras.
Wenn die Kapazität dieses Flusses erschöpft ist, werden die Flüssigkeiten aus der Kloake in einen See gepumpt, der an

das Provinz-Krankenhaus angrenzt, wodurch dessen Wasser und
die Luft der Gegend vergiftet wird. Das hier Geschilderte spiegelt die Inadäquanz dieser öffentlichen Dienstleistungen wider. Der größte Teil der Bevölkerung, der nicht
diese Leistungen in Anspruch nehmen kann, benutzt Schächte für die Beseitigung der Exkremente. Die Behandlung der
Exkremente und der Abwässer aus diesen Schächten schafft
große Probleme, da für ihre Entleerung das System der sog.
'carros atmosféricos' ('Pumpwagen') benutzt wird, die
ihren Inhalt in Seen und Flüsse der Umgebung einleiten und
dadurch die schon aufgezeigten Verschmutzungs- und Vergiftungsprobleme hervorrufen oder steigern. Die große Zahl
dieser Schächte, die nicht über septische Kammern verfügen, hat für die unterirdischen Wasservorräte große Probleme hervorgerufen - und hierdurch für das ganze wasserführenden System.
Schließlich ist da noch das Problem der 'festen Abfälle':
Die Müllabfuhr erfolgt täglich - jedoch nur im städtischen Gebiet, dessen Straßen gepflastert sind; dieses Gebiet umfaßt aber nur wenig mehr als den vierten Teil der
Gesamtfläche. In dem Bereich, der nicht gepflastert ist,
wird eine Müllabfuhr dreimal in der Woche durchgeführt -
allerdings immer nur, wenn es nicht regnet; wenn es jedoch regnet, so wird das Abfahren des Mülls suspendiert,
bis die Straßen wieder befahrbar sind.
In den Stadtrandgebieten gibt es keine Müllabfuhr und folglich werfen die Bewohner die Abfälle auf brach liegendes
Gelände und/oder in Seen. [36)]
Der größte Teil der Industrien, die sich - worauf wir
schon hinwiesen - auf dem Ufer des Río Negro befinden,
schütten ihre Abfälle in den Fluß oder verbrennen sie in
dessen Nähe, schädigen so den Boden und verunreinigen
und vergiften so die Luft.
Im 'Fall' von Resistencia, wie in dem von La Paz, kann
man sehen, daß das Klima, die Eigenheiten des Geländes,
die Bedeutung der Bevölkerungsschichten mit niedrigen Ein-

kommen und die mangelhafte ökonomische Kapazität des Staates die wichtigsten Determinanten für die Charakteristika der Umwelt sind. Das einzige Element, das diese beiden Fälle unterscheidet, besteht darin, daß in La Paz auch die ethnische Frage eine bedeutende Rolle spielt.

SCHLUSSFOLGERUNGEN

Die in dieser Arbeit beschriebenen Umweltsituationen müssen als Exemplifizierungen von Problemen angesehen werden, die in größerem oder geringerem Maße den größten Teil der städtischen Zentren Lateinamerikas betreffen. Dies impliziert nicht, daß solche Probleme nur in diesem Teil der Welt existieren würden; jedoch unterscheidet möglicherweise die Größenordnung, die sie in der Region Lateinamerika erhalten, sich qualitativ von den Problemen, die in den Zentralländern zutage treten. Es wird offenkundig, daß die Grundlage für die Umweltprobleme - sowohl der Zentralländer, wie der Länder Lateinamerikas - die herrschende Produktionsweise ist, auf der sich die "Realität" der Länder strukturiert und daß daher die Auswirkungen in vieler Hinsicht ähnlich sein müssen (zum Beispiel: die soziale Schichtung und ihre Manifestation in den Lebensbedingungen einer jeden Klasse oder die 'unternehmerischen Kriterien', die der Gesellschaft einen Teil der Produktionskosten als soziale Kosten übertragen).
Jedes der aufgezeigten Beispiele hat offensichtlich seine besondere Art, auf der 'Umweltebene' in Erscheinung zu treten; aber die spezifischen Charakteristika werden grundlegend durch die soziale Formation bestimmt, in der sie stattfinden. Die relative Ähnlichkeit der lateinamerikanischen Gesellschaften führt zu besonderen Umweltmanifestationen, die sie von denen unterscheiden, die in anderen sozialen Formationen entstehen.
Die verschiedenen städtischen 'Umwelten', ausgehend von ihren konkreten Äußerungen, zu kennzeichnen, ist nicht

ausreichend, um das Phänomen zu verstehen. Um dies zu erreichen, ist es erforderlich, insbesondere nicht nur die letzten Ursachen (das ökonomisch-soziale System selbst) festzustellen, sondern die sozialen und politischen Auswirkungen, die die Existenz der städtischen Umweltprobleme in Lateinamerika bewirken. Auf einer sehr allgemeinen Ebene würden wir als solche die folgenden anerkennen können:
a) die Existenz großer städtischer Bevölkerungsschichten mit niedrigem Einkommensniveau und
b) das Fehlen einer wirksamen staatlichen Politik, die darauf abzielt, mit Leistungen einer städtischen Infrastruktur diese Bevölkerungsschichten zu versorgen.
Eine solche Situation wirkt sich auf der 'physischen' Ebene als planlose Veränderung und dauerhafte körperliche Umwandlung des Raumes aus und beeinflußt so das Leben der Bewohner.
Wenn nun ein 'Typ' von Veränderungen in einigen Fällen die ganze Einwohnerschaft der Städte (centros urbanos) betrifft, (z.B. die Verschmutzung bzw. Vergiftung der Luft), so ist doch charakteristisch, daß eine solche Vergiftung sich in verschärfter Art und Weise in den Gebieten auswirkt, in denen die Bevölkerungsschichten mit den niedrigen Einkommen leben.
Aus dem Dargelegten folgt, daß - wenn man auch in abstrakten Begriffen von der 'städtischen Umwelt' als von einer Totalität sprechen kann - es doch notwendig ist, diese Umwelt als eine komplexe Interaktion von unterschiedlichen 'Umwelten' zu denken. Diese 'Umwelten' würden als eine Art 'physischer Manifestation' im Raum der Städte der Existenz unterschiedlicher sozialer Gruppen mit verschiedenen Konsummustern und -fähigkeiten entsprechen, die grundlegend durch ihr Einkommensniveau bestimmt würden. [37] Die Relation zwischen Einkommensniveau und Qualität der Umwelt, in der diese Bevölkerung wohnt, ist eine direkte, d.h. einem niedrigeren Einkommensniveau entsprechen schlechte-

re Umweltbedingungen. Wenn man auch diese Behauptung nicht verabsolutieren darf, so kann man sie doch im allgemeinen als gültig ansehen.
Die Umweltcharakteristika haben keine Bedeutung als Fall an sich; sie sind abhängig von den Individuen, die diese Räume bewohnen - d.h. sie sind Elemente, die die Lebensbedingungen der Bevölkerung formen. Und es ist in diesem Sinne, daß das Nichtvorhandensein gewisser kollektiver Leistungen in einem bestimmten städtischen Bereich unterschiedliche Auswirkungen hat - je nach der ökonomischen Kapazität der Bevölkerung, die diesen Bereich 'besetzt'.
Um das Gesagte noch klarer zu machen, ist es erforderlich, es anhand von Beispielen zu verdeutlichen: Im allgemeinen korrespondiert das Fehlen eines Trinkwasser- und Kloakennetzes mit einem Gebiet, das von einer Bevölkerung mit niedrigen Einkommen bewohnt wird und führt bei dieser sozialen Gruppe zu Krankheiten, die durch die schlechte Qualtät des zur Verfügung stehenden Wassers hervorgerufen werden. Hingegen ist es möglich, daß das Nichtvorhandensein solcher 'kollektiver Dienste' in einem Wohngebiet an der Peripherie der Stadt, in dem eine Bevölkerung mit hohem Einkommen wohnt, keine negativen Auswirkungen hat - was darauf zurückzuführen ist, daß eine solche Bevölkerung sich individuell diese Dienstleistungen mit einem gleichen oder sogar höheren Qualitätsstandard verschaffen kann, als der öffentliche Sektor anbietet.
Das Dargelegte macht die Notwendigkeit deutlich, die sog. "Umweltproblematik" im Falle der Städte aus einer sozialen Perspektive anzugehen und die Auswirkungen der Umweltaspekte zu analysieren, die die Lebensbedingungen der Bevölkerung bilden. [38] Dies bedeutet, daß es unausweichlich ist, von der Existenz unterschiedlicher sozialer Schichten auszugehen - und davon, daß diese unterschiedliche Möglichkeiten haben, um auf die Umwelt mit dem Ziel einzuwirken, diese Umwelt an ihre vitalen Bedürfnisse anzupassen. Deshalb werden die Lebensbedingungen, die die Umwelt

auferlegt, für jede Bevölkerungsschicht unterschiedlich
sein und konsequenterweise werden es auch die Politiken
sein müssen, die versuchen, diese Bedingungen zu ändern.
Es ist wichtig, daß dies klar ist, da der Zweck aller Untersuchungen über die Umweltbedingungen der ist, als
Grundlage für das Handeln zu dienen, um die Lebensbedingungen der von den Umweltproblemen betroffenen Bevölkerung
zu verbessern. [39)]
Hieraus ergibt sich die Notwendigkeit, anzuerkennen, daß
der städtische Bereich in bezug auf das Individuum analysiert werden muß, d.h. daß man den Raum, in dem dieser
Einzelne sein alltägliches Leben entfaltet, als den Faktor ansehen muß, der sein Leben bedingt und bestimmt.
Daher dürfen sich die Untersuchungen nicht auf die Analyse der Wohngebiete der Bevölkerung beschränken, sondern
sie müssen auch jene Gebiete berücksichtigen, in denen
die Arbeitsprozesse stattfinden.
Schließlich - und als eine Art Bekräftigung des Dargelegten -: Es ist offensichtlich, daß keine Politik als Ziel
haben kann, die Umwelt "per se" zu verbessern, sondern nur
insoweit, wie diese Verbesserung zur Schaffung von adäquateren Lebensformen für die städtische Bevölkerung beiträgt. Eine solche Politik würde darauf zielen müssen,
einerseits zufriedenstellende Umweltbedingungen an jenen
Orten wieder herzustellen, die von Problemen betroffen
sind, und andererseits vorbeugende Maßnahmen zu ergreifen.
Um dieses Letztere zu erreichen, ist die Realisierung und
Umsetzung in Praxis von Plänen, die die Entwicklung der
Städte regulieren, eine dringliche Notwendigkeit. Hierbei
muß man von der Notwendigkeit ausgehen, daß die räumliche
Verteilung der Wirtschaftsaktivitäten und der sozialen
Gruppen nicht dem freien Spiel des Immobilienmarktes überlassen wird, weil ein solcher Mechanismus tatsächlich negativ die Schichten mit geringeren Einkommen diskriminiert.
Die sozialen Ziele eines Landes müssen die Determinanten
für die Ansiedlung und Lokalisierung der verschiedenen

Gruppen im Raum sein - und damit für die soziale Investition, die man für den Prozeß der Urbanisierung zur Verfügung stellen muß. Hierdurch soll jedem Staatsbürger der Zugang zu einer adäquaten Umwelt garantiert werden, damit er sein eigenes Leben leben kann.

Anmerkungen:

1) Diese Untersuchung bildete einen Teil einer umfassenderen, die auch in Afrika und Asien durchgeführt wurde. In Afrika wurde die Universität von Ibadan und in Asien die Universität von Misore beauftragt.

2) Die Arbeitsgruppe des CEUR, die die genannte Untersuchung durchführte, bestand aus Nora Clichevsky, Rubén Gazzoli, Jorge E. Hardoy, Edith Soubie und César Vapnarsky.

3) Serrán, J.R., El Habitat de América del Sur, Rio de Janeiro, April 1975.

4) Palange, Ralph C., Controle da Poluicao Hídrica, BNH, Brasilien.

5) Der Fluß Tiete ist ein Nebenfluß des Paraná-Flusses, der seinerseits einer der wichtigsten Flüsse des La-Plata-Beckens ist (Argentinien, Uruguay, Brasilien, Paraguay und Bolivien). Angesichts der Gefährlichkeit einer Kontamination der Gewässer des Beckens hat das argentinische Umweltministerium (Secretaría de Recursos Naturales y Ambiente Humano) die Cancillería Argentina gebeten, daß diese vom Konsul in Sao Paulo Berichte über die Entwicklung der Situation am Tiete-Fluß und über den Zustand der Wasserläufe erbittet, die in den Paraná münden. (vgl. El Cronista Comercial, Buenos Aires, 26. September 1975, S. 8).

6) OPS-OMS (PAHO-WHO), Dokument, das für das Symposium über Kontaminierung des Wassers in Caracas im August 1970 vorbereitet worden war (S. 166).

7) Jornal do Brazil, 6. August 1975 und 'Poluicao em Sao

Paulo supera o limite tolerável' ('Verschmutzung in Sao Paulo übersteigt die zu tolerierende Grenze') in: O Globo, 7. August 1975.

8) 'Tentando respirar' ('Zu atmen versuchen'), in VEJA, 30. Juli 1975.

9) Serrán, J.R., Perspectivas do Plano Nacional da Habitacao (Perspektiven des Nationalen Wohnungsplanes), hektographiert, S. 98.

10) Diese Schätzungen, die in einigen Fällen nicht nur das bestehende Defizit einschlossen, sondern auch die Bedürfnisse der neuen Familien und die Ersetzung des 'Stocks' und in anderen die Wohnungen, die kein fließendes Wasser und keinen Anschluß an das Kloakensystem hatten, einschlossen, hatten keine große Bedeutung, da die Bewertungsmaßstäbe unbekannt blieben, die festlegten, was als eine Wohnungseinheit anzusehen sei, die in der Lage ist, den Anforderungen an die angemessene Befriedigung menschlicher Bedürfnisse zu genügen. Trotzdem war es eine unleugbare Tatsache, daß - wenn man von einer Familiengröße von 5 Personen als 'vernünftig' ausgeht - man berechnete, daß mehrere 10.000.000 Personen nicht in menschenwürdigen Bedingungen lebten (O sistema brasileiro de poupanca e emprestito - SBPE in: Conjuntura Econômica, Rio de Janeiro, Vol. 28, No. 3, März 1974, S. 65).

11) O deficit de moradias no Brasil, ADEMI, Juni 1975, S. 26.

12) Dez anos do BNH. Uma visao crítica, in: Conjuntura Econômica, Rio de Janeiro, Vol. 28, No. 3, März 1974, S. 62.

13) Das vegetative Wachstum der Bevölkerung Brasiliens wird auf 2,7 % jährlich geschätzt.

14) In Rio de Janeiro lebte einer von je fünf Bewohnern im Jahre 1970 in "favelas".

15) BNH, Solucao brasileira de problemas brasileiros, S.13.

16) BNH, a.a.O., S. 4.

17) Im Jahre 1970 waren in Sao Paulo und Rio de Janeiro ungefähr 80 städtische und 100 industrielle Anlagen zur Wasseraufbereitung (Plantas de Tratamiento de aguas servidas) in Betrieb. Die 80 städtischen Fabriken bedienten annähernd 2 Millionen Personen; 80 der bestehenden 100 industriellen Anlagen arbeiteten im Staat Sao Paulo; die Hälfte von diesen waren Anlagen zu einer nur vorläufigen Aufarbeitung des Wassers. Vgl. OPS-OMS, a.a.O., S. 153 und 165.

18) Do Rego Monteiro, J.R., O abastecimento de agua nos paises em desenvolvimento, Rio de Janeiro, 1974.

19) SABESP, vai disminuir redes clandestinas de esgotos, in: Folho da Tarde, 15. August 1975, S. 13.

20) Wenn auch dieses 'Datum' für sich allein nicht als ein Häufigkeitsindikator angesehen werden darf, so dient es doch als qualitativer Annäherungswert, da es einerseits die Ziffer übersteigt, die der durchschnittlichen Familiengröße entspricht und andererseits der Wohnraumbestand eine beträchtliche Quantität von Wohnungen einschließt, die aus nur einem Raum bestehen. (Im allgemeinen entsprechen sie den Schichten mit den niedrigen Einkommen.) All dies läßt daran denken, daß die zitierte Ziffer indirekt eine im höchsten Maße erhöhte Relation von Personen pro Raum indiziert.

21) Otermin Rodríguez; Raúl; Aramayo, Royo und Otero,

Jorge, 'Documento Preliminar sobre Asentamientos Humanos', La Paz, hektographiert.

22) Im Jahre 1974 wurde der Wohnraumbestand des ganzen Landes auf 190.300 Einheiten geschätzt.

23) Ministerio de Urbanización y Vivienda,(Städte- und Wohnungsbau-Ministerium), Diagnóstico del Sector Agua Potable y Alcantarillado, La Paz, Februar 1975.

24) Silikose-Tuberculose ist nur eine Komplikation der Silikose.

25) Abschrift eines Dokuments, das den Titel trägt: "Diagnóstico de la Situación Actual de la Salud Ocupacional", unveröffentlichtes Manuskript.

26) Die Daten sind dem in der vorangegangenen Fußnote zitierten Dokument entnommen.

27) Hierdurch wird der menschliche Organismus gezwungen, häufiger als auf Meereshöhe innerhalb einer Zeiteinheit einzuatmen; dies impliziert, daß auch gleichzeitig größere Mengen schädlicher Substanzen absorbiert werden.

28) Marginalidad y salud: La situación de los barrios populares en La Paz, La Paz, Codex, April 1975.

29) Es handelt sich um eine Forschungsarbeit, die von dem Architekten Milcíades Penaloza u. a. für die Architektur-Fakultät der Nationalen Universität von Bolivien durchgeführt wurde.

30) Die Versorgung mit Trinkwasser für den häuslichen Gebrauch der Bevölkerung wird von dem Servicio Autónomo Municipal de Agua Potable y Alcantarillado (SAMAPA)

('Stadtwerke') durchgeführt.

31) Die Agglomeration (die Stadt Resistencia und ihre Vororte Barranqueras, Puerto Vilelas und Fontana) hatte 1960 110.000 Bewohner und 1970 148.000.

32) Selbst dieses Gebiet, das mit einer Infrastruktur ausgestattet ist, verfügt nicht über eine Versorgung von angemessener Qualität, und zwar aufgrund des obsoleten Zustandes dieser Infrastruktur.

33) Dies bedeutet, daß sie von ihren eigenen Benutzern erbaut worden sind.

34) Man muß unbedingt berücksichtigen, daß die hohen Temperaturen, die in den Sommermonaten herrschen, einen großen Teil der Bevölkerung zu diesen Orten treiben.

35) Man muß darauf hinweisen, daß auf den Ufern dieses Flusses der "Club Nautico" (Wassersport-Club) und das "Balneario Municipal" ("Städtisches Freibad") gelegen sind.

36) Die Bewohner der Gebiete mit Straßen aus Erde benutzen dieselbe Vorgehensweise bei der Beseitigung des Mülls, wenn es regnet.

37) Der Autor weist darauf hin, daß er das Wort "fundamentalmente" ("grundlegend") absichtlich gebraucht, weil er anerkennt, daß das kulturelle Erbe der verschiedenen ethnischen Gruppen einen starken Einfluß auf das Verhalten ausübt; es ist aber auch anzuerkennen, daß eine substantielle Modifizierung des Einkommens zu einem Prozeß des Wandels in diesem Verhalten führt.

38) Der andere signifikante Blickwinkel, von dem aus man das Feld der Umweltproblematik angehen kann, ist der, der

die Erhaltung der natürlichen Ressourcen zum Ziel hat.
Dieser Standpunkt verlangt nicht, von der spezifischen
Existenz unterschiedlicher sozialer Gruppen auszugehen,
um seinen Untersuchungsgegenstand zu definieren. Aber auch
die Vertreter dieses Standpunkts müssen anerkennen, daß
es das herrschende sozio-ökonomische System ist, das die
Rahmenbedingungen für das Handeln festlegt. Dies impliziert jedoch nicht, daß beim Übergang von der Diagnose zu
Handlungsvorschlägen man nicht einer sozialen Analyse bedürfte. Ganz im Gegenteil! Dies gilt insbesondere, wenn
man berücksichtigt, daß jedes Handeln in unterschiedlicher Weise die verschiedenen sozialen Sektoren und gesellschaftlichen Gruppen betrifft.

39) Es kann ein Vergleich mit der Medizin angestellt
werden, soweit die Medizin eine Praxis ist, deren Ziel
es ist, die Heilung des Kranken zu erreichen. Hierbei
geht man von einer konzeptuellen Definition von Gesundheit
aus. Um ihr Ziel zu erreichen, setzt die Medizin einen
instrumentellen Apparat ein, der von deren jeweiligen
wissenschaftlichen Disziplinen entwickelt worden ist.

Fernando H. Cardoso

Entwicklung und Umwelt: Der Fall Brasilien

In: Revista de la Cepal . Santiago de Chile.
    Dezember 1980 : 115 - 132

EINLEITUNG

Die wirtschaftliche Entwicklung, die Brasilien während der letzten Jahre erfahren hat, wird häufig als ein erfolgreicher Fall von Industrialisierung und von sozialem Wandel bezeichnet, der an der Peripherie des internationalen kapitalistischen Systems stattgefunden hat.
In jedem Fall aber würde dies nicht der einzige Fall gewesen sein, da México, Argentinien, Südafrika, Singapur, Korea, Indien etc. in unterschiedlichen Graden und mit unterschiedlichen Mustern der Integration in die Weltwirtschaft andere Beispiele sein würden. Aber es ist sicher, daß es auf diesem Gebiet viele Irrtümer oder Verwechselungen gibt. Auch wenn man berücksichtigt, daß es in jedem dieser Fälle eine Integration des produktiven industriellen Sektors in die Weltwirtschaft gab und daß es sich daher um differenzierte Formen der Internationalisierung der kapitalistischen Produktion handelt, so gibt es beträchtliche Disparitäten zwischen einer Richtung der Industrialisierung, die auf einer industriell-exportierenden Plattform beruht, und der 'Richtung' einer Industrialisierung, die einen lokalen Verbrauchermarkt schafft.
Nun gut: Die brasilianische Industrialisierung ist ein "gut gelungenes" Beispiel für den zweiten Typ der genannten ökonomischen Integration. Dieser Aspekt wurde oftmals bei den Analysen vernachlässigt, weil in dem Anstieg der Expansion vom internationalistischen Typ der brasilianischen Wirtschaft es einen intensiven Prozeß des Wachstums der Exporte und ein 'Einfrieren der Löhne' (compresión salarial) gab, besonders zwischen 1964 und 1968 und ohne substantielle Änderungen bis 1975. Einige voreilige Forscher sahen hierin den Beweis dafür, daß es sich hier um eine Strategie der industriell-exportorientierten Entwicklung handelte (estrategia de desarrollo industrialexportadora).
Heute kann man leicht feststellen, daß sowohl das Einfrie-

ren der Löhne wie die Export-Strategie zentrale Muster der Entwicklungspolitik waren, die von den Militärregierungen in die Praxis umgesetzt wurden. Jedoch implizierte die erstere nicht die Unmöglichkeit, Binnenmärkte zu schaffen, noch war die zweite eine Konsequenz dieses Phänomens.
Es gab offensichtlich ein Einfrieren der Löhne und einen Anstieg der Ausbeutung der Arbeitskraft; dies trug dazu bei, daß die 'Akkumulations-Fonds' (fondos de acumulación) der Unternehmen wieder aufgefüllt wurden; dies hatte noch einen zusätzlichen Effekt: die Anziehung von multinationalen Unternehmen.(Dies wurde auch durch die Notwendigkeit hervorgerufen, mit der beginnenden 'lokalen' (brasilianischen Industrialisierung in Wettbewerb zu treten und den Protektionismus zu überwinden, wie auch durch die starken Anreize und direkten und indirekten Subventionen, die jene Unternehmen vom Staat erhielten.)
Aber trotzdem stieg der Verbrauch von "bienes salario" ("Lohnkosten")weiter. (Dies ist leicht verständlich angesichts der Einbeziehung von neuen Arbeitnehmerkontingenten: ungefähr eine Million neuer Arbeitsplätze werden jährlich innerhalb und außerhalb der Industrie geschaffen.)
Und es fand eine enorme Ausweitung der Schicht von Konsumenten von langlebigen Gütern (bienes durables) statt - und zwar aufgrund der Ausdehnung der Schichten mit einem mittleren und hohen Einkommen und der Konzentration der Einkünfte bei diesen letzteren. Mehr noch: der 'innerbetriebliche Konsum' (consumo interempresas) stieg erheblich an, und die öffentlichen Ausgaben expandierten beträchtlich. All dies sicherte die Expansion des Binnenmarktes, der sogar höhere Wachstumsraten aufwies, als die schon hohen Wachstumsraten der Exporte.
Warum dann die Betonung, die auf die Export-Strategie gelegt wurde?
An erster Stelle ist es erforderlich hervorzuheben, daß - wenn die Expansion des internationalen Handels zwischen 1947/1948 und 1973 ein allgemeines Phänomen war, das der

Internationalisierung des Produktivsystems eigen war -
doch vom Gesichtspunkt der Wachstumserfordernisse der
brasilianischen Wirtschaft der Export Priorität hatte -
und dies, weil die Industrialisierung im Rahmen eines Prozesses stattfand, den ich als "dependinte associado"
("abhängig verbunden") gekennzeichnet habe.
Worin besteht dieser Prozeß? Es handelt sich um einen Entwicklungsstil der Agrarreform, der - indem er strukturell
die 'lokale Wirtschaft' mit der internationalen Produktion verbindet - den vorherigen Verlauf der Industrialisierung umkehrte: die Strategie des Industrialisierungsprozesses bis Mitte der 50er Jahre versuchte, der "Abhängigkeit von außen" ("dependencia externa") auszuweichen und
eine Transformation hervorzurufen, die die Gesellschaft
in ihrer Gesamtheit betraf. Obgleich keine konkreten Maßnahmen zur Agrarreform ergriffen wurden, setzte der politische Druck eine solche Alternative auf die Tagesordnung.
Der Staat entwickelte die Sektoren der Wirtschaft, die
als "Basis"-Sektoren bezeichnet werden. Wahrnehmbare Symptome einer Änderung in dieser Strategie bemerkt man während der Regierung von Juscelino Kubitschek (1956-60),
als der Plan de Metas ('Plan der Entwicklungsziele') neben
der Basis-Industrialisierung die schnelle Einführung eines
'Industrie-Parks' vorsah, der auf die Produktion von langlebigen Konsumgütern ausgerichtet war, besonders auf die
Automobilindustrie. Neue ausländische Investitionen begannen ins Land zu kommen, und zwar aufgrund der neuen
internationalen Aufteilung der Produktion, wie sie von den
multinationalen Unternehmen angewandt wurde. Anfänglich,
um auf die offiziellen Anregungen zu antworten und um sich
Märkte zu sichern und dann, weil die Expansion der Märkte
die Reinvestierung der Gewinne stimulierte. Seit den Augenblicken, in denen die Militärputsche (1964 und 1968)
eine gewisse politische Stabilität aufgrund der Repression garantierten und man eine Politik der Lohnkontrolle
und der Subventionen für die Industrialisierung durchführ-

te, waren Bedingungen gegeben, damit sowohl das Finanzkapital die für die Industrialisierung erforderlichen Darlehen garantierte, wie auch dafür, daß das Produktivkapital der multinationalen europäischen und japanischen Unternehmen mit den nordamerikanischen bei der Industrialisierung Brasiliens in Wettbewerb treten konnten.
Während dieses Prozesses nahm man von den Plänen zur Basis-Industrialisierung keinen Abstand, aber der Rhythmus dieses Prozesses wurde umgekehrt: schneller wurde der Prozeß der Erzeugung von Produkten für den Endverbrauch, als der der Basis-Erzeugnisse. Um schnelle Ergebnisse zu erzielen, wurde in die Entwicklungsstrategie ein Mechanismus eingebaut, der eine wachsende strukturelle Abhängigkeit zur Folge hatte: die Wachstumsraten des 'Produkts' setzten den Anstieg aller Importe von 'Ausrüstungen' und von grundlegenden industriellen 'insumos' voraus, über die das Land nicht verfügte, wobei das Erdöl der wichtigste dieser 'insumos' war. [1]

Wie sollten die Kosten dieses Prozesses finanziert werden? Indem man sowohl Rohstoffe wie auch Halbfertig- und Fertigprodukte in dem Maße exportieren würde, in dem der internationale Markt ihrer bedurfte.
Das übernommene Wachstumsmodell ging - als Grundlage - von erhöhten Ausfuhren aus; diese konnten erreicht werden, weil der internationale Markt sich in einer raschen Expansion befand. Das Modell brachte auch die Notwendigkeit von Importen mit sich; die Priorität lag in der Substitution der Importe von Konsumgütern des Endverbrauchs ('kurzlebige Verbrauchsgüter') und in der Schaffung neuer Konsumbedürfnisse, für deren Befriedigung das Land weder über die Technologie noch über die erforderlichen Ausrüstungsgegenstände (equipos) und insumos verfügte. Es war dringend erforderlich zu exportieren, um die Kosten eines Entwicklungsmodells bezahlen zu können, das dort ansetzte, wo die fortgeschrittenen Volkswirtschaften endeten, indem

es in umgekehrter Weise wirkte.
Der Staat spielte eine wesentliche Rolle bei der Herausbildung neuer Konsumentenschichten, indem er das Einkommen durch eine Politik konzentrierte, die nicht nur durch die Lohnkontrolle wirksam war, sondern auch indem sie die Finanzierung erleichterte, um den für den Typ von Industrialisierung, die man durchführte, notwendigen Rahmen zu schaffen.
Bedeutende Sozial-Fonds wurden 'umgeleitet', um sowohl Unternehmen, wie auch direkt den Konsum der Gruppen mit den höchsten Einkommen zu finanzieren. Außerdem erweiterte die Expansion gewisser bürokratischer Sektoren diesen Typ von Märkten.
Auf diese Weise band das angenommene Industrialisierungsmodell nicht nur die 'lokale (nationale, einheimische) Wirtschaft' an die multinationalen Unternehmen, sondern es bestimmte auch das Profil des "Entwicklungsstils": Einkommenskonzentration, technologische Abhängigkeit, die Notwendigkeit wachsender Importe und folglich auch das Erfordernis wachsender Exporte und einer nicht nur aktiven, sondern entscheidenden Rolle des staatlichen Handelns, wobei der Staat durch sein Handeln alles umfassend koordinierte.
In diesem letzteren Sinn müssen die Merkmale der ökonomischen Expansion Brasiliens klar verstanden werden. Die Leitung des Akkumulationsprozesses - in dem Sinne, daß diese Investitionen die sind, die der Wirtschaft einen "Impuls" geben - fand seit 1955 und besonders von 1964 bis 1967 durch die multinationalen Unternehmen statt. Aber die Unterstützung für diesen Prozeß und dessen Integration geschah durch die Vermittlung der Expansion des staatlichen Sektors der Wirtschaft, indem mittels der Verbindung und der Komplimentarität sowohl der staatliche Sektor als auch der private nationale Sektor in die "multinationalisierte" Wirtschaft integriert wurde.
Die Entwicklung beruht auf drei 'Säulen', die sie stützen

und die von den staatlichen Unternehmen, den nationalen brasilianischen Unternehmen und den multinationalen gebildet werden, und zwar unter dem "Kommando" der letzteren. Was bedeutet dieses "Kommando"? Es bedeutet, daß die multinationalen Unternehmen die Investitionen in den Sektoren der Wirtschaft vornehmen, die am schnellsten expandieren und die höchsten Gewinne abwerfen. Dies bedeutet auch, daß - selbst wenn die wirtschaftliche Reglementation und die Produktion der grundlegenden insumos (insumos básicos) vom Staat abhängen und wenn die staatlichen Unternehmen sich mit dem privaten nationalen und ausländischen Sektor durch "joint ventures" verbinden - das, was produziert wird, durch das Zivilisations-Pattern bestimmt sind, das vom Kapitalismus der Multinationalen geschaffen wurde, und die Modalität der Produktion hängt von der Technologie ab, die ihnen gehört.
Mehr noch: die finanzielle Kapazität, um die Investitionen aufrechtzuerhalten, wird vom Weltsystem bestimmt, und die Finanzierung des Konsums erfolgt entweder indirekt durch den internationalen Sektor oder sie ist mit einer Fehlleitung der 'Sozial-Fonds' (Rücklage der Sozialversicherung) verknüpft.
Auf diese Weise erzeugt das Modell "abhängig-verbundener" Industrialisierung nicht nur strukturelle Bindungen zwischen dem internen Sektor und dem externen, sondern modelliert auch die Form, wie die 'lokalen' und staatlichen Unternehmen funktionieren müssen, auch wenn es diesen eine wichtige Rolle bei der Akkumulation überläßt. Dieses Modell wandelt die staatlichen Unternehmen von "Unternehmen öffentlicher Dienstleistungen" in Organisationen "privaten Stils" um.
Die Unternehmen assoziieren sich mit den Multinationalen, operieren auf dem Markt wie Aktiengesellschaften, suchen Gewinne und übernehmen die Mechanismen des Funktionierens der großen Konzerne.
Dies ist in allgemeinen Linien der Entwicklungsstil, den

der "Fall Brasilien" exemplarisch mit Erfolg belegt.
Dieses Modell funktionierte 'vernünftig' bis 1974, als die
Kontraktion des internationalen Handels und der Anstieg
der Erdölpreise sich in ernsthafte Hindernisse verwandelten. Die brasilianische Wirtschaft mußte weiterhin importieren, um weiter wachsen zu können. Da der 'Rhythmus' der
Exporte oder ihr Wert sich verringerte, wuchs die Auslandsverschuldung (deuda externa) schnell an; sie erreicht
heute (1980) mehr als 55 Milliarden Dollar. Allein um den
Schuldendienst zu bezahlen, werden ungefähr 7 Milliarden
Dollar jährlich benötigt, was einem sehr hohen Anteil
an den Exporterlösen entspricht. Der Zinssatz für die
neuen Darlehen stieg, was sich auch auf die Zinsrate im
Lande selbst auswirkte.
Andererseits stieg die inländische Finanzspekulation, und
auch die interne Verschuldung nahm zu. Die 'nicht reproduktiven Projekte' der Regierung, die Notwendigkeit, das
internationale Finanzkapital mit einer wachsenden Zinsrate zu bedienen, und die weltweite Inflation, die sich auf
den Preis der Importe niederschlägt, führten insgesamt
zu starken inflationären Pressionen.
In diesem Kontext muß man das Funktionieren des "brasilianischen Modells" bewerten - hinsichtlich der Fragen, die
entscheidend die "Umwelt" betreffen; hierbei ist zu berücksichtigen, daß die Umwelt nicht nur durch eine 'physische
Basis' bestimmt ist, die die wirtschaftliche Entwicklung
ermöglicht und durch diese betroffen ist, sondern auch
durch eine Lebensweise, die die Menschen betrifft.

In dieser Arbeit werden wir weniger die Frage der Alternativen diskutieren, sondern nur einige der großen Probleme exemplarisch hervorheben, die der 'angenommene Entwicklungsstil' hervorrief. Wir werden andere wichtige Probleme hier nicht diskutieren - wie z.B.: auf welche Weise
der "wilde" ("salvaje") Wachstumsprozeß die verschiedenen
sozialen Klassen betraf und die ungleichen Möglichkeiten

bedingte, an den erzeugten und auch an den natürlichen Gütern teilzuhaben. Alle verfügbaren Daten zeigen, daß die soziale Ungleichheit und Klassenausbeutung sich zugespitzt haben und das Land vor große Probleme stellen. Wir werden uns jedenfalls darauf beschränken, die Auswirkungen zu diskutieren, die dieser Entwicklungsstil auf die Energiefrage, auf die räumliche Verteilung der Bevölkerung und auf die Art und Weise hat, wie neue Gebiete in den nationalen Wirtschaftsraum eingegliedert werden.

Es ist nicht schwierig, die Auswahl dieser Themen zu rechtfertigen: Das Fehlen von Erdöl und die Definition einer Wachstumsstrategie, die auf dieser Ressource basiert, stellen ernste Hindernisse für die Perspektiven der Entwicklung dar.

Die beschleunigte Urbanisierung und die Land-Stadt-Migration - die beide zutiefst sowohl mit der Strategie der Entwicklung von 'Polen des Reichtums' als auch mit dem Fehlen einer effektiven Politik, die darauf abzielt, das Land mit einer sozialen Infrastruktur auszustatten, verbunden sind - stellen einen anderen überragenden Aspekt des "brasilianischen Stils" - (und lateinamerikanischen) - der Entwicklung dar.

Was schließlich die Einbeziehung neuer Gebiete betrifft, so ist es äußerst wichtig festzustellen, daß Brasilien eines der Länder ist, das industriell wächst und gleichzeitig eine offene "landwirtschaftliche Grenze" ("frontera agrícola") hat. Dies ist ein anderes großes Problem für die Perspektive einer Kontinuität der Entwicklung. Aus diesem Grund wählen wir den Fall des Amazonas-Beckens aus, um zu zeigen, auf welche Art diese 'Einverleibung' geschieht und welches ihre ökologischen, sozialen und ökonomischen Konsequenzen sind.

I.

DAS ÖKONOMISCHE MODELL UND DAS ENERGIEPROBLEM

Es ist nicht erforderlich, zu sehr auf der Tatsache zu insistieren, daß die gegenwärtige Nachfrage nach Energie durch den Entwicklungsstil bestimmt wurde, der auf den vorangehenden Seiten dargestellt wurde. Dieser Entwicklungsstil modifizierte radikal das 'Profil' der Form der Erzeugung der Energie und ihrer Nutzung:

Angaben zu den Prozentanteilen der PRIMÄRENERGIE in Brasilien in den Jahren 1952 - 1978 finden sich in Tabelle 1.

Im Jahre 1940 kamen 80 % des Energieverbrauchs Brasiliens aus der Biomasse (Energie, die aus organischer Materie gewonnen wurde), 5 % aus Steinkohle und der Rest aus Wasserkraft-Elektrizität. Heutzutage stellt die Elektrizität ungefähr ein Viertel der Gesamtenergie, die Nutzung der Kohle stagniert und die Nutzung der Biomasse wurde durch das Erdöl ersetzt. [2]
Wenn man nur oberflächlich hinsieht, könnte man sagen, daß es eine "Modernisierung" des Landes im Energiesektor gab. Aber worin besteht diese 'Modernisierung'? Grundlegend in der Ersetzung der aus der Biomasse gewonnenen (erneuerungsfähigen) Energiequellen durch nicht erneuerbare Quellen fossilen Ursprungs (Kohle und Erdöl), die das Land außerdem nicht in hinreichendem Umfang produziert. Aber noch mehr: wenn man fragt, wer diese Energie verbraucht, so ist die Antwort in den Charakteristika des "brasilianischen Entwicklungsmodells" [3] impliziert.

1. Das Transport- und Verkehrssystem wurde direkt von Automobilen und Lastkraftwagen abhängig. Dies erforderte den Bau einer enormen und kostspieligen Straßen- und Wegeinfrastruktur und einen Anstieg des Anteils flüssiger

Brennstoffe am gesamten Energieverbrauch. Man schätzt, daß im Jahre 1978 96 % des Personenverkehrs und 70 % des Gütertransports auf dem Straßennetz durchgeführt wurden. [4] Es lohnt darauf hinzuweisen, daß Transport und Verkehr 98 % des Benzinverbrauchs und 73 % des Verbrauchs an Dieselkraftstoff repräsentieren.

Die Tabelle 2 enthält eine Aufstellung über den WARENVERKEHR in verschiedenen Ländern für das Jahr 1960 (Schiene, Wasserweg, Straße).

2. In der industriellen Produktion waren die Hauptverbraucher von aus Erdöl gewonnenen Brennstoffen und von Elektrizität die folgenden - in der Rangfolge ihrer Bedeutung als Konsumenten:

Brennstoffe aus Erdöl:

nicht metallische Mineralien
Chemie, Kautschuk, Leder
Metall (einschließlich Stahl)
Nahrungsmittel, Getränke und Tabak
Textilien, Kleidung und Schuhe

Elektrizität:

Metall
Chemie, Kautschuk und Leder
Nahrungsmittel, Getränke und Tabak
Textilien, Kleidung und Schuhe
Nicht metallische Mineralien

Wir möchten darauf hinweisen, daß der Anteil dieser Sektoren mit Ausnahme derer, die zu "Nahrungsmittel, Getränke und Tabak" und "Textilien, Kleidung und Schuhe" gehören, im Verhältnis zum Gesamtwert der industriellen brasilia-

nischen Industrie relativ gering ist: Prozentanteil am
Gesamtwert der Produktion der verarbeitenden Industrien.

Die Tabelle 3 enthält Prozentangaben über den Anteil der
VERARBEITENDEN INDUSTRIEN am Gesamtwert der Produktion.

3. Der Energieverbrauch war in den verschiedenen Regionen
des Landes äußerst ungleich:

Vgl. hierzu die Tabelle 4: BRASILIEN: BEVÖLKERUNG UND
ENERGIEVERBRAUCH NACH REGIONEN 1975.

Es scheint mir notwendig zu sein, noch auf weitere Daten
zurückzugreifen, um festzustellen, wie sehr das Modell der
wirtschaftlichen Entwicklung, das auf der raschen Verbreitung von langlebigen Konsumgütern basiert, auf der Konzentration des Einkommens und auf der regionalen Ungleichheit der Verteilung des Energieverbrauchs basiert, das
mit ebensolcher Geschwindigkeit wie das wirtschaftliche
Wachstum selbst anstieg.

Für die Jahre 1967 - 1977 enthält die Tabelle 5 -
BRASILIEN: VERBRAUCH AN PRIMÄRENERGIE - Angaben über den
Verbrauch von Erdöl, Wasserkraft, Steinkohle, Brennholz
etc., wobei das Erdöl als Berechnungsgrundlage dient.

Was die Produktion betrifft, so wird die Biomasse durch
das Erdöl als Quelle zur Erzeugung von Energie ersetzt;
der Kohlegebrauch wächst nicht signifikant und die aus
Wasserkraft gewonnene elektrische Energie weitet sich in
einem 'vernünftigen Rhythmus' aus. Tatsächlich ist der Anstieg dieser letztgenannten Energie bemerkenswert gewesen.
Im Jahre 1967 betrug die thermoelektrische Energie 20 %
der gesamten vorhandenen Kapazität an elektrischer Energie, während sie im Jahre 1975 kaum 15,8 % beträgt. Der
Gesamtverbrauch an Energie betrug im Jahre 1976 77.631

Megawatt (705 kWh pro Kopf, so daß die Projektion des durchschnittlichen Verbrauchs pro Einwohner in Brasilien für das Jahr 2000 auf 1.678 Kilowattstunden pro Einwohner kalkuliert werden könnte - und damit dem Verbrauchsmuster gleich käme, das heute in West-Deutschland gilt). Das brasilianische Potential an Elektro-Energie aus Wasserkraft wird als mehr als hinreichend angesehen, um den vorhersehbaren Verbrauch zu decken, wenn man von der Aufrechterhaltung des 'energetischen Verbrauchs-Profils' ausgeht, das durch den gegenwärtigen "Entwicklungsstil" bestimmt wird.

Die Tabelle 6 enthält Angaben über HIDROELEKTRISCHES POTENTIAL BRASILIENS in Megawatt, nach Regionen gegliedert.

Jedoch sind die potentiellen Energiequellen nicht unter sich austauschbar. Die flüssigen Brennstoffe, die aus dem Erdöl und aus der Kohle gewonnen werden, sind nur teilweise durch die Elektroenergie zu ersetzen, und dies nur für den industriellen Verbrauch. Daher stellt sich das Problem ihrer Produktion.
Die Daten zeigen den anderen bestimmenden Faktor an, der die These verstärkt, daß die energetische Bilanz den Entwicklungsstil widerspiegelt. Tatsächlich betont der Balance Energético Nacional von 1978, daß 83 % des verbrauchten Erdöls ins Land eingeführt wurde; 40 % der im Lande verbrauchten Energie wurden importiert; von diesen 40 % entfallen 37 % auf das Erdöl und 3 % auf die Steinkohle. Allein für den Erdöl-Import gibt Brasilien jährlich 5 Milliarden Dollar aus.
Zusammenfassend ist zu sagen, daß die Optionen auf dem Gebiet der Entwicklung zu einer Abhängigkeit von außen führten, eine Abhängigkeit, die - was den Bereich der Energie betrifft - gefährlich ist. All dies geschah, um einen 'Entwicklungsstil zu schaffen', der nach den Worten des Physikers José Goldemberg und nach den Erfahrungen des

Durchschnittbürgers (hombre común) die städtische Bevölkerung in der Kontamination ertrinken läßt, sie mit dem Problem des Individualverkehrs konfrontiert und alle in das infernale Karussell verfrachtet, das uns dazu bringt, immer mehr flüssige Brennstoffe zu verbrauchen, die wir nicht 'produzieren'.
Wenn man bis 1973 noch glauben konnte, daß - wohl oder übel - das Zivilisations-Muster, das die "Modernität" symbolisiert, keine Grenzen für seine Einbindung und Durchführung kennt, so hat sich doch seit damals die Situation geändert. Die "teilweise Erschöpfung" der Erdölreserven wurde als eine unumkehrbare Tendenz der heutigen Welt anerkannt. Für unsere Zwecke ist es kaum von Belang, ob diese Erschöpfung als ein 'physisches' oder als ein politisches Problem anzusehen ist; es ist eine Tatsache, daß man nach 1982 ein "fortschreitendes Defizit" feststellt. Angesichts dieser Situation mußte die Regierung alternative Lösungen für das Energie-Problem vorschlagen. Das Problem wurde jedoch viele Jahre lang hinausgeschoben und verzögert, um schließlich mit Gewalt im Jahre 1979 aufzubrechen. In einer Rede des Präsidenten von Anfang Juli wurde das Problem in den folgenden Begriffen dargestellt: Neben der Bekämpfung der Inflation und der Aktivierung der Landwirtschaft wurde das Energie-Problem zu einem vorrangigen Problem. Dieses Problem wirkt sich auf die Zahlungsbilanz aus und erfordert Maßnahmen der Einschränkung des Konsums wie der Ersetzung des Erdöls und der aus dem Erdöl gewonnenen Produkte durch brasilianische Erzeugnisse. In der Darstellung der "neuen Energiepolitik" wurde offensichtlich, daß es keine Restriktionen vom Gesichtspunkt der elektrischen Energie aus Wasserkraft für die zukünftige Entwicklung gibt. Und obgleich das Kernkraftwerk-Programm diesen Typ von Energie in Zukunft ergänzen wird, wird diese Energie nur eine relativ geringe Bedeutung im Gesamtzusammenhang haben. [5]
Die entscheidende Frage ist daher die der <u>Substitution des Erdöls</u>.

Die Berechnung der brasilianischen Erdölproduktion und dessen Verbrauch für die Jahre 1976 - 1985 ist in der Tabelle 7 - BRASILIEN - ERDÖLERZEUGUNG UND -VERBRAUCH (FÄSSER PRO TAG) - dargestellt.

Angesichts dieser Situation muß die Regierung sich letztlich mit drei Alternativen auseinandersetzen, die einander nicht ausschließen: die Substitution des Erdöls voranzutreiben, für seinen sparsamen Gebrauch Sorge zu tragen (mittels Rationierung und einer Politik angemessener Preise) oder den eigenen Entwicklungsstil zu ändern. Im Augenblick muß man angesichts der Rigidität des Modells der 'abhängig-assoziierten' Entwicklung erwarten, daß die vorgeschlagenen politischen Möglichkeiten sich auf die beiden erstgenannten Alternativen beschränken.

Wenn wir mit dem Problem der Ökonomie bei der Nutzung des Erdöls und mit der Preispolitik beginnen, müssen wir darauf hinweisen, daß allgemein die Verschwendung ein wesentlicher Faktor des gegenwärtigen Entwicklungsstils ist. Es ist sicher, daß allgemein ein Verlust bei der Erzeugung von Energie und bei ihrer Nutzung existiert; die Ursachen hierfür sind technologischer Art, und sie sind in der Erzeugung und in der Transmission der Energie zu suchen. Ein offiziöses Dokument erkennt an, daß 56 % der Primärenergie des Landes verloren geht, wenn die Energie in nutzbare Energie 'transformiert' wird - eine hinreichend große Menge, um Maßnahmen zu verlangen, die es ermöglichen, die Effizienz der Umwandlung zu verbessern". [6]

Außer diesem Verlust gibt es eine mißbräuchliche Nutzung - sowohl der elektrischen Energie als auch der aus Erdöl gewonnenen; dies ist auf eine wenig adäquate Bauweise, auf den Individualverkehr, auf nicht rationale Stadtplanungen (die mit Immobilienspekulationen zusammenhängen) etc. zurückzuführen. Schließlich sind da die "faux frais" ('Kosten') des kapitalistischen Entwicklungsmodells; "faux frais" desselben, aber integrierende Bestandteile des Sy-

stems.
Es geschah nichts Bedeutsames, und es wurde auch nichts Wesentliches in diesem Sinne vorgeschlagen. Die Regierung denkt daran, den sparsamen Gebrauch des Erdöls zu erzwingen und auch eine relative Kontrolle des verschwenderischen Umgangs durch eine Politik der Preise zu betreiben. Diese Politik wird bis zum heutigen Tage so durchgeführt, daß der Verbrauch subventioniert wird. Dies mag unsinnig erscheinen - und dies ist es auch von verschiedenen Gesichtspunkten aus -, aber z. B. erzeugt die "Modernisierung", die Expansion der Automobil-Industrie diesen Widerspruch: In einem armen Land, das darüber hinaus nicht selbst über Erdöl verfügt, werden die Preise subventioniert.
Um das relative Gewicht der Preissubventions-Politik bewerten zu können, ist die Tabelle 8 illustrativ:

SUBVENTIONEN UND INVESTITIONEN IM ENERGIESEKTOR im Jahre 1978. Die Tabelle enthält Angaben über Subventionen für Kfz-Brennstoffe und über Investitionen im Itaipú-Projekt, für Eletrizitätswerke und für das "Pro-Alkohol-Programm".

In diesem Jahr werden Maßnahmen einer "relativen Austerität" ergriffen; die Preise für Kraftstoff steigen beträchtlich, und die Tankstellen bleiben nachts und an Sonn- und Feiertagen geschlossen. All dies ist ein Versuch, das Importniveau auf 960.000 barrel pro Tag zu begrenzen, was jedoch noch immer außerordentlich hoch und belastend ist.
Was die Substitution des Gebrauchs von Benzin durch andere Treibstoffe betrifft, so bieten die in diesem Augenblick diskutierten Politiken die folgenden Optionen: An erster Stelle wurde schon beschlossen, das Benzin mit 20 % Alkohol zu mischen; der Alkohol wird durch die Fermentierung von Zuckerrohr erzeugt (etanol = Äthan); weiterhin

soll progressiv das Erdöl durch Steinkohle und Braunkohle ersetzt werden; 20 % Benzin sollen dem Diesel beigemischt werden, und zwar in dem Maße, wie ein Überschuß an Diesel aufgrund der Nutzung von Alkohol vorhanden ist; und schließlich sollen 7 % reiner Alkohol dem Diesel beigemischt werden.
(Erklärung des Ministers für Bergbau und Energie, O Estado de Sao Paulo, 12. Juli 1979). Aus der Gesamtheit aller dieser Maßnahmen entsteht ein äußerst interessanter Versuch. In der Praxis wird Brasilien sich innerhalb der nächsten fünf Jahre entscheiden müssen, wie es die Abhängigkeit von außen auf dem Energiesektor mit dem eigenen Entwicklungsstil kompatibel machen kann, da - wie man gesehen hat - beide Aspekte unter sich verknüpft sind. Es gibt die Möglichkeit, das Benzin durch den Alkohol zu ersetzen. Dies ist technisch machbar. Aber diese Substituierung impliziert zusätzliche Optionen: es ist erforderlich, die technische Konstruktion und Produktion der Verbrennungsmotoren noch einmal zu überlegen und ernsthaften Problemen sowohl der Lagerung des Alkohols als auch seiner Verteilung zu begegnen. (Denn Alkohol ist 'flüchtiger' als Benzin.) Auch gibt es Probleme der technischen Gewinnung des Alkohols, denen zu begegnen ist.
Diese Probleme werden intensiv diskutiert. Es besteht der Wunsch, eine neue Technologie zu schaffen oder zu entwickeln. (Die Technologie der Alkoholgewinnung aus Zuckerrohr wurde vor 30 oder 40 Jahren importiert und von den einheimischen Fabrikanten ganz und gar absorbiert.) Es besteht daher auch der Wunsch, für neue Ziele zu optieren. In diesem Sinne kann die Aufwertung der Biomasse als Energiequelle sowohl durch die Nutzung des Zuckerrohrs als auch durch die des Eukalyptus oder der Pinie geschehen, um den Alkohol zu entnehmen (Methanol). Nach der Darlegung von José Goldemberg gab dies die Gelegenheit, um ohne jeden Zweifel die Führerschaft auf einem Feld der Technologie zu übernehmen, das eine 'Vorhut' darstellt.

(a.a.O., S. 9)
Da man, um Alkohol - sei es ausgehend vom Zuckerrohr
(etanol) oder sei es ausgehend von den Eukalyptus- oder
Pinienwäldern - zu produzieren, Energie verbraucht, ist
es erforderlich, die jeweiligen relativen Vorteile tiefer
zu erforschen.
In einer ersten Annäherung, die sich auf vernünftige Hypothesen stützt, besitzt das Methanol offensichtliche Vorzüge.

Die Tabelle 9 stellt die ENERGETISCHE EFFIZIENZ in einem
Vergleich von produzierter Energie (A) und verbrauchter
Energie (B) für Zuckerrohr (etanol) und Eukalyptus und
Pinie (Methanol) gegenüber (Mcal/ha/Jahr).

Auf diese Weise sieht sich die Entwicklung eines Plans zur
Nutzung der Biomasse neuen technologischen Entscheidungen
gegenüber, einer Anpassung an die Technologie der lokalen Erzeugung, der Destillierung des Methanol-Alkohols
(wenn dies die Lösung sein würde). Und außerdem müssen die
Probleme diskutiert werden, die jede der Alternativen für
die landwirtschaftliche Fläche mit sich bringt. (Das Zuckerrohr erfordert sehr fruchtbare Böden, und sein Anbau
würde - um den Energiebedürfnissen zu genügen - ungefähr
ein Drittel der heute kultivierten Ländereien in Anspruch
nehmen - wie auch ein Drittel der Arbeitskräfte.)
Auf irgendeine Weise bringt die Verknappung, die durch
die Erdölkrise hervorgerufen wurde, die Perspektiven der
brasilianischen Wirtschaft auf den Tisch. Es ist möglich,
eine Lösung angesichts der vorgeschlagenen Alternativen
zu finden, indem man sich auf die materiellen Ressourcen
des Landes stützt. Aber diese würde eine Revision des Entwicklungsstils implizieren, weil dies die Schaffung und
Entwicklung von technologisch neuen Alternativen der Produktion verlangt. Und letztlich erlaubt dies, eine wesentliche Komponente des Rahmens der herrschenden strukturel-

len Dependenz zu ändern.
Offensichtlich löst eine Antwort auf die Energiekrise
durch eine intensivere Nutzung der Biomasse auf neuer
technologischer Basis weder das globale Problem des Entwicklungsstils noch das seiner Relation zur Umwelt. Es
muß daher daran erinnert werden, daß die Produktion von
Alkohol aus Zuckerrohr ein äußerst giftiges Nebenprodukt
erzeugt, das in der Gegenwart für den "Tod" vieler Flüsse verantwortlich ist. Es gibt Untersuchungen, die zum
Ziel haben, den Abfall in Dünger zu verwandeln; aber diese Forschungen müssen vertieft werden, und die Pläne
müssen wirtschaftlich gangbare Wege aufzeigen.
Strenggenommen dauert das Problem der Finanzen fort, da
der Energieplan, der auf dem Einsatz des Alkohols basiert,
noch eine lange Zeitspanne benötigen wird; während dieser
Zeit wird die Abhängigkeit von außen auf dem Energiesektor
weiterhin beträchtlich sein. Darüber hinaus besteht noch
folgendes entscheidende Problem: man beabsichtigt, das
Benzin durch Alkohol zu ersetzen, um den bisherigen Entwicklungsstil zu stützen. Schließlich kann der Alkohol-
Plan nicht die fundamentale Option der Energie-Abhängigkeit
ersetzen. Diese Abhängigkeit besteht auf dem Gebiet des
Verbrauchs von Brennstoffen durch die Industrie, auch wenn
sie nicht das Benzin betrifft.
Daher können die wesentlichen Optionen sich nicht auf die
Analyse der technologischen Substitute beschränken; sie
werden voll das Zivilisationsmuster selbst in den Blick
nehmen, das die Frage beantwortet, _wer_ verbraucht Energie
und _für was_ wird Energie verbraucht.

II.

DAS STÄDTISCHE PROBLEM

Ein anderes bemerkenswertes Merkmal der brasilianischen Entwicklung ist die beschleunigte Urbanisierung. Dieser Wesenszug findet sich allgemein in Lateinamerika; jedoch weist der hier betrachtete Fall Unterschiede auf: Anstatt daß der Urbanisierungsprozeß sich nach dem Modell der "primate city" vollzieht, ist es in Brasilien so, daß die Städte sich nach dem "rank size"-Muster verteilen. [7] Anders gesagt: Während in der Mehrheit der lateinamerikanischen Länder eine enorme urbane Konzentration in nur einer Stadt - der Landeshauptstadt - sich ereignet, gibt es im Falle Brasiliens eine eher ausgeglichene und gleichgewichtige Verteilung der Städte in den unterschiedlichen Gebieten des Landes. Relativ gesehen nimmt die städtische Konzentration in Rio de Janeiro und Sao Paulo, den beiden größten Städten Brasiliens, ab. Ihr Anteil an den 'städtischen Konzentrationen' von 20.000 Einwohnern oder mehr verringert sich und geht von 52,8 % im Jahre 1920 auf 28,1 % im Jahre 1970 zurück.

Im Verstädterungsprozeß neueren Datums ist die Gründung verschiedener Städte und die Auffächerung der Wohnorte mit mehr als 20.000 Einwohnern bemerkenswert. Im Jahre 1920 gab es nur 74 Orte mit mehr als 20.000 Einwohnern und im Jahre 1950 war deren Zahl gerade auf 84 angestiegen; die Zahl sprang auf 155 im Jahre 1960 und auf 270 im Jahre 1970. Im Jahre 1950 gab es nur drei Städte mit mehr als 500.000 Einwohnern und 1970 sind es schon 11.

Wenn man die Wachstumsraten untersucht, so erhält man eine 'dynamische Vision' dieses Prozesses - (wie man der Tabelle 10 - BEVÖLKERUNGSVERTEILUNG UND -WACHSTUM DER GROSSEN STÄDTE, 1960 - 1970, nach Typen - entnehmen kann.

Dieser <u>rapide und weit gestreute</u> Prozeß der Urbanisierung spiegelt sicherlich die Natur des Prozesses des wirtschaftlichen Wachstums wider. Historisch gesehen fand dieser Prozeß in Brasilien entsprechend den Zyklen der Agro-Exportökonomie statt, die das Staatsgebiet vom Norden zum Süden hin 'durchliefen' - und zwar entsprechend dem Exportboom, den die unterschiedlichen tropischen Erzeugnisse (Zuckerrohr, Kakao, Kaffee, Kautschuk, etc.) und die 'extraktiven Aktivitäten' aufwiesen. Aber was noch mehr die Aufmerksamkeit auf sich lenkt, ist, daß letztlich die Urbanisierung sowohl an die Industrialisierung (und diese war nicht total - vom Gesichtspunkt des Raumes aus gesehen - konzentriert) als auch an die Entwicklung in der Landwirtschaft und im Dienstleistungssektor gebunden ist.

Vilmar Faria wies auf diese Tatsachen hin - und besonders darauf, daß die 'städtischen Orte' mit größeren Wachstumsraten stärker expandierten als die Beschäftigungsmöglichkeiten in der Industrie im Norden, Zentrum-Westen und im Nord-Osten, während im Süd-Osten und im Süden das Phänomen ein umgekehrtes war.

Es würde in jeder Weise falsch sein, wenn man nicht bei der Urbanisierung in Brasilien das Muster relativer Dezentralisation im Raum und die Tatsache betonen würde, daß es nicht nur die beschleunigte Industrialisierung ist, die die Verstädterung hervorruft. Die Arbeitsteilung zwischen Land und Stadt mit der Konzentration der städtischen Bevölkerung registrierte man auch im Land 'als Funktion' der <u>Kapitalisierung der Landwirtschaft</u>. Dies geschah im Falle des Kaffees in Sao Paulo und geschieht gegenwärtig mit dem Soja und ganz allgemein mit der Vertreibung der "moradores" von den 'estancias' ('Landgütern'); dies hatte die Herausbildung eines ländlichen Proletariats zur Folge, (die <u>"boias-frias"</u>); dieses Proletariat wohnt in kleinen und mittleren städtischen Agglomerationen.

Selbst in den Gebieten der Pionier-Aktivitäten stellt man das Entstehen 'städtischer Kerne' fest.

Es ist offensichtlich, daß die erhöhten Wachstumsraten der städtischen Bevölkerung nicht nur das vegetative Bevölkerungswachstum widerspiegeln. Vielmehr gehen die Migrationen weiter und charakterisieren die Verteilung der Bevölkerung über den Raum.

Die Tabelle 11 stellt für die METROPOLITANEN GEBIETE Brasiliens die Gesamtbevölkerung und die zugezogene Bevölkerung (MIGRANTEN) für das Jahr 1970 gegenüber; in einer dritten sind die absoluten Zahlen in Prozentzahlen umgerechnet. Die Werte schwanken zwischen 29,7 % Migranten (Salvador), über Werte um 50 % (Rio de Janeiro und Sao Paulo) bis zu 77,6 % Migranten (Brasilia).

In der Tabelle 12 wird die ENTWICKLUNG DER METROPOLITANEN GEBIETE, 1960 - 1970. dargestellt. Es werden die absoluten Zahlen der städtischen Bevölkerung 1960 denen von 1970 gegenübergestellt; in zwei weiteren Spalten werden die durchschnittlichen jährlichen Wachstumsraten wiedergegeben.

Für das Jahr 1970 sind in der Tabelle 13 HERKUNFT UND WOHNORT DER IN DEN METROPOLITANEN GEBIETEN LEBENDEN BEVÖLKERUNG zusammengestellt; die absolute Zahl der Zugewanderten wird gleich 100 % gesetzt und es wird zwischen städtischer und ländlicher Herkunft unterschieden; es zeigt sich, daß der weitaus größte Teil der Migranten in den Metropolitanen Gebieten (um 80 %) schon zuvor in Städten gelebt hat.

Man kann beobachten, daß die Bevölkerung sich intensiv zwischen den Städten neu verteilt, obwohl es auch weiterhin gewisse Provinzen gibt, die Bevölkerung verlieren, und neue Gebiete, die sich entleeren (besonders im Nordosten, in Minas und in Espíritu Santo), was nicht allein auf die ökonomische Stagnation zurückzuführen ist, sondern besonders - und vor allem - auf die Gebiete von Sao Paulo und Rio Grande do Sul, die auch Bevölkerung in dem Umfang verlieren, wie der Kapitalismus in der Landwirtschaft Fortschritte macht.

Dieser summarische Bezugsrahmen hat zum Ziel, eine Analyse der Bevölkerungsverteilung durchzuführen. Er versucht, die Aufmerksamkeit auf einige Aspekte des Prozesses der ökonomischen Entwicklung zu lenken und sie zu entmystifizieren. Tatsächlich ist viel über die beschleunigte Urbanisierung Lateinamerikas gesagt worden; wenige Regionen in der Welt bieten - wie Lateinamerika - einen so drastischen Bruch zwischen dem ländlichen und dem städtischen Lebensstil. In Europa und in den Vereinigten Staaten gibt es eine gewisse Kontinuität zwischen diesen beiden Lebensformen. Und nur in den großen Städten entsteht eine 'globale Opposition', die es erlaubt, einen "nicht natürlichen" Raum zu schaffen, der als Grundlage für das typische Leben der industriellen Gesellschaften dient. Hingegen brechen in Lateinamerika die mittleren und kleinen Städte schnell die Kontinuität zu ihrer natürlichen Umgebung auf. "Sie werden enthumanisiert", wenn sie das ausschließliche Produkt des menschlichen Handelns sind. Es sind fast keine Bäume zu sehen; die "Grüngürtel" werden zu Abstraktionen, auf die die Verwaltungsfachleute Bezug nehmen, die aber die Bewohner der Stadt nicht sehen; schließlich verbirgt die 'Umwelt' aus abweisendem Beton die 'transformierte' Natur.

In diesem Sinne kann auch der Urbanisierungsprozeß Brasiliens - obgleich er "gut gestreut" ist - auch nicht die Umweltprobleme vermeiden, die sich aus diesem Prozeß ergeben. Andererseits muß darauf hingewiesen werden, daß die Zahlen oftmals die Realität verbergen. Eine brasilianische Stadt von 100.000 Einwohnern kann sich sicherlich für die Wolkenkratzer und den Beton begeistern, und sie wird sich durch irgendeine architektonische Scheußlichkeit, die in den Himmel geschleudert ist, von den anderen unterscheiden. Aber unter der "geschaffenen Hilfskonstruktion" vibriert nicht die "urbane Kultur" im europäischen Sinne: es gibt weder Theater, noch Konferenzen, noch künstlerisch anspruchsvolles Kino, noch sonst etwas von dem, was das "moderne Leben" charakterisiert - mit einer einzigen, aber überwältigenden Ausnahme: der Wald der Fernsehantennen wird das Aufkommen der "Massenkultur" anzeigen!!

Es ist diese seltsame Situation einer vitalen Basis - daß sie mit dem ländlichen Milieu bricht, ohne zuvor das durchquert zu haben, was das Besondere der "urban-kapitalistischen Zivilisation" war und die in die "Massenzivilisation" einbricht - dies ist das, was soziologisch die brasilianische Urbanisierung kennzeichnet. Streng genommen existiert die "Massenzivilisation" nur in einigen metropolitanen Gebieten; aber sie erscheint - symbolisch als Aspiration und karikiert - im Plan von kleinen und großen Städten, Wolkenkratzern und Fernsehern, bisweilen ohne Industrialisierung und fast immer ohne ein 'soziales Umfeld', das in der Lage wäre, wirklich eine Massenzivilisation hervorzubringen und zu stützen.
Lévi-Strauss charakterisierte in den beißenden Seiten von "Tristes Tropiques" die amerikanische Urbanisierung im allgemeinen - natürlich ausgehend von seiner europäisch kapitalistischen Sensibilität -, beklagte die Städte des amerikanischen Kontinents und sagte, daß sie zur Dekadenz gelangt seien, ohne zuvor die Zivilisation gekannt zu haben.
Nun gut: In weniger allegorischer Form könnten wir sagen, daß die brasilianische Urbanisierung das Produkt des machtvollen Einbruchs des <u>oligopolistischen Kapitalismus</u> ist. Dieser zerbricht das bisherige prekäre Gleichgewicht in der Beziehung Land/Stadt oder - wenn man so will - er 'er-

neuert' die soziale Teilung der Arbeit. Bevor er die Bildung einer urbanen Basis gestattet, die mit der "neuen Gesellschaft" vereinbar ist, steckt er alle Menschen in den gleichen Sack und schließt ihn mit der Spekulation hinsichtlich des Grund und Bodens in der Stadt und bringt reiche Gebiete mit äußerst armen zusammen, ohne daß oftmals weder die einen noch die anderen die grundlegende Infrastruktur (Wasser, Elektrizität, Abwässer, Telefon etc.) besitzen, die die "Modernität" charakterisiert. Die reichen Stadtteile schützen sich besser: wenn die Versorgung durch öffentliche Dienstleistungen fehlt, ersetzt der private Reichtum sie zu sehr hohen Kosten, um so die "urbanen" Lebensbedingungen zu erlangen. Die Armenviertel der Städte sind Camps, "favelas", wo die Unterernährung und die Kindersterblichkeit umgehen.

Auf jeden Fall muß man erneut anerkennen, daß die Form des brasilianischen Prozesses der Urbanisierung sich sowohl aus den strukturellen Merkmalen der auf den Export von Agrarerzeugnissen gerichteten Vergangenheit als auch aus dem aktuellen Prozeß der kapitalistischen Integration der Gesellschaft in die internationalen Formen der Produktion ergibt (die jetzt auch mit Kraft aufs Land vorstoßen).

Es ist erforderlich, die Aufmerksamkeit auf die Leistungsfähigkeit und die Alternativen des städtischen Wachstums zu lenken.

Zunächst: wir sind der Ansicht, daß jedes Urteil vermieden werden muß, das sich auf "regressive Utopien" stützt. Die 'ländliche Vergangenheit' war für die arme Bevölkerung immer prekär; noch heute ist in der Motivation, die die Migranten antreibt, das größere Angebot an Bildung, Gesundheit und Löhnen, das man in den Städten finden kann, entscheidend. Die prekäre Situation und die Entwurzelung, die es nicht gestatten, in ihnen die reale Basis für eine "industrielle Massenzivilisation" zu erkennen, dürfen nicht zu sehr herausgestellt werden, um die Vergangenheit der

Agrargesellschaft zu idealisieren; sie müssen vielmehr als
eine Verpflichtung aufgefaßt werden, die städtischen Alternativen der Zukunft zu verbessern.
An zweiter Stelle muß gesagt werden, daß die "moderne"
unterentwickelte Stadt (obgleich sie überbevölkert sein
kann) der locus par excellence der massiven kapitalistischen Ausbeutung ist. Es ist hier in der Stadt, wo die Masse der Lohnabhängigen (mit Ausnahme des Sektors der Angestellten, die tatsächlich einen Bestandteil des Kapitalsystems bilden - die "leitenden Angestellten" ("ejecutivos"
und ähnliche) gemeinsam und in gleicher Weise ('homogen')
die Auswirkungen der kapitalistisch-oligopolischen Zivilisation erleidet. In der Praxis treten in der Stadt häufig
ein schlecht funktionierender öffentlicher Personenverkehr,
die Vergiftung der Umwelt, das Fehlen von Grünräumen, das
Nichtvorhandensein von Abwassersystemen etc. auf; insgesamt werden in der Stadt die Krankheiten einer Gesellschaft manifest, die ökonomisch schneller "wuchs", als
daß sie sich sozial "entwickelte".
Dieser Charakter einer großen Pfanne, in der die Masse
der Lohnabhängigen in der Härte und Bitternis des Lebens zusammengeschmolzen wird, vereint Personen und Gruppen, die aus unterschiedlichen strukturellen Situationen
stammen: den Fabrikarbeiter und den Bankangestellten, den
Anwalt im Lohn eines Unternehmens und den Hilfsarbeiter.
Hier liegt die enorme Bedeutung, die sowohl die Forderungen als auch die städtischen Proteste (reivindicaciones y
protestas urbanas) erlangen: Sie vereinigen Aspirationen
und Kämpfe, die in der Ära des Wettbewerbs-Kapitalismus
der "integrierten Städte" getrennt waren.
Im Falle Brasiliens stehen die Bewegungen zur 'Transformation des Lebens' - ausgehend von den 'städtischen Forderungen' - erst an ihrem Beginn. Aber so wie die Frage nach
Energie-Alternativen sich mit Kraft in den letzten Jahren
stellte, kann man vorhersehen, daß die Perspektiven der
brasilianischen Entwicklung in großem Umfang an die 'Orien-

tierung' der städtischen Optionen gebunden sein werden.
Das Vorhandensein eines 'vernünftigen' Städte-Netzes - worauf schon hingewiesen wurde - ermöglicht Maßnahmen einer Städte-Politik, die nicht zu einer Konzentration führen.
Diese werden nicht so sehr von der 'Lokalisierung der Industrie' abhängen - ein Problem, dessen sich heute die policy makers bewußt sind - als vielmehr von dem Verständnis von zwei miteinander verbundenen Phänomenen: Es wird nur dann Verbesserungen in den Lebensbedingungen der städtischen Bevölkerung geben, wenn diese Bevölkerung sich organisiert, um sich durch städtische Prostestbewegungen Ausdruck zu verschaffen, und wenn die sogenannten "Sozial-Politiken" auf eine Dezentralisierung zielen.
Bis heute geschah wenig in diesem Sinne. Die Mittel der öffentlichen Haushalte sind immer mehr in den Händen der Zentralregierung konzentriert worden (wie bei autoritären Regierungen und Miltär-Regimes zu erwarten war). Diese Konzentration geschah zum Nachteil der Provinzen und der Gemeinden.
Die Pläne für Gesundheit und Bildung zielen auf eine "Privatisierung" ab; sie dehnen nicht das Angebot dieser Dienste auf das Land oder auf die kleinen Städte aus. Die Wohnungsbaupläne betonen - wie schon gesagt wurde - die Stärkung der großen Fonds kapitalistischer Akkumulation; und wenn sie sich auf den Bau von Wohnungen beziehen, so widmen sie sich vorzugsweise den Mittel- und Oberschichten.
In dieser Weise könnten wir die Aufzählung der Probleme fortsetzen.
Zum Schluß dieses Abschnitts möchten wir nur noch sagen, daß die 'städtische Basis' sich erweiterte - und mit ihr das Angebot an spezifischen städtischen Dienstleistungen. Aber dieser ganze Prozeß spiegelte das allgemeine Muster einer 'konzentrierenden Entwicklung' wider. Man betonte die alte Tendenz, die durch einen fast vollständigen Bruch zwischen Stadt und Land gekennzeichnet ist, ohne daß die Auswirkungen dieses Bruchs verringert worden wären, wie

dies in den Vereinigten Staaten und Europa durch die Schaffung einer technologischen Basis geschah, die der "Super-Stadt" der industriellen Zivilisation eigen ist. Diese technologische Basis machte sich eher durch die "externen" Aspekte der Massenkultur bemerkbar, die bis in die kleinen Städte gelangen, als in den materiellen Ressourcen, die tatsächlich effektiv den Bewohnern zur Verfügung gestellt wurden.

III.

DIE BESETZUNG NEUER GEBIETE . DAS AMAZONAS-BECKEN

Wir hoben schon einen relativen Vorteil des brasilianischen Entwicklungsprozesses hervor: das Vorhandensein von reichhaltigen 'jungfräulichen' Ländereien, die man sich noch 'einverleiben' kann. Jedoch verringert sich dieser relative Vorteil - in Begiffen einer alternativen Politik - als Folge des Entwicklungsstils, der die Reichtümer konzentriert und die Menschen und die Natur ausbeutet.

Die Geschichte der Einbeziehung unberührter Ländereien in die kapitalistische Wirtschaft in Brasilien ist lang und sie wiederholt sich. Sie reicht von dem wagemutigen individuellen Abenteuer des frühen Bewohners, der in die selva (Urwald) eindringt, bis zur Vertreibung desselben 'posseiro' (Besitzer) oder seiner Abkömmlinge durch die Latifundisten oder - wie es heute geschieht - durch die kapitalistischen Unternehmen. Nichts von all dem stellt eine Besonderheit der Amazonas-Region dar.

Die Besonderheit dieses Gebietes beruht in den gigantischen Ausmaßen der integrierten Gebiete, in der Violenz der benutzten Arbeitsformen, in der "fortgeschrittenen kapitalistischen" Form, die die Initiativen aufweisen, und in der entscheidenden Rolle des Staates (und der Militärregierung) bei der Aufteilung der "neuen Eroberung".

Mehr noch: all dies findet statt im Rahmen einer fragwür-

digen Ökologie-Politik (falls eine solche Politik überhaupt existiert), die ganz einfach und eindeutig zur Schädigung der Natur führt.
Der Prozeß der Okkupation des Amazonas-Beckens folgte - historisch gesehen - dem Lauf der Flüsse und konzentrierte auf den Ufern Orte von einer beträchtlichen Größe. Belén und Manaus - zum Beispiel - sind bedeutende Städte, und schon zu Beginn des Jahrhunderts boten sie eine vernünftige Basis für ein städtisches Leben. Die Ausbeutung des Kautschuks in dieser Epoche konnte aufgrund der Einbeziehung zahlreicher Arbeitskräfte, die aus dem Nordosten immigrierten, durchgeführt werden. Die Bevölkerung des Gebietes stieg von 400.000 Personen im Jahre 1872 auf 1.400.000 im Jahre 1920. Nach dem Ersten Weltkrieg verliert die Kautschuk-Wirtschaft ihre Bedeutung, aber diese wirtschaftliche Aktivität verschwindet nicht ganz. Neben der Kautschuk-Gewinnung blieb immer die Para-Nuß (castana de Pará) von Bedeutung.
Diese Formen der ökonomischen Nutzung, die den Arbeiter ausplünderten, berührten - obgleich sie auf das Latifundium und auf die Herrschaft des Wirtschaftssystems der Händler und Importeure gestützt waren - nicht die natürliche Basis, die dieser Wirtschaft als Stütze diente.
Ähnliches kann in bezug auf den Bergbau gesagt werden, der sich auf die Gewinnung von Gold und Edelsteinen stützte, und auch hinsichtlich der Viehzucht-Aktivität.
Auf einer so prekären ökonomischen Basis gelang es nicht einmal, eine solide lokale Bourgeoisie zu bilden, obgleich sie hinreichend war, um hunderttausende von Wanderarbeitern anzuziehen, welche am eigenen Körper den Wechsel von dem Elend des Nordostens zur Armut des Amazonas erlebten. Die Eigentümer der großen Ländereien und die Produzenten von Kautschuk (die sogenannten "seringalistas") waren immer bei den lokalen Händlern verschuldet. Diese ihrerseits suchten finanzielle Mittel und Liquidität, indem sie ihre Zuflucht zu den Repräsentanten der großen Export-

Import-Firmen nahmen (die im allgemeinen Ausländern gehörten), die Geld zu überhöhten Zinsen ausliehen. In jüngster Zeit fand eine Änderung dieser Situation durch den Einsatz staatlicher Anreize statt. Der Fortschritt des Großkapitals in der Mitte-Süd-Region des Landes ermöglichte den Transfer von finanziellen Reserven nach Amazonien - ein Fortschritt der Unternehmen und Fortschritt des modernen kapitalistischen Staates, wobei dieser als 'Geschäftsführer" der gemeinsamen Interessen der Eigentümerklasse auftritt. Diese Klasse stützt sich im Falle Brasiliens sowohl auf das 'lokale' Unternehmen, wie auch auf die Multinationalen. Mehr noch: Um die Eroberung Amazoniens in Angriff nehmen zu können, appelierte man von Anfang an an das ausländische Kapital. (Gegenwärtig 'operieren' ungefähr 60 große ausländische Unternehmen in dem Gebiet.)
Es wäre jedoch ein Irrtum anzunehmen, daß ein Prozeß von solcher Spannbreite vorangetrieben werden könnte, ohne auf außerökonomische Interessen zurückzugreifen. Im Gegenteil: im Falle Amazonien war seit dem Wiederentstehen des Interesses für die Region, seit der Regierungszeit von Castello Branco, aber besonders in der Zeit zwischen 1967 und 1973, die geopolitische Situation ein konstantes Element, um die staatliche Aktivität in dem Gebiet zu rechtfertigen. Sowohl das Problem des "Bevölkerungs-Vakuums" des Raumes und der zukünftigen Risiken "ausländischer Begehrlichkeit und des Neides", wie auch die Faszination eines mythischen Eldorado-Glücks, von dem man träumte (wenn schon nicht reich an Gold, so doch mindestens überschüttet mit anderen mineralischen und natürlichen Ressourcen zu werden) waren in der Motivation gegenwärtig und auch in den Projekten, die zur gegenwärtigen Politik der Okkupation und Wertschätzung Amazoniens führten.
Unter den Entwicklungsalternativen, die sich boten, um das Problem Amazonien anzugehen, gab es eine sehr große Breite

an Möglichkeiten. Das Gebiet war schon vor Jahrhunderten durchdrungen worden, wobei man einer Strategie gehorcht hatte, die darin bestand, die flußnahen Gebiete zu besiedeln; dabei benutzte man die Flüsse, um in die selva einzudringen und um Militäranlagen an den Grenzen zu errichten. Die Ländereien gehörten zum großen Teil den Staaten, oder die Eigentumsrechte waren zweifelhaft.
Zunächst scheint nichts besser zu sein, als rationale Pläne für die Verteilung des Landes an jene aufzustellen, die es bearbeiten, um ausgehend von Ortskernen allmählich in die selva einzudringen, ohne sie zu zerstören.
Aber dies war dann doch nicht die Strategie, der man folgte. Man bevorzugte einen Vorschlag, der einen gewagten Plan beinhaltete: den Bau einer Straße durch Amazonien (carretera transamazônica), um Siedler aus dem Nordosten zu transportieren und um sie in verstreuten Ortskernen entlang jener ungeheuren Ausdehnung der Straße zu verteilen. Gleichzeitig optierte man dafür, enorme Mengen an staatlichen Ressourcen in den Händen großer privater Investoren zu konzentrieren [8], welche in großem Umfang die Durchdringung der selva durchführen würden, um anschließend mit der Viehzucht und dem Ackerbau zu beginnen. All dies, insbesondere während der Periode 1970 bis 1974 - verdeckt durch die Ideologie der "Nationalen Größe". Zusammen mit der Bergwerks-Ausbeute, die man natürlich unter Einschaltung von großen - fast immer multinationalen - Unternehmen durchführt oder indem man zum "joint venture" mit ihnen Zuflucht nimmt.
Als Nebenprodukt dieses Prozesses ergibt sich eine ungeheure Spekulation mit den Ländereien; es kommt sogar zum Verkauf von großen Flächen an Ausländer und zu jeder Art von Betrügereien im Hinblick auf Eigentumstitel. Dies erzeugt Gewalttätigkeiten, wenn man daran geht, die früheren Bewohner zu entfernen.
Die Resultate dieser 'beeindruckenden' Politik zugunsten

der großen Unternehmen ließen nicht auf sich warten: nach 1974 (Regierung Geisel) begann die Kolonisierung abzunehmen und das Interesse am Bau von Routen wie der 'Transamazónica' ging zurück. Diese Straße, die in der Ost-West-Richtung und damit parallel zum Amazonas - einige hundert km südlich - verläuft, verbindet Gebiete von geringer Kapazität zur Installierung eines intensiven Straßenverkehrs miteinander.

Aber man behielt die Strategie zur Okkupation Amazoniens nicht nur bei, sondern **akzentuierte** sie, indem man zu den Großunternehmen Zuflucht nahm. Man verfolgte nicht eine Politik, die in der Lage gewesen wäre, die verstreute Bevölkerung zusammenzufassen - was die Kolonisierung erschwerte -: man versuchte auch nicht, das Land zu seiner Nutzung zu verteilen. Vielmehr nahm man Zuflucht zu einer Politik, die das Eigentum konsolidierte und die Arbeitnehmer ausbeutete.

Mehr noch: Trotz der Proteste von Ökologen und Anthropologen wurden weder die Wälder noch die Eingeborenenbevölkerungen (poblaciones indígenas) geschützt.

Wir möchten darauf hinweisen, daß es in Amazonien noch Gruppen von indígenas ohne Kontakte zu anderen Stämmen gibt - eine Situation, die auf unserem Planeten einmalig und damit von außerordentlicher kultureller Bedeutung ist. Aber all dies wird nicht mit der gebotenen Ernsthaftigkeit berücksichtigt. Das Argument zugunsten der Eroberung ist einfach und vulgär: man weist darauf hin, daß nur 4 % der 5 Millionen km² bis jetzt genutzt worden sind und daher gebe es keinen Grund zur Sorge (in diesem Sinne: die Erklärungen des Innenministers gegenüber der Tageszeitung O Estado de Sao Paulo vom 7. April 1979). Es ist schwierig zu schätzen, wie viele Hektar von den 260 Millionen, die die selva Amazoniens umfaßt, 'berührt' wurden. Vielleicht würde man wirklich nicht auf 10 % kommen. Aber das Problem ist nicht die Größenordnung, sondern die Tendenz, die sie indiziert.

Nach den ernsthaften Kritiken, die die Eroberungs- und
Kolonisierungspolitik erfahren hat, die in der Periode
bis 1974 durchgeführt wurde, optierte die Regierung dafür,
"rational die selva zu nutzen". Worin besteht diese Strategie, die von der gegenwärtigen Regierung bestätigt worden ist? Im wesentlichen besteht sie darin, die Großprojekte der Landwirtschaft und der Viehzucht zu stimulieren
(ein Kriterium, das schon während der vorigen Regierung
übernommen und im Süden von Pará und im Norden des Matto
Grosso angewandt wurde) und Besiedlungsprojekte zu fördern (wobei diese letztere Aktivität privatisiert werden
soll); und vor allem besteht diese Strategie darin, in
einem großen Umfang das Holz auszubeuten.
Generell haben die Ökologen gegen diese Strategie protestiert, die darin besteht, die heterogene tropische selva
zu 'homogenisieren', und darin - wie im schon berühmten
Fall des Jari-Projektes - importierte Vegetationsarten
anzupassen, die unterschiedliche Erträge bieten, wie Holz
oder wie Rohstoffe für die Zellulose. Es gibt daher eine
Konfrontation zwischen einer Mentalität, die das ökonomische Kalkül und die Ausbeutung begünstigt, die selbst wenn
sie vorgibt, "rational" zu sein, potentiell zerstörerisch
ist, und der Mentalität, die das Ökosystem zu erhalten
sucht. Da "Amazonien groß ist", wird man die selva allmählich zerstören, während man die ökologischen und sozialen Konsequenzen der "Großprojekte" diskutiert. Diese Großprojekte benutzen häufig quasi-Zwangsarbeitskräfte; und
aufgrund der Art der Aufgabe des Eindringens in die selva
wird fast immer außerordentliche Härte beim Einsatz der
menschlichen Arbeit angewandt.
Das Eindringen in die selva kann sehr intensiv und schnell
sein. Die Nachfrage auf dem Weltmarkt nach den Nicht-Nadelhölzern (dies sind die Hölzer der Bäume der tropischen
Wälder) wächst sehr rasch, während das Angebot abnimmt.
Man schätzt, daß die Wälder Südostasiens - mehr oder weniger - zwischen 27 und 30 Jahren und die Afrikas zwischen

13 und 30 Jahren reichen werden; und es sind dies die Hauptlieferanten. Es gibt daher einen umfangreichen Markt für die Hölzer aus Amazonien.
Mit den brasilianischen Waldreserven geschieht das Gegenteil von dem, was mit dem Erdöl geschieht: wir haben zu unserer Disposition eine <u>erneuerungsfähige</u> und im großen Umfang vorhandene Ressource. Ausgehend von diesem Kriterium würde es möglich sein - wenn es gelänge einen hohen Grad an ökologischem Bewußtsein zu schaffen - Amazonien tatsächlich in die internationale Ökonomie zu integrieren, ohne das natürliche Erbe zu zerstören. Und wenn die Regierung sich am Vorteil der Bevölkerung orientieren würde, so müßte sie dies tun, ohne zur "Super-Ausbeutung" der Arbeitskräfte 'Zuflucht zu nehmen", wie dies gegenwärtig geschieht.
Aber bis zu welchem Punkt ist dies machbar?
Einmal mehr: Wie im Falle der Energie und beim 'Problem Stadt' ist dies nicht eine Frage der <u>physischen Grenzen</u> der Entwicklung (denn es handelt sich hier um Reichtum im Überfluß), sondern um Grenzen des Wirtschaftssystems und der herrschenden sozio-politischen Ordnung. Trotz der offiziellen Erklärungen und trotz der Berichte und trotz aller verfügbaren technischen Ressourcen ist es sicher, daß die <u>Form der Eingliederung</u> aus einer internationalisierten oligopolischen Wirtschaft abgeleitet ist, die im Staat (mit allen seinen Widersprüchen und Konflikten) ein Werkzeug für die rasche Kapitalakkumulation hat.

IV.

SCHLUSSBEMERKUNGEN

Unter Berücksichtigung des Dargelegten stellt sich die Frage: In welchen Begriffen muß man das Problem der Alternativen und Perspektiven der brasilianischen Entwicklung und die Rolle des Staates in derselben denken??
Wenige unterentwickelte Länder besitzen eine so umfassende Basis an natürlichen Ressourcen und eine ähnlich große Bevölkerung, über die Brasilien verfügt, um einer Entwicklungsstrategie zu befolgen, deren Prüfstein die self-reliance ist. Die verfügbare kulturelle Basis und die "Spitzfindigkeit" ("sofistication") der technischen Entscheidungsorgane würden - theoretisch - diese Möglichkeit sichern.
Der - hier summarisch dargelegte - Fall der Energie exemplifiziert, auf welche Weise die technologisch-alternative Herausforderung 'in der Reichweite' der nationalen Ressourcen liegt. Der Umfang des Binnenmarktes und die Dynamik der Wirtschaft schwächen diese Hypothese nicht. Jedoch handelt es sich nicht nur darum, den "Entwicklungsstil" zu ändern, um dem neuen Stil den 'Willen zur Autonomie' zu geben; noch kann man sich vorstellen, daß der Staatsapparat, der so 'spitzfindig' hinsichtlich seiner Organisation und auch seiner Techniken ist, seine Politik darauf richten wird, die grundlegenden sozialen Bedürfnisse zu 'bedienen'.
Der Fall Amazonien zeigt - obwohl nur summarisch dargestellt - an, daß der Staat als ein 'Hebewerkzeug' zugunsten des Wachstums des privaten Großunternehmens handelt und daß er in ihm das 'Getriebe' sieht, das in der Lage ist, die Besiedlung, die Durchdringung der selva, den Export von Mineralien und Hölzern voranzutreiben.
Im Falle Brasiliens verwandelte der Staat sich auch in einen Unternehmer. Aber seine Hauptagenturen für Investi-

tionen (wie der DNDE) und selbst die Preispolitik, die Kaufpolitik und die Politik der Investitionen in joint ventures der staatlichen Unternehmen bilden eine grundlegende Komponente des Systems der kapitalistischen Akkumulation.
Mit anderen Worten und direkter ausgedrückt könnten wir sagen, daß die Perspektiven ökonomischen Wachstums Brasiliens umfassend sind. Die Möglichkeiten, die sich eröffnen, um die kulturelle Autonomie und das Erbe der Natur zu bewahren und die sozialen Bedürfnisse zu befriedigen, werden von hinreichend tiefgreifenden politischen Veränderungen abhängen; es kommt darauf an, ein Gegengewicht gegen die Tendenz der oligopolisch-internationalistischen Wirtschaft zu bilden, wenn nicht gar diese radikal zu ändern. Wenn dies geschehen sollte, stellt sich das Problem der Möglichkeit des Sozialismus in einem Land, das sich an der Peripherie der Weltwirtschaft industrialisiert. Aber dieses Thema geht offensichtlich über die Ziele dieser Arbeit hinaus.

Anmerkungen:

1) Diese Affirmation darf nicht als absolut angesehen werden. In Wirklichkeit variierte die relative Expansion der Kapitalgüter (bienes de capital) und der langlebigen Konsumgüter (bienes de consumo durable) nach dem Zyklus und nach den von den verschiedenen Regierungen von 1964 bis heute angewandten Politiken. Aber dies gilt eher bis 1970. Obgleich zwischen 1970 und 1973 die Expansion des Produktionssektors für langlebige Konsumgüter sich fortsetzt, bemerkte man schon die Tendenz, die Wachstumsrate des Kapitalgütersektors zu erhöhen. Nach 1974 wuchs dieser Sektor mit einer Wachstumsrate, die doppelt so hoch ist wie die Expansion, die man im Bereich der langlebigen Konsumgüter registrierte.
Ministerium für Planung des Staates Sao Paulo (SEPLAN), O exame das políticas econômicas setoriais, Sao Paulo 1979.
Jedoch selbst wenn der Kapitalgütersektor und der Sektor der bienes intermedios gewachsen ist und wenn der Konsumgütersektor schnell wachsen würde, würde das Angebot des Binnenmarktes an den ersteren unzureichend sein und man müßte zum Import von insumos und Ausrüstungsgegenständen Zuflucht nehmen, wie dies tatsächlich geschah.
Der Anstieg des Koeffizienten des Imports von Kapitalgütern ist mit dem Anstieg der Investitionsrate in der Industrie verbunden. Diese Rate stieg von 25,2 % im Jahre 1965 auf 41 % für 1971/1972 und nahm später wieder das frühere Niveau an (SEPLAN, a.a.O., S. 90) Siehe hierzu F. Mazzucchelli, A expansao inconclusa: consideracoes sobre o sector de bens de capital no Brasil, UNICAMP, (hektographiertes Dokument), 1977. Auf diese Weise kann man feststellen, daß der Koeffizient der Einfuhr von Kapitalgütern bis 1975 real ansteigt - und dies, obwohl die relativen Preise derjenigen, die im Lande selbst 'erzeugt' worden waren, niedriger lagen als die der importierten.

2) Rede von José Goldemberg in Porto Alegre vom 17. April 1979. Wir zitieren nach der hektographierten Version.

3) Es tauchen Unterschiede in den Bewertungen auf; so schätzt zum Beispiel José Goldemberg in "Energía no Brasil" den Energieverbrauch auf folgende Weise: industrielle Nutzung 29 %; Einsatz im Haus und im Handel 53 %; Transport und Verkehr 18 %.
Was den Energieverbrauch seitens des Verkehrssektors betrifft, ist es angebracht, sich die signifikanten Daten in der Tabelle 2 anzusehen.

4) Daten aus "A política energética da oposicao", hektographiert, 1979.

5) Wir diskutieren dies hier nicht, weil es die Absicht dieser Arbeit sprengen würde, wenn wir hier das komplexe Problem der Kernenergie mit ihren vielen unsicheren oder negativen Konsequenzen für die Umwelt und für die Politik des Landes diskutieren würden.
Was die Energiefrage betrifft, so ist es notwendig darauf hinzuweisen, daß die Produktion von Kernenergie die flüssigen Brennstoffe nicht ersetzen kann und daß sie als Ergänzung der aus Wasserkraft gewonnenen Elektrizität im Jahre 2000 im günstigsten Fall 10 % der Gesamtenergie abdecken wird.

6) Industrie- und Handelsministerium, Staatssekretariat für industrielle Technologie, 1979 (hektographierte Studie), S. 6.

7) Vergleiche hierzu: Vilmar Faria, O sistema urbano brasilero: Um resumo das caracteristicas e tendencias recentes", in: Estudos CEBRAP, No. 18, Sao Paulo, 1976.
Die im folgenden vom Autor benutzten Daten wurden diesem Artikel entnommen.

8) Der bekannteste Fall ausländischer Investitionen ist
die 'Jari Florestal e Agropecuaria'; 'Jari' besitzt 1,5
Millionen ha mit ungefähr 12.000 km 2 und potentiell
36.000 km². Der Eigentümer invesiterte hier schon ungefähr 200 Millionen Dollar und die Gesamtinvestition (das
Agrikultur-Projekt) beträgt ungefähr 300 Millionen Dollar.
Die Kosten des industriellen Teils des Projekts (einschließlich der Anlagen zur Elektrizitätserzeugung und
zur Zellulosegewinnung) betragen 400 Millionen Dollar.
Die Verwaltung des Projekts wird im engen Kontakt mit der
Regierung durchgeführt - und zwar mittels pensionierter
Militärs, die das Unternehmen anwirbt.
Man bemerke, daß diese Investitionen im Falle von Unternehmen, die im Süden des Landes operieren, mit bedeutender
fiskalischer Unterstützung durchgeführt werden - mittels
Finanzierungen und des Transfers von Einkommenssteuern
zur Bildung von Kapitalien, die für die Amazonas-Region
bestimmt werden. In einigen Fällen gibt es darüber hinaus noch Zollfreiheit für den Import von Ausrüstungsgegenständen.
Die gegenwärtige Regierung schickt sich an, in der Form
von "Risiko-Verträgen" zwölf Gebiete mit einer Gesamtfläche von 40 Millionen ha zu veräußern, um dort die
ersten Forste anzulegen (bosques de rendimiento). Wenn
wir den Worten von offizieller Seite Glauben schenken,
so wird all dies unter Berücksichtigung der ökologischen
Erfordernisse geschehen, die notwendig sind, um die selva
zu erhalten. Es gibt von offizieller Seite Vorschläge,
das Gebiet mit obligatorischer Forstwirtschaft (gegenwärtig beträgt es 50 %) für die Landwirtschaft- und Viehzucht-Initiativen zu erweitern. Es ist jedoch erforderlich darauf hinzuweisen, daß die Anwendung und Überwachung
- welches auch immer die zugrunde gelegten Kriterien sein
mögen - außerordentlich zweifelhaft ist in einem so ausgedehnten und verwaltungsmäßig kaum kontrollierten Gebiet.

9) Für eine detailliertere Analyse dieses Prozesses, wie auch der Okkupation Amazoniens siehe F.H. Cardoso und G. Müller, Amazonia, expansao do capitalismo, Sao Paulo, Ed. Brasiliense, CEBRAP, 1977.

Tabelle Nr. 1

BRASIL: FUENTES DE ENERGIA PRIMARIA
(Porcentajes)

	1952	1977	1978 (Balance energético nacional)
Leña	49.9	20.2	21.5
Petróleo	28.8	41.7	43.7
Hidráulica	11.2	26.1	23.8
Carbón mineral	6.1	4.0	3.5
Carbón vegetal	2.7	2.4	3.2
Bagazo de caña	2.1	–	4.2
Gas natural	–	0.5	–
Alcohol	–	0.5	0.1
	100.0	100.0	100.0

Tabelle Nr. 2

	Francia	Italia	URSS	USA	Alem. Occid.	Brasil
Ferroviario	58	29	86	38	50	19
Fluvial	11	1	6	44	27	9
Caminero	31	70	6	18	23	72
Transporte costero					2	

Fuente: Reproducido de J. Goldemberg, *Energy Strategies for Development and Less Developed Countries*, Center of Environmental Studies, Princeton University Press, 1975. Cuadro XV.

Tabelle Nr. 3

PARTICIPACION PORCENTUAL SOBRE EL
VALOR TOTAL DE LA PRODUCCION DE
LAS INDUSTRIAS DE TRANSFORMACION

	1959	1970	1974
Minerales no metálicos	4.5	4.1	3.4
Química, caucho, cueros	12.5	13.2	2.2
Metalurgia	10.5	12.5	14.1

Fuente: Anuário Estatístico, IBGE, 1975.

Tabelle Nr. 4

BRASIL: POBLACION Y CONSUMO DE ENERGIA POR REGION, 1975

Región	Población %	Energía eléctrica			Petróleo	
		%	MWh/año por habitante	%		Litros anuales por habitante
Norte	3.8	1.5	0.242	3.1		304
Nordeste	29.9	11.2	0.241	11.3		139
Oeste	5.7	2.2	0.253	3.6		229
Sur	15.0	11.5	0.417	17.5		359
Sudeste	42.5	73.6	1.120	64.5		559

Fuente: José Goldemberg (en colaboración con Robert H. Williams), *Energy Strategies for Developed and Less Developed Countries, op. cit.*

Tabelle Nr. 5

BRASIL: CONSUMO DE ENERGIA PRIMARIA

(En 1 000 TEP: toneladas equivalentes de petróleo)

Año	Petróleo	Hidráulica	Carbón Mineral	Leña	Otros	Total
1967	17 371	8 465	2 048	19 291	4 300	51 475
1972	28 740	14 918	2 491	17 661	6 306	70 116
1975	39 300	21 412	2 850	19 328	7 434	90 324
1977	43 063	26 953	4 106	20 885	8 245	103 252

Fuente: Ministerio de Minas y Energía, *Balanço energético nacional*, 1978.

Tabelle Nr. 6

POTENCIAL HIDROELECTRICO BRASILEÑO (MW)

Región	Energía instalable[a]	Estimación[b]	Total
Sudoeste y Centro oeste	40 900	12 220	53 120
Sur	27 100	13 540	40 640
Nordeste	13 440	480	13 920
Cuenca amazónica	21 200	59 650	80 800
Binacionales[c]	10 700	1 200	11 900
Total	113 340	87 040	200 380

Fuente: ELETROBRAS (Antonio Coló, Depto. Estudos Energéticos; Antonio Carlos Tatit Holtz, Depto. Geracão e João Carlos R. de Albuquerque, Depto. Estudos Energéticos; trabajo presentado en el Congreso Brasileño de Energía, realizado en Río de Janeiro, en diciembre de 1978).

[a] Inventario basado en levantamientos topográficos en los locales y flujos mínimos en 40 años
[b] Estimaciones basadas en levantamientos aerofotogramétricos y flujos mínimos en 40 años.
[c] En los aprovechamientos binacionales se calculó la mitad del potencial.

Tabelle Nr. 7

BRASIL: PRODUCCION Y CONSUMO DE PETROLEO[a]

Año	Producción de petróleo (barriles por día)	Producción de petróleo, incluido el esquisto de los campos de la Petrobras y el alcohol adicionado (barriles por día)	Consumo de petróleo (barriles por día)
1976	171 950	171 950	845 075
1977	166 400	166 400	832 000
1978	167 160	193 833	898 560
1979	164 035	218 865	970 445
1980	366 822	485 732	1 048 000
1985	410 319	612 862	1 539 973

Fuente: A. Almeida Rocha y otros, "Petróleo e carvão mineral na política energética brasileira", 1977 (mimeografiado).

[a] Estos datos fueron extraídos de la fuente mencionada, la que constituye un trabajo cuidadoso. Para la proyección de 1978 en adelante se tomó en cuenta la declinación futura de la producción actual a una tasa del 3% anual, como también la contribución de los nuevos pozos que debe ser de 210 000 barriles diarios a partir de 1980, con un crecimiento del 10% anual entre 1980–1985.

Tabelle Nr. 8

SUBVENCIONES E INVERSIONES EN EL SECTOR ENERGETICO

	Miles de millones de Cr$
Valor aproximado de la subvención dada al diesel L.P.G., aceites combustibles y gasolina en 1978	24.0
Inversiones en Itaipú Binacional en 1978	15.0
Inversiones en las Centrales Eléctricas de Furnas en 1978	9.9
Programa de "Pro-alcohol" hasta febrero de 1979	6.9

Fuente: M. F. Thompson Motta, "Problemática Energética da Atualidade Brasileira", en *O Estado de São Paulo*, 8 de abril de 1979. La subvención se calculó para una demanda anual de 15 000 millones de litros, a razón de Cr$ 1.6 por litro fijados por el Consejo Nacional del Petróleo.

Tabelle Nr. 9

EFICIENCIA ENERGETICA

Cultivo	A Energía producida (Mcal/ha/año)	B Energía consumida (Mcal/ha/año)	Eficiencia A/B
Caña de azúcar (etanol)	18 020	5 801	3.66
Eucalipto (metanol)	18 407	1 613	11.4
Pino (metanol)	21 362	1 729	12.4

Fuente: Conferencia de José Goldemberg, *op. cit.*

Tabelle Nr. 10

BRASIL: DISTRIBUCION Y CRECIMIENTO DE LA POBLACION DE LAS GRANDES
CIUDADES DE 100 000 O MAS HABITANTES EN 1970, POR TIPO DE CIUDAD, 1960-1970

Tipo de ciudad	N.º	Porcentaje del grupo sobre el total de la población urbana en ciudades de 100 000 o más habitantes		Tasas de crecimiento
		1960	1970	
1. Municipios de Río de Janeiro y San Pablo	2	39.9	38.7	4.7
2. Municipios de otras regiones metropolitanas (RM)	7	24.6	23.1	4.3
3. Ciudades no metropolitanas de 250 000 habitantes o más	6	6.4	7.6	6.8
4. Ciudades de 100 000 habitantes o más en las regiones metropolitanas	13	10.1	11.7	6.6
5. Ciudades de 100-250 000 habitantes fuera de las RM:				
a. Nordeste	8	5.8	5.6	4.8
b. San Pablo	8	4.3	4.5	5.3
c. Otras	16	8.8	8.7	4.8
6. Total	60	100.0	100.0	5.0

Tabelle Nr. 11

AREAS METROPOLITANAS: POBLACION
TOTAL Y POBLACION MIGRANTE, 1970

Areas metropolitanas	Población total	Población migrante	%
Gran San Pablo	8 139 730	4 306 625	52.9
Gran Río de Janeiro	6 891 521	3 156 358	45.8
Recife	1 729 127	583 534	33.7
Belo Horizonte	1 645 519	817 122	49.7
Porto Alegre	1 548 140	754 730	48.7
Salvador	1 194 578	348 072	29.7
Brasilia	537 492	417 300	77.6

Fuente: IBGE, *Censo Demográfico de 1970.*

Tabelle Nr. 12

BRASIL: EVOLUCION DE LAS AREAS METROPOLITANAS, 1960-1970

Areas	Población urbana 1960 (1 000 hab.)	Población urbana 1970 (1 000 hab.)	Tasa media anual 1960-70	(%)
Gran Belén	383	606	4.7	5.3
Gran Fortaleza	496	846	5.7	4.6
Gran Recife	1 050	1 598	4.3	4.6
Gran Salvador	656	1 047	4.8	4.7
Gran Belo Horizonte	791	1 505	6.6	4.7
Gran Río de Janeiro	4 551	6 847	4.2	4.2
Gran San Pablo	4 370	7 437	6.0	5.9
Gran Curitiba	378	647	5.5	6.7
Gran Porto Alegre	886	1 402	4.7	4.5
Total	13 561	22 360	5.1	

Fuente: R. Vas da Costa, "A explosão demográfica no mundo e no Brasil", BNH, Río de Janeiro, 1973, p. 41.

Tabelle Nr. 13

AREAS METROPOLITANAS (1970): PROCEDENCIA Y DOMICILIO ACTUAL DE LA POBLACION MIGRANTE

Areas	Total de la población migrante		
	Total (100%)	Procedencia urbana %	Procedencia rural %
Gran San Pablo	4 306 625	77.1	22.9
Gran Río de Janeiro	3 156 758	76.6	23.4
Recife	583 534	77.6	22.4
Belo Horizonte	817 122	83.4	16.6
Porto Alegre	754 730	79.3	20.7
Salvador	348 072	83.8	16.2
Brasilia	417 300	86.4	13.6

Fuente: IBGE, *Censo Demográfico de 1970,* según C. Spindel, *Metropolização e Recursos Humanos,* Caderno CEBRAP, N.º 25.

anuario - Münsteraner Beiträge zur Lateinamerika-Forschung

Lateinamerika - Herausforderungen an Politik und Wissenschaft. Kolloquium der ADLAF am 8. Januar 1986 mit Uwe Holtz, MdB, Karl Lamers, MdB, Dieter Janik, Manfred Mols, Manfred Nitsch und Wolfgang Weischet.
Münster 1986, 88 S., DM 6.80, ISBN 3-924004-20-x

ökologie-Diskussion in Lateinamerika. Sozialwissenschaftliche Beiträge. Hrsgg. von Achim Schrader und Heinz Schlüter. Beiträge von Fernando Henrique Cardoso, Luis Vitale, Hilda Herzer, Jaime Sujoy, Nora Prudkin, Luis Helguera, Nicolo Gligo, Maria del Rosario Casco, Alexander Luzardo, Héctor Martínez, Anibal Patiño, Rubén Gazzoli.
Münster 1986, ca. 300 S., DM 16.80, ISBN 3-924004-22-6

Bevölkerungsentwicklung, Bevölkerungswanderung und Urbanisierung in Lateinamerika. Hrsgg. von Heinz Schlüter und Achim Schrader. Mit Beiträgen von Sergio Díaz Briquets, CEPAL, Jorge Balán, Guilherme Geisse, M. Valdivia, DANE, Peter Peek, Leopoldo Allub, Marco A. Michel, José Sermeño Lima, CEAS, Jorge A. Bustamante, Maria Matilde Suarez, Ricardo Torrealba, Helena Ribe, Julián Laite, Pilar Campaña, Rigoberto Rivera. 2 Bände
Münster 1984/85, 619 S., DM 32.00 ISBN 3-929004-13-7